谨以此书献给开滦五矿大罢工一百周年

百年风华

——档案文献与开滦工人运动研究

赵　雪◎著

燕山大学出版社
·秦皇岛·

图书在版编目（CIP）数据

百年风华：档案文献与开滦工人运动研究 / 赵雪著．—秦皇岛：燕山大学出版社，2022.5（2026.1 重印）

ISBN 978-7-5761-0266-6

Ⅰ．①百…　Ⅱ．①赵…　Ⅲ．①工人运动－档案资料－研究－唐山　Ⅳ．①K261.322.3

中国版本图书馆 CIP 数据核字（2022）第 038908 号

百年风华
——档案文献与开滦工人运动研究
赵　雪　著

出 版 人：陈　玉
责任编辑：张岳洪　　策划编辑：杨春茹
责任印制：吴　波　　封面设计：刘馨泽
出版发行：燕山大学出版社 YANSHAN UNIVERSITY PRESS　　地　　址：河北省秦皇岛市河北大街西段 438 号
邮政编码：066004　　电　　话：0335-8387555
印　　刷：廊坊市印艺阁数字科技有限公司　　经　　销：全国新华书店

尺　　寸：170mm×240mm　16 开　　印　　张：13.75
版　　次：2022 年 5 月第 1 版　　印　　次：2026 年 1 月第 2 次印刷
书　　号：ISBN 978-7-5761-0266-6　　字　　数：210 千字
定　　价：54.00 元

中央高校基本科研业务费专项资金资助项目（Supported by the Fundamental Research Funds for the Central Universities）：中国共产党领导下的早期工人运动研究（2020TS059）

序

工人阶级是我国的领导阶级，是先进生产力和生产关系的代表，是坚持和发展中国特色社会主义的主力军。在中国共产党领导全国各族人民进行革命、建设和改革的历史进程中，我国工人阶级从来都具有走在前列、勇挑重担的光荣传统，始终都同党的中心任务紧密联系在一起。党和国家历来高度重视工人阶级的地位作用，特别是党的十八大以来，以习近平同志为核心的党中央提出以人民为中心的发展思想，多次就我国工人阶级和工会工作发表重要讲话、作出重要指示，强调实现中华民族伟大复兴的中国梦，根本上要靠包括工人阶级在内的全体人民的劳动、创造、奉献，必须全心全意依靠工人阶级、巩固工人阶级的领导阶级地位，把广大职工群众主人翁精神充分激发起来，把工人阶级主力军作用充分发挥出来。因此，立足于中国特色社会主义新时代的历史文化语境，聚焦工人阶级产生与发展的价值逻辑、思维逻辑、主体逻辑、行动逻辑的研究视域，深入研究早期工人运动的发生与发展，具有极其重要的理论意义和实践价值。

创办于 1878 年的开平矿务局，是中国近代工业的摇篮，是中国工人运动的策源地，也是中国北方最早成立党支部的地方。李大钊、邓中夏等老一辈无产阶级革命家就在此发动过工人运动。开平矿务局工人运动的历史表明，在半殖民地半封建社会的背景下，作为社会化大生产发展的产物，作为先进生产力和生产关系的代表，中国工人阶级始终引领着先进生产力和生产关系的发展，并随着生产力和生产关系的变革不断发展自身的先进性；不仅掌握着先进的生产方式，而且掌握着先进的思想和科学文化，其组织程度和革命的坚决性、彻底性以及奋斗牺牲精神都远胜于中国资产阶级。

1922 年的开滦五矿大罢工，是继香港海员大罢工、安源路矿工人大罢工之后，又一次震惊中外的大罢工。这次工人运动不仅把全国的工运推向高潮，而且有力地配合了全国人民反帝反军阀的斗争，是中国早期工运史上浓墨重彩的一笔。在国内，关注煤矿工人群体研究的并不多，返回历史文化语境进行细部研究的也较少，做出系统研究和理论判断的更少之又少。在此种意义上，赵雪同志的新著对扎实推进中国工人运动史的研究，具有极其重要的创新探索价值。该书返回历史深处、返回理论原点、返回实践初心、返回事件细部，对开滦煤矿工人群体的形成脉络进行分析，通过其不同的历史发展阶段，对他们的工作和家庭生存状况进行研究，对与资本家的斗争案例成因、发展和结果展开剖析，从中挖掘出影响煤矿工人群体走上革命道路的内在基因和理论逻辑。诚如本书作者所说："开滦档案史料的丰富内容令我感触颇深，开滦煤矿的历史也是一段能够了解中国近代社会的历史，涉及政治、经济、文化、内政、外交、官场、经营、管理等各方面内容，放在中国近代历史的坐标系中从各个不同层面进行研究和解读，可以看到开滦煤矿的整体缩影。"

特别值得提出的是，该书从工业文化遗产整理保护的视角系统梳理建党前后的开滦煤矿工人运动，查找翻阅大量的一手档案、史料，在共产国际的大背景之下，在对文献进行分类整理的基础上，采取归纳对比、案例剖析、定性分析、文献分析等方法，对开滦煤矿工人运动的曲折发展做深入浅出的分析研究，同时客观展示党领导下的早期煤矿工人运动是中国革命和建设的重要组成部分，只有党才能真正、完全、彻底代表工人阶级的根本利益和具体利益，领导全国工人运动不断从胜利走向胜利。

客观而言，学术界至今还没有一部充分研究这一历史事件的学术著作。档案材料纷繁复杂，作者经过细致的史料挖掘工作，获得大量可靠的原始档案文献，加上原有的函电以及必要的报刊，特别是从社会舆论的独特视角，探究 1922 年开滦五矿工人大罢工的酝酿、爆发，直到最终走向低谷的演变过程。档案文献记载了开滦矿工"特别能战斗"的历史和精神，分析参与其中的各种政治、军事势力之间错综复杂的互动关系，深度剖析开滦煤矿工人在早期中国工人运动中的重要作用和成为"中国革命的领导力量"的关键因素与客观规律，这对于研究中国共产党成立之前的社会力量、群众基础以及使读者了解中国煤矿工人斗争历史，研究中国工人运动的经验等，具有非常重要的理论意义和应用价值。

从“史论结合”角度来看，该书对1922年开滦五矿大罢工的研究是学界第一次全景式的展示，具有开拓性的意义。该书最后还附录1882—1948年历次开滦工人运动及相关事件表，为今后进一步研究该专题提供了重要参考。虽然，作为第一本系统研究开滦五矿大罢工的著作，该书在理论的系统性层面还有一定的提升空间，但作为青年学者，已经是交出一份满意答卷了。毫无疑问，作为我国15万公里铁路源头肇始之地，具有“中国近代工业的摇篮”称号的唐山是“中国煤炭工业源头”，对于研究中国近代煤矿工人有独特的先天地域优势。期待赵雪老师能再接再厉，扎根唐山、聚焦史料、立足现实、着眼未来，继续深入研究，为唐山乃至冀东历史文化增色添彩，为中国工人运动史研究作出自己的卓越贡献。

中国劳动关系学院教授、中国工人
历史与现状研究会副会长兼秘书长
彭维峰

目　　录

绪　论

一、研究缘起

中国共产党是马克思列宁主义同中国工人运动相结合的产物。党创建之初，就把主要精力放在团结工人阶级、发展工会组织和领导工人运动上，准确还原党领导早期工运的史实真相、系统总结其经验教训等具有重要历史价值和现代意义。随着中国近代工业的萌芽和发展，中国工人阶级诞生了。中国煤矿工人是我国工人阶级的重要组成部分，是一支具有光荣革命传统的产业大军。创办于1898年的安源煤矿是中国工人运动的策源地，毛泽东等老一辈无产阶级革命家在此创建了中共第一个产业工人党支部——安源路矿工人支部。1911年辛亥革命后，享有“中国煤炭工业源头”的开滦煤矿的工人被陆续招募到国外做劳工，部分旅俄华工经过1917年十月革命炮火洗礼等的影响开始信仰共产主义，以旅俄华工为主体的中国“红鹰团”主动投入到苏俄革命运动中，他们归国后逐渐成为早期马克思主义重要传播者，在中国共产党领导下迅速走上中国革命舞台，成为毛泽东确定的“中国革命的领导力量”。李大钊在探索中国革命新道路时，也越来越多地聚焦煤矿工人群体，力图唤醒工人阶级改造中国。

1922年的开滦五矿大罢工在中共党史和中国工人运动史上占有很高的地位。1925年，毛泽东曾在《中国社会各阶级的分析》一文中称赞开滦工人阶级“特别能战斗”。邓中夏、刘少奇等人也多次论及此次罢工。《中国共产党的七十年》《中国共产党历史：1921—1949年》《中国共产党史稿》等都记述了此次事件。自1878年开平矿务局成立，至1952年开滦煤矿回归祖国经营，长达75年的时间里，发生过的工人运动数不胜数。从早期的经济斗争转向自觉的政治斗争，工人阶级队伍日益壮大成熟，成了中国共产党最坚实的阶级基础。

在国内，关注煤矿工人群体研究的并不多，本著作将对开滦煤矿工人群体的形成脉络进行分析，通过其不同的历史发展阶段，对他们的工作和家庭生存状况进行研究，对与资本家的斗争原因、发展和结果展开剖析，从中找出影响煤矿工人群体走上革命道路的内在基因。在中国近代史上，煤矿工人产生较早，以开滦煤矿为例，开滦煤矿在当时又是中国大陆第一座采用西方机器设备和技术进行生产的近代大型煤矿，享有“中国煤炭工业源头”“北方民族工业的摇篮”等盛誉，在我国近代工业史上占有重要地位。开滦煤矿工人的生产性质特殊，在长期的斗争与反抗中，煤矿工会组织建立得早，工人运动开展规模大、影响深远。就全国而言，煤矿工人群体为中华民族的独立解放和中国革命的最终胜利作出了突出贡献。1950 年 11 月，中国煤矿工会第一届全国会员代表大会成立了中国煤矿工会全国委员会，中央书记处书记、解放军总司令朱德同志代表党中央致祝词，自此中国煤矿工运事业揭开了新的篇章。

煤矿工人作为“中国革命的领导力量”，本应成为学术研究的热门。探寻煤矿工人在中国革命史上的背景、发展历程，最终成为坚定的革命者，可以为党史研究填补空白，意义非常重大。本专著仅以 1922 年开滦五矿罢工为例，因为这是党在唐山地区领导的第一次大规模的工人运动，参加人员之多，持续时间之长，斗争状况之烈，达到了那个时期工人运动的高潮，被毛泽东赞誉为“特别能战斗”。详细分析该罢工的前因后果，使读者从个案的角度出发，更加清晰地明白开滦工人运动的情况。

本书从工业文化遗产整理保护的视角系统梳理建党前后的开滦煤矿工人运动，查找翻阅大量的一手档案、史料，在对文献进行分类整理的基础上，采取归纳对比、案例剖析、定性分析、文献分析等方法，对开滦煤矿工人运动的曲折发展做深入浅出的分析研究，同时客观展示党领导下的早期煤矿工人运动是中国革命和建设的重要组成部分，只有党才能真正、完全、彻底代表工人阶级的根本利益和具体利益，领导全国工人运动不断从胜利走向胜利。本专著将探索早期开滦煤矿工人运动作为工人运动重要组成部分在党创建上的重要作用，探寻其在中国革命史、中共党史、中国工运史等方面的形成背景、发展历程、组织特点等，可以作为中国近代史、中共党史、中共学等的重要补充。

党的十八大以来，习近平总书记对新时代我国工运事业和工会工作等多次发表重要论述、作出重要指示、提出战略要求，党的十九届五中全会站在历史发展新征程上，又指出工人阶级是决胜全面建成小康社会、全面建设社会主义现代化国家的主力军，是实现“十四五”规划和2035年远景目标的重要依靠力量，在党领导下工人阶级必须不忘初心、牢记使命，作出新贡献。中国式现代化新道路的开创，离不开产业工人的辛勤劳动和无私奉献。党在100年的风雨中走来，牢牢团结与带领煤矿工人走向新时代，保障了我国的能源安全。煤矿工人为我国经济发展立下了汗马功劳，仅2020年，全国原煤产量就完成39亿吨，煤炭消费量仍占我国能源消费总量的56.8%，煤炭仍将长期是我国的主体能源，支撑了我国能源安全的半壁江山。新时代新征程，煤矿工人有了新的使命，煤矿工运事业有了新的时代主题。广大工人定会不忘初心、牢记使命，大力弘扬劳模精神、劳动精神和工匠精神，传承煤矿工人的光荣传统，在党的领导下，建功新时代，为决胜全面建成小康社会、夺取新时代中国特色社会主义伟大胜利、实现中华民族伟大复兴的中国梦而不懈奋斗！

二、概念界定

（一）工人阶级

马克思主义理论建立的阶级基础是无产阶级，对于工人阶级的关注始终是马克思主义的重要理论传统。资本主义生产关系从新航路的开辟时期就已经产生了萌芽。机器大工业的出现是工人这个群体产生的经济基础。从16世纪开始，西欧各国陆续通过资产阶级革命扫清资本主义现代大工业发展的路障。

1. 马克思恩格斯关于工人阶级的相关论述

马克思和恩格斯立足于大工业发展的时代背景，探寻工人阶级发展壮大的前提和基础。最初，恩格斯是从实践的路线出发，观察工人实际生活状况，探索工人生活贫困的原因，写出了《英国状况·十八世纪》《英国工人阶级状况》等论著。马克思受恩格斯影响很大，在理论上通过经济学的理论批判，对工人的社会状况进行了初步的理论分析，集中体现在《1844年经济学哲学手稿》《共产党宣言》等早期著作当中。马克思主义理论关于工人阶级的经典表述出现在《共产党宣言》中，指出："无产阶级是指没有自己的生产资料，因而不得不靠出卖劳动力来维持生活的现代雇佣工人阶级。"[①]而"无产者在经济学上只能理解为生产和增值'资本'的雇佣工人"。[②]此时的工人阶级可以同无产阶级做同义语使用。

在私有制的前提下，工人的劳动力可以作为商品售卖，工人除了出卖自己的劳动力之外便一无所有，这就为资本主义的剥削奠定了前提。随着资本的不断扩充，工人的劳动逐渐发生异化，这种异化的力量使工人很快就意识到要起来反抗，否则便不能改变自身的处境，于是以捣毁机器为主的最初的工人斗争开始出现。马克思恩格斯准确判断出商品形式背后的"拜物教"性质，资本主义的商品经济实质内容是工人被赤裸裸地剥削和压榨，是被商品自由买卖所掩盖的资本家支配工人劳动的经济关系。在《1844年经济学哲学手稿》中，马克思指出："工人对劳动的关系，生产出资本家或者不管人们给劳动的主宰起个什么别的名字对这个劳动的关系。"[③]在资本主义私有制的前提下，资本家对工人劳动的支配所表现出来的是人与人之间不平等的权利关系，工人要想改变自身被剥削、被压迫的地位，改善恶劣的劳动条件，就要展开争取权利的斗争。

19世纪三四十年代，欧洲爆发了著名的三大工人运动，这表明无产阶级作为独立的政治力量，开始登上了历史舞台。工人斗争的丰富经验，为马克思、恩格斯进行理论研究提供了宝贵的材料，但是三大工人运动的失败，则从反面提出了创立科学的革命理论的迫切要求。马克思恩格斯以人类解放为前提，站在无产者的立场上，把理论与工人运动实践相结合，使工人阶级有组织地开展运动。1847年，世界上第一个无产阶级政党——共产主义者同盟

①《马克思恩格斯选集》第1卷，北京：人民出版社，1995年，第272页。
② 马克思：《资本论》第1卷，北京：人民出版社，1975年，第674页。
③《马克思恩格斯文集》第1卷，北京：人民出版社，2009年，第166页。

创建，工人阶级有了自己的政党。为了使工人阶级上升为能够担当历史转型任务的无产阶级，马克思恩格斯在1848年2月发表了《共产党宣言》，该宣言成为共产主义者同盟的纲领，揭示无产阶级的历史使命，即用暴力推翻资产阶级统治，建立无产阶级政权，号召“全世界无产者联合起来”。

2. 中国工人阶级的产生和发展

马克思恩格斯关于工人阶级的相关论述，强调在不同历史条件下探索无产阶级解放的道路，对于中国共产党进行新民主主义革命的道路探索产生了深刻影响。五四运动之后，无产阶级的力量开始壮大，并独立登上历史舞台，中国共产党的成立就是马克思主义与中国无产阶级相结合的历史性产物。

中国工人阶级是近代大工业的产物，鸦片战争之后，伴随着帝国主义的侵略而产生。鸦片战争之前，中国封建社会内部已经孕育了资本主义的萌芽。大约在16世纪中叶至17世纪初，在苏杭等发达的地区，就开始出现了规模较大的手工业工场和自由劳动力市场。但是，由于重农抑商政策的存在，封建统治阶级对于工商业发展有严格的限制，从明朝初期的“海禁”到清朝的“闭关锁国”，都在阻碍中国资本主义萌芽的发展，这也就导致了中国的国情特殊，并没有进入到资本主义阶段。但是，中国在“闭关锁国”的同时，世界资本主义却在快速发展。1873年，世界爆发经济危机，资本主义制度开始由自由竞争阶段向垄断阶段过渡。资本主义为了摆脱经济危机，开始到国外寻找市场。19世纪末20世纪初，列宁在《帝国主义是资本主义的最高阶段》一书中提出了帝国主义特征，如资本输出、瓜分领土、建立殖民地等等。落后国家劳动力价格低廉，为资本输出提供了对象和场所。发达资本主义国家在进入垄断阶段以后，都不同程度地参与了在其他弱小国家建立殖民体系的交易。中国最早的产业工人，便产生于外国资本在中国经营的企业里。

鸦片战争使中国的大门被打开，在坚船利炮的攻击下，中国逐渐沦为半殖民地半封建社会。随着外国商品的倾销，中国自给自足的自然经济逐渐瓦解，为资本主义的发展创造了条件，也为工人阶级的产生奠定了基础。1949年，毛泽东在《丢掉幻想，准备斗争》中指出：“帝国主义的侵略刺激了中国的社会经济，使它发生了变化，造成了帝国主义的对立物——造成了中国的民族工业，造成了中国民族资产阶级，而特别是造成了在帝国主义直接经营的企业中、在官僚资本经营的企业中、在民族资产阶级经营的企业中做工的中国无产阶级。”①

中国工人阶级群体大概有三个来源：其一是在外国资本主义入侵后，产生于外资企业中的第一批产业工人。1840年鸦片战争至1894年甲午战争前夕，外国资本在中国共开办了近代企业191个，雇佣工人约3.4万人。其二是在洋务运动中产生于洋务派开办的官办与官督商办的军事和民用企业中的第二批产业工人。据统计，从19世纪60年代兴起的洋务运动中，30年间由洋务派创办和经营的军用和民用近代企业共有40多个，雇佣工人累计约4万人。其三是在上述企业带动下产生于民营资本企业中的第三批产业工人。②由于中国民族资本企业和日、美投资企业的迅速发展，中国产业工人也迅速成长和发展。据估计到1919年，全国产业工人大约261万人，其中，铁路工人16.5万人，邮电工人3万人，海员15万人，汽车、电车工人3万人，搬运工人30万人，中国工厂工人60万人，外国资本在华工厂工人23. 5万人，矿山工人70万人，建筑工人40万人。③

“早期的中国工人阶级和当时世界范围内的工人阶级状况基本相符，有马恩经典作家所描述的工人阶级的基本特征。”④新中国成立之前，中国工人阶级与社会化大生产相联系，没有生产资料，是靠出卖劳动力为生的雇佣劳动者，以产业工人、体力劳动者为主。中国共产党成立之前，工人阶级的斗争尚处于自发状态，但在中国共产党成立之后，工人阶级有了坚实的领导力量，工人运动为新民主主义革命准备了坚实的阶级力量。

（二）工人群体

群体一词是属于社会学理论或社会史研究的基本范畴，与个体相对，相对于个体概念而言是个体的共同体。不同个体按某种特征结合在一起，进行

① 《毛泽东选集》第4卷，北京：人民出版社，1991年，1484页。

② 戴文宪：《论中国共产党百年历程中工人阶级、工会和工人运动的历史贡献》，《工会理论研究》，2021年第3期。

③ 刘明逵：《中国工人阶级历史状况》，北京：中共中央党校出版社，1985年，122页。

④ 黄旭东：《中国工人阶级发展历史及其特点》，《云南师范大学学报（社会科学版）》，2008年第6期。

共同活动、相互交往，就形成了群体。它一般是指根据职业或利益的不同而在人民群众中所划分出来的人群集合体。并且，群体是由一个个的个体所构成的，而不同的群体和个体则构成了群众。这就表明了群众是由群体和个人所组成，是抽象意义上的人群集合体。党史学家张静如先生曾指出："群众这个大概念在现实生活中，是以不同形式的群体存在着。它作为人们进行共同活动的组织，既是人的生活单位，又是社会基本结构，诸如家庭、家族、学校、商店、医院、企业、公司、政府部门、政党，等等。这里，存在着个人（包括群众领导人）和群体的关系、群体和群体的关系、群体和社会群众的关系。唯物史观特别强调的无产阶级政党与群众的关系问题，就是群体与社会群众关系的一种。"① 从这里可以看出，张静如先生已经把人民群众的抽象概念，还原为具体的群体和个人的内容上。2006 年，他指出："在历史研究中，所谓群体是一种历史现象。它是历史学家观察历史而得出的概念，并非历史发展过程中某些有特殊政治目的人刻意组织起来的带有宗派性质的小团体、小山头。"② 总之，从中国的社会历史出发，群众是由许多群体和个体所构成的，是带有集合性质的属性概念。

而阶级是一个经济范畴。1919 年，列宁在《伟大的创举》中曾这样概括阶级："所谓阶级，就是这样一些集团，这些集团在历史上一定社会生产体系中所处的地位不同，对生产资料的关系不同，在社会劳动组织中所起的作用不同，因而领得自己所支配的那份社会财富的方式和多寡也不同。所谓阶级，就是这样一些集团，由于它们在一定社会经济结构中所处的地位不同，其中一个集团能够占有另一个集团的劳动。"③ 新中国成立以后，特别改革开放以来，生产力的发展也带来了区别于传统意义上的阶级划分，其实质是阶层的划分。新的职业分化产生的新阶层，如个体劳动者、私营企业主等等，但从工人阶级中产生的一些新兴阶层基本上或至少目前还是属于工人阶级这个大范畴，从根本利益上与传统的工人阶级是一致的。阶层中又会出现不同的群体，群体的范围比阶级、阶层要小，工人群体可以说是在工人阶级内部之中，

① 张静如：《唯物史观与中共党史学》，长沙：湖南出版社，1995 年，第 183 页。
② 张静如：《论加强中共党史人物群体研究》，《湖湘论坛》，2006 年第 4 期。
③《列宁选集》第 4 卷，北京：人民出版社，2012 年，第 10 页。

不同的群体有着不同的生活方式。

（三）工人运动

工人运动是指在各国工人阶级政党的领导下，由工人群众参加的，推翻资本主义剥削、压迫和统治，争取民族解放和民族独立，以及争取政治权利的暴力运动。历史上国际工人运动的组织主要有国际共产主义通讯委员会、共产主义者同盟、国际工人协会、第二国际、共产国际。在工人阶级政党创立之前的工人运动，泛指劳工为了得到经济上利益，如增加工资、减少劳动时间等而组织起来的活动。在历史上，工人运动始于工业革命后之后，由于大工业的生产使得工人状况发生了巨大改变，资产阶级为了获取剩余价值采取各种手段缩短工人的必要劳动时间，提高劳动生产率，工人劳动发生异化，生活困苦，反抗情绪激烈，因此工人运动往往带有经济需求、政治斗争、暴力斗争的特点。起初的工人运动会受到政府的强力压制，后来许多学者与政治群体也介入到工人运动之中，增强了舆论效应。

从某种意义上说，国际工人运动也就是国际共产主义运动。随着《共产党宣言》的发表，国际共产主义运动逐步开展起来。19 世纪上半叶的国际工人运动，以政治斗争和暴力斗争为主，自发性、分散性很强，还没有提出消灭整个资本主义制度的主张和纲领。19 世纪中期的工人运动，主要包括第一国际的成立、1864 年欧洲工人声援波兰人民的反俄起义，以及巴黎公社革命（1871）。这一时期，随着马克思主义的诞生和传播，工人阶级的觉悟和组织程度都有所提高，加强了国际团结。19 世纪末 20 世纪上半叶的国际工人运动，工人阶级队伍更加壮大，工人阶级的政党普遍建立起来，俄国十月革命的胜利，意味着无产阶级专政的社会主义制度从实践上真正取得了胜利。20 世纪 30 年代，国际工人运动同世界反法西斯的斗争紧密联系在一起，直到第二次大战后，出现了一系列新的无产阶级专政的国家。

中国早期的工人运动是在中国共产党直接领导下发展壮大起来的。对于中国而言，工人运动有狭义与广义之分。狭义的工人运动往往指工人集会、结社、游行示威、罢工等工人的集体行动；广义的工人运动不仅包括工人的集体行动，还包括工人阶级的组织建设、生存状况、成长发展、队伍变迁、作用发挥、权益维护、自身解放等。中国工人阶级自诞生以来，经历了从最初反抗到有组织的罢工，从经济斗争转向政治斗争，从个别厂矿的罢工到同盟罢工，从同盟罢工到武装起义等斗争形式。在五四运动中，中国工人阶级作为独立的政治力量登上历史舞台。在马克思列宁主义同中国工人运动相结合的进程中，1921 年，中国共产党应运而生。在党的坚强领导下，中国工人阶级开始从分散走向团结，中国工人运动从自发走向自觉。党的第一次全国代表大会通过的《中国共产党第一个决议》，就明确提出党在当前的“基本任务是成立产业工会”，开展工人运动。1921 年 8 月成立了公开领导工人运动的中国劳动组合书记部。1925 年 5 月 1 日，党发起召开第二次全国劳动大会，宣告中华全国总工会正式成立，标志着全国工人阶级在党的领导下，实现了全国工会在政治上和组织上的团结与统一，揭开中国工人运动新篇章。在这风雨如磐的革命岁月，我国工人阶级积极投身党领导的革命斗争洪流，不断掀起工运高潮，为推翻帝国主义、封建主义和官僚资本主义“三座大山”，为实现中华民族和中国人民的独立解放、建立新中国而浴血奋战，建立了卓越历史功勋。

（四）1922 年开滦五矿大罢工

1922 年的开滦五矿大罢工是中国早期工运高潮中的一次极具代表性的工人运动。开滦五矿包括唐山、赵各庄、林西、马家沟和唐家庄 5 个矿区，是当时中国规模最大和最早采用新式开采技术的煤矿。由于矿工们受着中外资本家的残酷压迫和剥削，工时长，工资低，劳动条件恶劣，生活非常困苦，故该矿有“人命一条，不如一马”之说，特别是在山海关、唐山铁路南厂罢工胜利的影响下，开滦矿工纷纷要求组织起来，为获得政治自由和经济解放而斗争。1922 年 10 月，中国劳动组合书记部领导开滦五矿 3.5 万多名工人举行大规模罢工斗争。

1922 年 10 月 16 日，开滦五矿矿工代表，向矿方提出增加工资、改善生活待遇的六项要求，被矿局无理拒绝。资本家和反动军阀相勾结，企图破坏和扼杀罢工，向工人施加压力，这使矿区工人极其愤慨，决定展开大罢工斗争。22 日，资本家又非法扣留 6 名请愿工人代表，工人们对此感到极度愤怒，遂决定罢工。23 日，五矿工人宣布举行同盟大罢工，得到唐山新洋灰公司、华新纺纱厂等工厂工人的响应，参加罢工者近 5 万人。罢工爆发后，矿务局

和军阀政府相勾结，调集保安和军警3000多人对罢工实行镇压，英帝国主义派出武装直接参与镇压。26日，军警向罢工工人开枪，造成重伤7人、轻伤57人的流血事件。随后，五矿工人俱乐部被查封，罢工领导人有的被逮捕，有的受到监视，但工人继续坚持斗争。

最后迫使开滦矿务局和直隶全省警务处不得不张贴布告，应允给薪资百元以下的工人增资10%，工人罢工期间发给7天的工资并由矿务局担负医药费。这次罢工，虽未能完全取得胜利，但却给封建反动势力和英国资本家以沉重打击，同时工人群众看到了改变自己命运的希望，坚定了与黑暗社会、资本家进行斗争的信心，提高了阶级觉悟。开滦五矿大罢工是中国第一次罢工高潮中最主要的罢工之一，是开滦工人由自发斗争进入自觉斗争的一个伟大转折，它所显示的力量令世人所瞩目，充分展示了工人阶级的力量。在开滦五矿罢工之中，李大钊、罗章龙、王尽美、王德周等都直接或间接的指导了罢工运动。最为重要的是，罗章龙等人设计出了罢工徽标，绣有徽标的红旗在罢工运动中高高飘扬。

罢工持续25天之久，充分显示了工人阶级的巨大力量，在国内外产生了重大影响，也为中国共产党随后领导京汉铁路大罢工提供了宝贵经验。开滦五矿大罢工中飘扬的红旗不仅是开滦工人的旗帜，也是工人阶级革命的旗帜。开滦五矿大罢工，是马克思主义和工人运动相结合的伟大实践，在工人运动史上画出了浓重的一笔。

三、文献综述

在1920年前后，相对于4亿多人口的中国，200万左右的工人群体（煤矿工人70万）虽然总体数量并不多，但这个群体掌握着先进的生产方式，由于长期处于社会底层，其组织程度和革命的坚决性、彻底性以及奋斗牺牲精神成了该群体的突出特点。2021年是中国共产党建党100周年，中国共产党的创建、早期工人运动等历史重大问题，已有专家学者（如邓中夏、李新、王永玺、欧阳淞、顾海良、金冲及、曲青山、王炳林、章百家、艾四林、杨凤城、瓦·德·维诺格拉多夫、B. H. 尼基福罗夫、石川祯浩、Nym Wales、

Jean Chesneaux、Jeffrey Howard Hornibrook、Suzanne Pepper、Lloyd E.Eastman、Joshua H.Howard 等）、科研院所（如中国劳动关系学院、中国工运研究所、上海社科院、人大中共党史研究院、河北省社科院等）、党政部门（中共中央党校、中国社科院、中共中央党史和文献研究院、河北省委党史研究室）及群众组织（如中华全国总工会、中国中共党史学会、中国煤矿文化艺术联合会等）做了比较持久而深入的研究，取得了一批理论和应用成果，但社会各界和相关研究者并没有充分意识到解决马克思主义在中国的早期传播与早期工人运动、早期工人运动与中国共产党创建等的复杂关系等难题的紧迫性和重要性，特别是对党领导下的早期煤矿工人运动关注不足、研究有限。已有成果可做如下分类：

（一）近代煤炭产业的发展

近代中国煤炭产业的发展源于鸦片战争之后外商的活动：一方面到中国沿江沿海运输便利地区勘察煤矿，一方面向清政府提出了开办煤矿的要求。清政府忌惮洋人，对开办新式煤矿非常谨慎（夏东元，1992）。随着洋务企业的兴起，国内对煤炭的需求越来越大。从1867年开始，洋务派多次上奏朝廷，要求开办煤矿，1875 年，清政府批准试办。洋务派首先在台湾和磁州试水，可惜未能成功，进而转至距天津不远的滦州，创办开平矿务局，自此在国内掀起第一个开办煤矿高潮。1875—1894 年，洋务派先后开办了 15 处新式煤矿（张国辉，1979）。出于对煤炭资源的掠夺，英、德、法、日、美等国家先后获得了中国煤矿的矿权和开采权，名义上是中外合资，实际上是主要由外国人经营管理。辛亥革命之后，收回矿权运动和民族资本的发展，使一些规模较小的煤矿被赎回。1918 年，民族资本煤矿产量占全国煤炭总产量的 24%（薛毅，2006）。

（二）近代中国工人群体的分类

工人是不占有生产资料并通过出卖劳动力取得收入的劳动者。国民政府社会部依据劳动工具的不同将工人分为“产业工人和职业工人两大类”（刘国良，1992）。20 世纪二三十年代对劳工问题研究集中于将中国工人分为“奴隶工人”“工业工人”“农业工人”“血汗工人”四种（陈达，1929）。一般认为，随着近代煤矿的出现，煤矿工人群体也随之形成。中国第一批煤矿工人诞生

在洋务派兴办的煤矿中，随着外国资本对中国煤矿的掠夺，中国煤矿工人群体发展进入第二个阶段。截止到1919年，在中国的288.5万产业工人中，煤矿工人有70万（薛毅，2006）。

（三）近代开滦煤矿工人群体的生存状况研究

国内对开滦煤矿工人群体的研究并不多。有的学者从煤矿工人的劳动时间、劳动条件、管理约束等角度对煤矿工人群体进行了简单的分析（薛世孝，1996）。20世纪80年代，南开大学从煤矿用工制度和工人工资入手，对开滦煤矿工人群体的生存状况进行了深入的剖析（熊性美，1983）。郭士浩以开滦煤矿为样本，从包工制度、政治迫害、精神奴役、福利事业、劳动条件、英勇斗争等几个方面，对开滦煤矿工人群体进行了深入的研究（郭士浩，1985）。另外，中国共产党成立之前，李大钊曾经对唐山地区的产业工人进行深入的调查研究。这些文献为研究煤矿工人群体提供了借鉴和参考，近代中国煤矿工人群体的社会地位、经济状况、独特品格等，还少有触及。

（四）近代开滦煤矿工人群体的斗争

1882年，开滦（当时为开平）煤矿的矿工就开始了与资本家的斗争（徐冀，1992），直至1948年唐山解放，开滦的煤矿工人运动就没有停止过（管政远，1992）。学术界对开滦煤矿工人运动研究主要集中在罢工斗争上。这些研究，多是史实的罗列，缺乏无产阶级能够成为革命的领导力量的理论研究，仅以“哪里有压迫，哪里就有反抗”做定性评价。除此之外，有的学者还以某一地区或城市为样本，对工人群体进行局部分析，这也为煤矿工人群体研究提供了参照。比如，除了对开滦的研究之外，对武汉、江西、东北等地的工人运动也进行了广泛的研究，得出的结论一般是边远地区的发展相对滞后，工人群体形成也要晚，企业的规模小、资本少、设备差，地方工业结构也不合理，工人受剥削程度大，生存状况更加恶劣，这些区域工人斗争的时间较晚、次数较少、规模较小（唐由庆、戈华，1986）。

（五）中国共产党创建与工人运动研究

工人阶级是中国共产党的阶级基础。邓中夏在《中国职工运动简史》一书中对大罢工失败的原因和教训进行了深入而全面的分析，认为开滦五矿大罢工组织不足，经费有限。刘明逵、唐玉良的《中国工人运动史》中也对此次大罢工进行了细致的研究。有学者认为中国工人阶级的特点和中国共产党的性质奠定了中国工人阶级的阶级基础地位（王浩军，2003）；已有关于中国共产党与工人运动的宏观研究（赵德新，1951；B. II. 尼基福罗夫，1984；吴兴灿，1984；王关兴，1991；王浩军，2003；韩亚光，2011；冯学工，2012；章百家，2015；王建伟，2018；等），主要关注党创建前的工人运动、工人阶级与党的创建、党的早期领导人与工人运动等问题，关注党领导下的早期工人运动的研究成果仅见 8 部（张帆，1953；刘立凯，1955；周宏府，1981；薛世孝，1986；贺世友，2001；陆华东，2012；蒋国海，2015；李明珠，2018）。虽然前人研究结论不尽一致且针对本专著的前期成果较少，但相关成果对本专著有着重要参考价值和借鉴意义，为早期煤矿工人运动的研究提供了借鉴，指明了方向。

（六）国外相关研究的学术史梳理及研究动态

1845 年，恩格斯在《英国工人阶级状况》一书德文版序言中指出："工人阶级的状况是当代一切社会运动的真正基础和出发点，因为它是我们目前社会一切灾难的最尖锐最露骨的表现。"国外学者对近现代矿业和矿工研究既有矿业通史性研究，又有专题史研究，既有着眼于各行业（矿种）的产业矿业史研究，又有着眼于单个企业的矿业及工人状况研究。E. P. 汤普森（1963）《英国工人阶级的形成》分析了工业革命时期英国工人阶级的状况，通过对这一时期社会生活的广泛背景（特别是传统、道德、价值体系等文化因素）的考察，从而具体地说明了英国工人阶级的形成这一历史现象。G. Blainey 与 R. Paull（1963）的 *The Rush that Never Ended: A History of Australian Mining* 对近代澳大利亚的金属矿开采、矿工生活、矿产出口等进行了研究，勾勒了澳大利亚近代采矿业的历史图景。Howard N. 与 Lucille L. Sloane（1970）的 *A Pictorial History of American Mining: The Adventure and Drama of Finding and Extracting Nature's Wealth from the Earth, from Pre-Columbian Times to the Present* 用大量图片展示了美国近现代矿业发展史。Andrew Bermard Armold（2001）的 *Ordering Coal-Labor, Law, and Business in Central Pennsylvania, 1870-1900* 以美国宾夕法尼亚州煤矿劳工组织为个案，研究了煤矿劳工组织是如何与政治、经济整合而产生了全国性的工会主义以及在此过程中，旧有的劳工关系、社区形式对此产生了如何的影响。英国胡弗汉顿大学本·柯蒂斯等（2019）研究了南威尔士地区全国煤矿工人工会和南威尔士煤矿的因工致残（1947—1994）情况，认为南威尔士地区全国煤矿工人工会（National Union of Mineworkers）在南威尔士煤矿社区保持着较广泛的社会文化角色，使其具有一些“不只是工会”的特性。Hall Noemi B. 等（2019）研究了美国煤矿工人的生存状况，特别是职业病问题。Jodi Pelders 等（2019）通过大数据分析发现南非矿山工人面临与健康和安全状况不佳相关的挑战，包括疲劳风险、社会经济和生活条件恶劣等。

综上，与国外研究相比，国内近代煤矿及矿工的研究无论是在深度还是广度抑或研究力量和研究成果等方面都与欧美国家有较大差距。国内矿业史及煤矿工人生存状况的研究还处于非常分散、缺乏系统研究的阶段。

四、研究思路和方法

（一）研究思路

本专著遵循“问题识别、问题诊断、问题解决”的研究思路，以开滦煤矿工人运动为独特研究对象，构建马列主义在中国的早期传播与煤矿工人活动、共产党早期组织的活动、党的创建与煤矿工运等识别诊断解决“螺旋模型”，根据“模型”对开滦煤矿工人运动与中国共产党之间的联系、发展、演变等进行系统分析：（1）“问题识别”——通过大量查阅相关文献，整理出开滦煤矿工人运动的各种史料及数据；（2）“梳理结构”——通过研究开滦煤矿工人运动的不同阶段，推断出“特别能战斗”的独特品质；（3）“问题诊断”——通过分析其斗争状况，找出煤矿工人群体走上政治舞台的历史必然性；（4）“问题解决”——通过对开滦煤矿工人的组织性、纪律性、革命性形成的原因分析，明确其作为重要组成部分，担负起新民主主义革命和社会主义革命的伟大使命的历史必然性。

（二）研究方法

1. 文献分析法。通过多种途径获取与本专著相关的文献资料，比如档案文献、专著、书信、日记、报纸等，并进行归纳整理，从中分析出与开滦煤矿工人运动与党史党建的相关内容，构建成适合本专著的基本框架。

2. 比较研究法。对比近代工业中的不同行业、相同行业中的不同人员、不同地域的家庭、不同时期的人员、与资本家斗争情况等内容，通过比较，可以看出早期开滦煤矿工人群体的基本状况，以及煤矿行业对中国革命的贡献度。

3. 个案研究法。通过特定的历史事件，例如 1922 年开滦五矿大罢工，可以得出相应的结论。比如，毛泽东称："他们失了生产手段，剩下两手，绝了发财的望，又受着帝国主义、军阀、资产阶级的极残酷的待遇，所以他们特别能战斗。"选择 1922 年开滦五矿大罢工作为研究对象，广泛收集有关资料，在掌握大量的细致的信息基础上对其进行详细研究，分析罢工的各种因素及其相互关系，以小见大，以"解剖麻雀"的方式得出对早期工人运动深入全面的认识，由个别上升到一般，总结早期工人运动的规律。

4. 大历史和小历史相结合。从清代到民国，从民国到新中国，开滦档案内容丰富，把开滦史的研究放在整个近代史的框架中，它所回应的不仅是某个企业发展的问题，还有整个近代中国政治、经济、文化问题的缩影；中国早期的工人运动是社会矛盾的一种突出体现，因此 1922 年开滦五矿大罢工事件，从开滦工人运动的视角看更多是从政治标准研究，但工人阶级并不是一个政治团体，涉及政治、经济、文化、社会保障等多个层面，透过工人阶级看公共领域和当时的市民社会，错综复杂的社会矛盾和社会环境要求研究者从多维度进行审视，借鉴政治学、经济学、社会学以及传播学等相关学科的研究方法，对开滦的工人运动做全面的历史考察，通过工人运动的历史研究去关怀整个近代中国大历史的发展。

第一章　共产国际与中国早期工人运动

十月革命以后，苏维埃政权建立，与此同时，英、美、法、意等资本主义国家的工人阶级掀起了要求停止战争、反对武装干涉苏俄的群众运动。共产国际的建立是十月革命胜利后国际工人运动和无产阶级世界革命蓬勃发展的产物，是以列宁为首的马克思主义者同机会主义者长期斗争的结果，同时也是国际无产阶级和被压迫民族联合起来共同反抗帝国主义及各国反动派猖狂进攻的客观要求。各国无产阶级面临着共同的敌人和共同的革命任务，产生了联合斗争的强烈愿望，无产阶级国际组织应运而生。

毛泽东在《关于共产国际解散问题的报告》曾说："共产国际在中国人民中的影响，是很大的。其原因就在于，中国虽然是一个经济落后的国家，却在二十二年中连续不断地进行了三次伟大的革命运动，这就是北伐战争、土地革命战争和抗日战争，而共产国际对于这三次革命运动都给予了很大的帮助。"[①]1981 年 6 月，党的十一届六中全会通过《关于建国以来党的若干历史问题的决议》，指出："中国共产党是马克思列宁主义同中国工人运动相结合的产物，是在俄国十月革命和我国五四运动的影响下，在列宁领导的共产国际帮助下诞生的。"上述两个决议是在不同的历史背景下产生的结论性意见，既说明了党产生的阶级基础和思想基础，又实事求是地肯定了共产国际在中国共产党创建过程中的作用。

俄国革命是布尔什维克党领导的取得无产阶级专政的革命，是属于工农大众的新型革命。因此，中国的先进知识分子倍受启发，转身向俄国学习。共产国际对中国革命提供理论指导，号召殖民地半殖民地的无产阶级和革命群众必须认识到："由于殖民地革命的彻底胜利是同世界帝国主义的统治势不

① 中共中央文献研究室、中央档案馆编：《建党以来重要文献选编（一九二一—一九四九）》第二十册，北京：中央文献出版社，2011 年，第 324 页。

两立的。因而这个革命的客观任务也就超出了资产阶级民主的范围。”[①] 也就是说，落后国家的革命运动要有坚决性和彻底性，既要保持工人运动的独立自主性，又不能不和资产阶级民主派达成妥协，要有坚定的革命性。

第一节　共产国际的相关文献

列宁是世界无产阶级革命的领袖。十月革命胜利以后，共产国际（第三国际）在苏维埃俄国成立，是列宁领导和组织起来的世界无产阶级革命的机构。随着新史料的不断运用，特别是中共中央党史研究室翻译的 21 卷本《共产国际、联共（布）与中国革命档案资料丛书》、65 卷本《国际共产主义运动历史文献》的出版，为深入研究 1922 年开滦五矿大罢工与共产国际的关系提供了新的史料。共产国际第一次代表大会于1919年3月2—6日在莫斯科召开。出席大会的有来自 21 个国家的 35 个政党和团体的 52 名代表。中国当时侨居苏俄的旅俄华工联合会负责人刘绍周[②]和张永奎[③]应邀列席了会议，拥有发言权。列宁主持了大会并致了开幕词和闭幕词，还提出了《关于资产阶级民主和无产阶级专政的提纲和报告》。

---

① 《共产国际有关中国革命的文献资料》第 1 册，北京：中国社会科学出版社，1981 年，第 71 页。

② 刘绍周（1892—1970），又名刘泽荣，广州市人。1917 年 4 月，他在彼得堡联络中国留学生，组建了中华旅俄联合会，他被选为会长。1918 年底联合会改名旅俄华工联合会，刘绍周任会长，为解决旅俄华工生活上的困难和遣送回国做了大量工作。其间，从 1919 年 3 月至 1920 年 8 月，他被邀请列席了共产国际第一次、第二次代表会议，曾三次受到列宁的接见。1920 年 11 月 18 日回国，在哈尔滨落户。先在铁路交涉局做翻译。后到中东铁路监事会工作。1956 年，加入中国共产党。

③ 张永奎（1893—1977），曾参加共产国际第一次代表大会，受到列宁接见。早年丧母，后为俄国医生收养，带往俄国。1915 年彼得堡大学毕业，1917 年在彼得堡华侨旅俄联合会任秘书。1918 年任旅俄华工联合会莫斯科分会主席。1919 年 3 月，和刘绍周一起应邀参加了共产国际第一次代表大会。会议期间，曾受到列宁的接见。1924 年 9 月，他由苏联回到哈尔滨。同年 11 月至 1935 年 3 月，任中东铁路管理局储款处处长等职。中华人民共和国成立后，先后任职于兰州中苏友协、青年会、西北军区、西北防疫处。1953 年起在西北师范学院外语系任教授。

一、《共产国际行动纲领》的说明

1919 年 3 月 2 日至 6 日，共产国际第一次代表大会在莫斯科召开，宣告共产国际正式成立。它是一个世界共产党的组织，各国共产党都作为它的一个支部加入进来。大会中来自东方被压迫国家的代表，只有中国、朝鲜和土耳其。但这 3 个国家当时并没有共产主义的组织，出席大会的多是旅俄的进步侨民组织的领导人，他们一致表示支持共产国际的革命主张，并坚信共产国际倡导的欧洲革命必将促进被压迫国家和民族的解放事业。与此同时，他们在简短的发言中还不同程度地强调了东方各国被压迫民族革命的重要性。大会通过了由列宁起草的《共产国际行动纲领》，系统地向全世界公开宣布共产国际的理论和纲领。“第三国际接受了第二国际的工作成果，清除了它的机会主义的、社会沙文主义的、资产阶级和小资产阶级的脏东西，并已开始实现无产阶级专政。”[①] 共产国际的诞生，是时代发展以及世界社会主义共产主义运动的必然要求。不同时期、不同国家在此阶段出现的工人运动及其动因，包括与共产国际的关系是非常值得研究和总结的。大会在《共产国际行动纲领》（以下简称《行动纲领》）中这样写道：“共产主义无产阶级的国际将支援被剥削的殖民地人民反对帝国主义的斗争，以促使世界帝国主义体系最后崩溃。”

共产国际行动纲领（节选）[②]

世界资本主义体系内部所孕育的各种矛盾，在一次大爆发——世界帝国主义大战中，极其深刻地暴露出来了。

资本主义企图用组织生产的办法来克服它所固有的无政府状态。资本家成立了辛迪加、卡特尔、托拉斯一类的强大联合组织，以代替无数分散的、互相竞争的企业主；银行资本同工业资本勾结起来；整个经济生活都处在资本主义金融寡头支配之下，这些金融寡头依靠联合组织取得了独占的统治地位。垄断代替了自由竞争；各个单独的资本家变成了

①《列宁选集》第 3 卷，北京：人民出版社，1995 年，第 791 页。

② 王学东：《国际共产主义运动历史文献》第 29 卷，北京：中央编译出版社，2012 年，第 241 页。原载于《共产国际》，1919 年 8 月第 4 期。

资本主义联合组织的成员。有组织的状态逐渐代替了疯狂的无政府状态。

但是，随着各国资本主义生产方式的无政府状态逐步为资本主义的有组织状态所代替，世界经济的矛盾、竞争和无政府状态却日益加剧起来。最强大的、有组织的强盗国家之间的勾心斗角，必然导致惨绝人寰的世界帝国主义大战。为了攫取利润，世界各国的资本争夺新的销售市场，新的投资场所，新的原料产地和殖民地奴隶的廉价劳动力。帝国主义国家既然瓜分了全世界，既然把亚、非、澳、美各洲的千百万无产者和农民变成了牛马，它们就迟早要在一场大规模的冲突中暴露出资本的无政府的真正实质。这就是掠夺性世界大战产生的根源，也是它们对人类所犯下的滔天罪行。

资本主义还企图克服自己社会结构中的矛盾。资产阶级社会是一个阶级社会。“文明”大国的资本力图掩盖社会矛盾。资本靠掠夺殖民地人民来收买雇佣奴隶，使剥削者和被剥削者在对付被压迫的黄种、黑种和红种殖民地人民方面取得一致利益，而对欧美工人阶级，则强迫他们接受帝国主义的“祖国”概念。

但是，这种用来树立工人阶级爱国心和对工人阶级进行精神奴役的一贯收买做法，由于战争而走向自己的反面。人身的消灭，对无产阶级的绝对奴役，骇人听闻的压迫，贫困和堕落以及世界性的饥荒——这都是为换取国内和平而付出的最终代价。国内和平破灭了，帝国主义战争变成了国内战争。

一个新的时代，即资本主义解体的时代，资本主义内部崩溃的时代，无产阶级共产主义革命的时代已经开始了。

帝国主义体系正在土崩瓦解。殖民地的骚动，尚未独立的弱小民族的骚动，无产阶级的起义，某些国家内节节胜利的无产阶级革命，帝国主义军队的瓦解，统治阶级一手支配人民命运的地位的丧失——这就是当前世界的形势。

人类的全部文化已遭摧残，人类本身也处于完全毁灭的威胁之中，只有一种力量能够拯救人类，那就是无产阶级。旧的资本主义“秩序”已不复存在，也无法继续存在。资本主义生产方式的最终结果就是混乱，这种混乱只有最大的阶级，生产者阶级，也就是工人阶级才能克服。工人阶级必须建立真正的秩序——共产主义秩序。工人阶级必须推翻资本统治，消灭战争的根源，打破国界，把整个世界变成一个自力更生的合作的社会，实现各族人民的自由和友好。

然而，世界资本并不甘心，正在准备决一死战。它打着“国际联盟”的旗号，高唱和平主义，进行最后挣扎，要把自动裂开的资本主义体系弥合起来，集中力量对付方兴未艾的无产阶级革命。

无产阶级必须夺取政权来挫败资产阶级的这个新的大阴谋，反击阶级敌人，并利用政权作为改造社会经济的杠杆。全世界无产阶级最后胜利之日，将是人类解放的真正历史开始之时。

共产国际第一次代表大会的一个重要议程就是制定《行动纲领》，《行动纲领》是共产国际第一次代表大会通过的最重要的一个文件，系统总结和概括了俄共（布）的理论和实践，它说明了成立共产国际的理由和任务，反映了十月革命以后广大无产阶级的行动与心愿。《行动纲领》集中表达了列宁关于帝国主义和社会主义革命的学说，向全世界指明无产阶级的任务、目标和途径，树立起能够指引人们同资产阶级做斗争的旗帜。

《行动纲领》指出各国无产阶级要相互帮助和支持，明确了无产阶级必须夺取政权和建立无产阶级专政的历史任务。共产国际将指导、支援殖民地、被剥削人民同帝国主义进行坚决的斗争，支持各民族解放运动，促进人民大众的觉醒；《行动纲领》也集中表达了列宁关于帝国主义和社会主义革命的学说，明确指出了无产阶级必须夺取政权和建立无产阶级专政的历史任务，明确了无产阶级专政的经济任务就是把大工业、大银行、运输业、商业、矿山、土地、房产等转归国家所有，并通过吸引其参加社会主义经济组织的方式把小私有者联合起来；《行动纲领》还总结了无产阶级的斗争策略，强调了无产阶级的国际主义原则，成立了共产国际执行委员会。可见，共产国际一大为全世界无产阶级的联合树立了信心。它宣告工人阶级必须推翻资本统治，全世界无产阶级胜利后，将迎来人类真正的解放。列宁注重无产阶级的国际主义原则，在工人运动、反法西斯主义、民族解放运动、社会主义革命道路、党的建设等一系列重大问题上，共产国际都力求作出马克思主义的回答，并指导各国党制定相应的纲领、路线、方针和政策。可见，共产国际通过各种途径帮助各国共产党确立并坚持马克思列宁主义的指导思想地位，领导无产阶级运动。

共产国际一大选举列宁等5人组成执行局，季诺维也夫当选为共产国际执行委员会主席。列宁指出："第三国际即共产国际的世界历史意义在于，它已开始实现马克思的一个最伟大的口号，这个口号总结了社会主义和工人运动历来的发展，表现这个口号的概念就是无产阶级专政。"① 共产国际接受了第一国际和第二国际的优良传统，促使国际工人运动进一步发展，开始实现无产阶级专政。共产国际的建立，使世界无产阶级和革命人民有了一个团结的中心，从而有力地推动了各国革命的发展。十月革命的爆发和共产国际的建立，也加快了中国共产党创立的进程。

二、共产国际中的中国声音

从共产国际一大起，每次大会都有中国代表或代表团参加。共产国际第一、二次代表大会的召开是在中国共产党成立之前，1919—1921年期间，中俄交通不便，共产国际还不可能邀请中国的无产主义者出席大会，只由侨居在俄国的华工组织派出列席代表参加了大会。参加共产国际一大的中国代表是刘绍周和张永奎。刘绍周又名刘泽荣，是华工联合会的主席；张永奎是华工联合会莫斯科分会主席。

第一次世界大战期间，俄国在中国招募华工20万至30万人，参与远东开发、修筑西伯利亚铁路等。到1917年，留在俄国无法回国的华工约有15万人。不少华工身无分文，流落街头。刘绍周同情旅俄华工的悲惨遭遇，联络张永奎等旅俄留学生、华侨成立中华旅俄联合会，并被推选为会长。② 作为会长，刘绍周多次向俄国临时政府和中国政府提出救助华工申请，并帮助部分华工回国。1918年12月，在俄共（布）的支持下，中华旅俄联合会改名

①《列宁选集》第3卷，北京：人民出版社，1995年，第791页。

②《人民日报》(海外版)，2021年6月7日第06版。

为旅俄华工联合会（以下简称联合会），刘绍周再次当选会长。旅俄华工联合会是十月革命后在旅俄华工中很有影响的组织，于1918年12月中旬，联合各地原有的旅俄华工组织在彼得格勒成立，有4万至6万会员。当时，很多旅俄华工加入了苏俄红军，成立了中国团、中国营等，在保卫苏维埃政权的战争中浴血奋战。列宁的卫队中有不少中国战士，旅俄华工联合会的活动也引起了列宁的注意。1919年3月2日至6日，共产国际第一次代表大会召开。刘绍周以中国工人组织领导者的身份受邀列席大会。在共产国际一大的第四次会议上，刘绍周向大会宣读了祝词，并受到列宁的接见。

中国代表的祝词①

中国民主派首次派代表出席共产国际代表大会。新国际已宣布：要为反对世界帝国主义和资本主义而斗争。对于帝国主义压迫，5亿中国人民感受最深。千百年来，中国人民与世隔绝，可是，一旦投身到世界生活中来，便招致欧洲列强、美国、日本向中国人民发动空前的进攻。帝国主义列强打着在中国实行西方文化的幌子，而其目的却昭然若揭。它们无不怀有奴役中国、变中国为殖民地的野心，为欧洲资产阶级掠夺中国资源。在历次战争中，欧洲各国凭借发达的科学技术而成为战胜国，此后，表面看来，欧洲列强似乎安于“门户开放”原则，不准备再打中国的主意了。其实，这如同一群豺狼围着猎获物，都要扑上前去咬上一口，但因为各个都嗜血成性，互相牵制，谁也不敢轻举妄动。这是列强之间心照不宣的默契，每一个列强都从幅员辽阔的中国为其银行家和资本家实行掠夺而霸占了一块地盘。

中国人民深知西方列强的狼子野心，眼看着祖国河山一天天横遭外国蹂躏，心急如焚，但又无可奈何。加上清王朝的腐败统治，人民处于水深火热之中，更激起人们忧国忧民之心。中国的有识之士在反对清王朝的国民运动中联合起来，在伟大领袖孙中山领导下，经过努力，终于推翻了清王朝。辛亥革命是中国史无前例的壮举。辛亥革命后所发生的一系列事

① 《国际共产主义运动历史文献》第29卷，北京：中央编译出版社，2012年，第232～234页。原载于《真理报》第51号，1919年3月6日。

件更清楚地暴露了欧洲帝国主义的本来面目，帝国主义分子不择手段地压制中国国民运动，不准其超越他们所希望的狭小范围。欧洲列强扶持反动分子袁世凯以及张勋复辟清王朝的疯狂企图，最清楚不过地说明列强对年轻、进步的中国究竟怀有几分真心同情。接着欧战爆发，欧洲资产阶级向中国施加种种压力，迫使中国参战，将中国无产阶级即使不是当做炮灰，也是当做驯服的劳动力使用，迫使他们在俄国北部冻土带、沼泽地、矿井和欧洲战场的后方充当苦力。这是欧洲资产阶级本性所使然，为了战争和资本，它使欧洲无产阶级付出的生命代价何止千百万。

1917 年，中国南方再次爆发革命，目的在于推翻反动政府。还在那时，一部分进步的国会议员就从上海致电俄国临时政府表示祝贺。但在当时，贺电也罢，呼吁共同对付帝国主义也罢，当然不可能在克伦斯基政府中得到反响。后来，当俄国苏维埃政府的声音通过政府告东方各国人民书，特别是契切林同志致中国之光——孙中山的信，越过硝烟弥漫的军事战场与革命战场传到中国革命者中间的时候，中国革命者真是喜出望外。从告各国人民书和信件中，中国第一次听到外国同志亲口说出，他们对于中国梦寐以求的愿望表示理解；第一次听到，与世隔绝的中国民主派有识之士争取实现的理想也正是俄国人民决心通过自己的工农政府所要努力实现的理想。中国南方革命者的斗争艰苦卓绝。在一场力量悬殊的斗争中，他们也许会牺牲，但是俄国的声音其及兄弟般的召唤必将成为鼓舞人心的巨大力量，唤起人们去战斗。

俄国共产党是共产国际的创始者。为了造福世界劳动人民，为了各国人民的自由，俄国共产党领导本国政府向世界帝国主义宣战，中国人民对于这样的政党深表钦佩。

我作为中国组织的代表出席共产国际代表大会，深感荣幸。我不仅代表我所在的小组，也不仅代表千千万万散居俄国各地的中国无产者，而且代表几亿处于苦难深渊的中国人民，谨向高举同世界帝国主义魔鬼作无情斗争的旗帜的第三国际致以热烈的祝贺。

中国社会主义工人党小组代表

刘绍周

1917年十月革命后，俄国无产阶级专政的成功让中国的知识分子倍受鼓舞。但是在共产国际一大召开之际，中国共产党还没有成立，哪怕是与中国最先成立的北京共产党早期组织相比，时间还要早一年多。但是刘绍周的祝词却向共产国际展示了中国的实际状况，观点明确，慷慨激昂，旗帜鲜明地反对帝国主义。通过祝词，也可以看出中国代表对共产党的宗旨领会得颇为透彻，是经过实践观察而得出的正确的认识。刘绍周的发言代表着中国工人和中国先进分子紧跟世界先进思想和潮流的决心，作为最早在国际舞台表达心声的刘绍周，表达了中国人民对于改变现状、进行革命斗争的强烈决心。

对于殖民地、半殖民地国家的人民来说，第一次代表大会和不久之后召开的共产国际第二次代表大会，“把资本主义国家、先进国家的革命无产者，同那些没有或者几乎没有无产阶级的国家的革命群众，同东方殖民地国家的被压迫群众团结起来了”。[①] 1920年7月19日，共产国际第二次代表大会在莫斯科召开，这次会议对民族和殖民地问题给予了高度重视。大会通过了列宁关于《民族和殖民地问题提纲》，系统论述了民族和殖民地革命的理论，对后来中国共产党制定民主革命纲领起了重要的指导作用。从1919年3月4日起，国际共产主义者代表会议正式作为共产国际第一次代表大会继续举行。中国代表刘绍周在3月5日召开的第四次大会上作了热情洋溢的发言。

刘绍周（中国）[②]：

1918年底，中国内战正酣。在南方成立了临时革命政府，其宗旨是同北洋政府进行无情的斗争。南方政府由第一次中国革命的著名领袖孙中山领导。但时隔不久，由于与残留在南方政府内部的旧官僚代表发生冲突，孙中山退出了广州政府。自那时起，他不再正式插手政府事务。

南方政府至今仍继续同北洋政府作斗争，而且，这个斗争是在孙中山派所提出的口号下进行的。其中基本的口号是：把权力交还原国会和原总统，废除北洋政府。斗争时胜时败，但无疑南方政府更渴望获胜，

①《列宁选集》第4卷，北京：人民出版社，1995年，第272页。
② 刘绍周在共产国际二大所作的发言。录自王学东：《国际共产主义运动历史文献》第30卷，北京：中央编译出版社，2012年，第224～226页。

尽管北方当局似乎有较为有利的财政条件。近日传闻南方政府军已占领中部的一个省份——湖南，并挥戈指向北京。

1917年反动的北洋政府参加协约国反德意志联盟时，曾向全国许诺，参战就能得到种种好处。各革命党表示抗议，并反对这种做法，但徒劳无益，因为终究宣战了。中国人民毕竟相信了这一许诺，对凡尔赛会议寄予很大希望。凡尔赛会议不仅没有给中国任何好处，而且还巩固了日本在战时靠损害中国利益而获得的一切权利和领土，中国人民大失所望。因此，参加凡尔赛会议的中国代表回国后，国内爆发了反政府和反对日本的声势浩大的运动。领导运动的是大学的学生会。上海成了运动的中心。学生们广泛开展宣传鼓动，组织示威游行和罢工，印刷呼吁书，等等。同时，他们提出了抵制日货的口号。的确，这场运动的成效微乎其微。它遭到武力镇压，许多游行者亦惨遭枪杀。然而，尽管如此，这场运动仍然起了相当大的作用，因为它激发了群众的革命精神。

近来，学生们认识到，孤军作战一事无成，便着手争取工人群众。中国工人也开始懂得自己是一支力量，尽管他们代表刚刚形成的产业无产阶级。例如，去年上海发生了一系列罢工，诚然，这纯属经济性罢工，可是设在上海的社会主义党中央在工人当中享有越来越高的声望。这个党是马克思主义政党。从它所办的名称质朴无华的杂志《周报》，我们可以断定，这场运动确实非同小可。例如，5月1日这期杂志里有这样的口号："不劳动者不得食"，"世界应当属于无产阶级"，等等。这个杂志坚持不懈地宣传与民族主义针锋相对的社会主义思想，坚持同苏维埃俄国结成亲密的兄弟联盟的观点。这个杂志反对去年签订的旨在占领西伯利亚的中日条约。所有文章都贯穿并强调一个思想：无产阶级定能战胜资产阶级，民族主义和资产阶级民主的原则必将为社会主义原则所代替。这个杂志很受欢迎。由此可见，不仅产业无产阶级，而且连手工业者也开始组织起来了。

欧洲的工业危机波及中国，洋货充斥中国市场。中国工业不可能发展，中国无产阶级的状况也很令人失望。总之，中国知识分子、大学生和工人拥有大量可供革命宣传的材料。至于农民，尽管中国没有大土地所有制，但比较富裕的农民仍在逐步收买土地，因而毫无疑问，贫农的数量会不断增加。不用说，这部分人肯定会自愿追随城市无产阶级参加革命运动。

目前，中国有许多省闹独立，各省都督全权独揽。他们和政府成员都属安福系，即旧军阀派系，其中大部分人在帝制时期也是身居要职。所有这些都督几乎都不受北洋政府管辖，即使支持它反对南方政府，那也仅仅是为了自身的利益。都督们掌握整个国家的财政大权，擅自处理中央政府的收入。因此，政府的财源当然就微乎其微了。政府只好借外债，主要是向日本借款。当然，日本方面不会白白提供这种方便，它在华的权益和物质上的特权自然会随之不断增大。例如，在中国许多省份里，日本以被征服国的绝对统治者自居。另外，我们已提到的都督们的独裁统治，以及现有的200万纪律涣散、唯钱是听的军队，使得国家一片混乱。这就是革命风潮和群众反政府情绪经常爆发的原因。

目前，反对中国现存两个政府的各种力量的主要代表人物，汇集在上海。那里有孙中山及其第一次革命的拥护者，还有大学生总联合会、工会和社会主义党。所有这些集团都已联合起来反对日本，反对北洋政府和资产阶级，它们的革命精神格外坚定。

为了进一步概括我上面的发言内容，必须强调一点：目前，中国有从事革命宣传的广阔天地。第三国际的代表大会应当高度重视这一事实。支持中国革命不仅对中国本身，而且对全世界的革命运动都有重要意义，因为日本帝国主义已在亚洲站稳了脚跟，并且将把它的帝国主义魔爪伸向西伯利亚和太平洋的一些岛屿，甚至南美，而目前唯一能对抗贪婪的日本帝国主义的力量，就是中国劳苦大众的强有力的和声势浩大的革命运动。

刘绍周的发言，不仅代表他所在的小组和成千上万散居俄国各地的中国无产者，更是代表几万万灾难深重的中国人民，发出向残暴的世界帝国主义进行斗争的口号。刘绍周详尽介绍了中国革命运动的发展情况，向共产国际详细阐述了中国的五四运动以及工人阶级是如何成为独立的力量走上历史舞台的。他谈及上海的工人罢工，但又理性地看到了工人力量的不足，看到了中国工人、农民、知识分子的发展状况，肯定了中国革命在世界无产阶级革命中的地位和作用，并恳请共产国际对中国革命给予更大的重视和支持。他的见解引起了与会者的共鸣，为共产国际深入了解中国革命，进一步重视中国革命无疑起了极为重要的作用。

在这次代表大会上，刘绍周还被吸收参加共产国际执委会工作。大会开幕后，列宁作了《关于国际形势和共产国际基本任务的报告》。列宁认为，尽管全世界的资产阶级制度正在经历巨大的革命危机，但大多数资本主义国家的工人阶级对建立自身专政的准备工作做得很不好。有鉴于此，列宁提出了国际共产主义运动的一项十分重要的任务——建立和巩固共产党，以加强无产阶级建立本阶级专政的准备工作，利用这个危机来进行成功的、胜利的革命。中国是进行革命宣传的广阔天地，支持中国革命不仅对中国本身，而且对全世界的革命运动都有重要意义。

会后不久，列宁和共产国际委派了富有殖民地民族解放运动经验的国际代表马林来到中国，具体指导和帮助中国创建共产党工作。1921 年 7 月，在共产国际的帮助下，中国共产党宣告诞生。刘绍周虽然没有直接参与中国共产党的创建工作，然而不容置疑，他在共产国际和中国革命之间最早架起了联系的桥梁，他所作的努力间接推动了中国共产党的创建。

1921 年 6 月，国际形势趋于稳定，为了总结无产阶级几次革命斗争的经验，重新估计世界形势，制定适应新形势需要的策略路线，共产国际于 1921 年 6 月 22 日至 7 月 12 日在莫斯科召开了第三次代表大会。这次代表大会讨论的问题虽然十分广泛，但最主要的任务是制定争取群众大多数的策略路线，以便为无产阶级斗争做更周密的准备。正在筹建中的中国共产党派张太雷作为代表出席在莫斯科召开的共产国际第三次代表会议，他也因此成为中国共产党派往共产国际的第一个代表，是中国共产党早期组织代表第一次登上国际舞台。除共产党的代表外，社会党人江亢虎、正在莫斯科访问的《晨报》记者瞿秋白也参加了大会。

张太雷代表中国共产党致辞并向大会提交了书面报告，这份报告后来成为研究中共早期历史的珍贵文献。

张太雷（中国共产党）[①]：

同志们！我想向你们介绍中国共产主义运动的概况，以及中国反帝革命斗争的全貌。但时间不允许我这样做。在5分钟的时间里，我只能向大家指出远东的运动对于世界革命所具有的意义。

日本帝国主义是远东最近期间必须解决的一个重大而又迫切的课题。只要这个课题不解决，日本帝国主义就要经常威胁苏维埃俄国，就会使远东各国不能向共产主义迈进。而且，还不止于此。战后，日本几乎也成了英、美那样的资本主义强国。如果帝国主义日本能像它现在控制华北那样控制中国的话，那它就会利用这个国家的富饶资源和人力去反对无产阶级，从而必将对世界革命造成威胁。因此，我请求共产国际和西方各国共产党更加关注远东的运动，给予运动以大力支持。打倒日本帝国主义，就意味着世界资本主义三大台柱之一被摧毁。只有那时，我们才能够打倒世界资本主义，而且只有那时候，世界革命才算完成自己的任务。

如果你们对中国有所关注的话，那么，中国无产阶级和其他革命力量必定会在这一伟大事业中给予我们重大的援助。目前，正是我们在中国进行共产主义工作的时机。那里的青年学生已经起来反对旧的社会制度，但是其中许多人还徘徊在歧路上，所以我们应该帮助他们，引导他们走上共产主义方向。我们应该把这些力量引上正确的道路，不让无政府主义或改良主义思想对他们产生影响。在无产阶级革命后，中国工人已开始觉醒。在中国各地经常出现罢工。我们应该用红旗去保护这些萌芽，不使其变为黄色。还有一支革命力量，这就是在中国老百姓中占有相当数量的“流氓无产阶级”。虽然他们没有阶级自觉性，但他们还是有革命性的。如果我们能把他们组织起来，吸引到我们的队伍中来，那么

---

① 张太雷（1898年6月17日—1927年12月12日），1915年考入北京大学，1919年投身五四运动，1920年10月加入北京共产党早期组织，1921年1月奉共产党早期组织委派赴俄国伊尔库亥克，任共产国际远东书记处中国科书记，是第一个在共产国际参加工作的中国共产主义者。同年6月至7月以中共代表身份出席在莫斯科召开的共产国际第三次代表大会。随后参加赤色职工国际第一次成立大会和少共国际第二次代表大会。1927年12月12日，在广州起义战斗中中弹身亡，年仅29岁，成为中共历史上第一个牺牲在战斗第一线的中央委员和政治局成员。

> 毫无疑问，他们一定支持我们的事业。这是一些很好的战士，他们在俄国红军反对高尔察克和邓尼金的斗争中已显露锋芒。但是，如果世界资本主义把他们招募去，强迫他们去打无产阶级，就像俄、法帝国主义者在帝国主义战争时期利用他们去修战壕，或者像现在，日本帝国主义政府利用他们在满洲和山东为推行其政策服务，那么，他们境遇之险恶是可以想象的。
>
> 在今后的世界革命中，中国富饶的自然资源和庞大的人力是用来反对无产阶级，还是被无产阶级用以反对资本家，这将取决于中国共产党。但是不应忘记，中国共产党的工作在相当大的程度上取决于共产国际对中国运动的关注[①]。

张太雷原本的《报告》俄文修订稿译成中文长约一万五千字，分为九部分：一、中国的政治形势；二、经济状况；三、知识分子；四、社会主义运动；五、妇女运动；六、中国工人和农民的状况；七、中国的工人运动；八、中国的共产主义运动；九、我们的前景。[②]在这份报告中，第七部分详细地介绍了当时的中国工人运动状况，张太雷特别提到唐山煤矿的工人斗争，原文如下："还有一次值得注意的工人行动，不久前发生在唐山煤矿。直接起因是矿主解雇一名颇受工人欢迎的工程师。罢工工人要求重新录用这名工程师，提高工资，改善工人待遇。罢工结果我们还不清楚。根据上面列举的这些罢工情况，我们可以得出以下结论：工人暂时还只是满足于要求提高工资，改善待遇，但是他们已经证明自己具有坚定性和无产阶级团结精神，他们还证明，他们没有丧失革命精神，在必要时他们能够展示自己的力量。"[③]这里提到的罢工，应该是发生在1921年2月的马家沟矿工人的斗争。1921年2月19日，马家沟矿惠工处的监督员李汉屏辞职离矿。工人闻讯后，

① 王学东：《国际共产主义运动历史文献》第32卷，北京：中央编译出版社，2012年，第306～307页。

② 张太雷：《张太雷文集》，北京：人民出版社，2013年，第6～31页。又见丁言模：《揭秘中共建党史实的重要文献——张太雷等撰〈致共产国际第三次代表大会的书面报告〉解读》，《江苏海洋大学学报（人文社会科学版）》，2020年第4期。

③ 张太雷：《张太雷文集》，北京：人民出版社，2013年，第24页。

立即停止下井，纷纷赶到李某的住所，“始而欢送，雄而挽留”，最后导致一场罢工。北京《晨报》报道这次罢工的导火线是：“他们工人的这次发作乃是趁一个机会。原来马家沟矿局有一个姓李的监督，听说是一个美国留学生，采矿的知识还不错，待遇工人也很好，所以工人都很重爱他。现在这姓李的告退了……将来不定还要受多苦的待遇，所以一齐罢工了。”[①] 但是，由于种种原因，张太雷并没有提及罢工的结果。实际上，在3月1日，警务处聂树山与工人首领举行会谈，提到如果工人愿意复工，警务处杨以愿意拿出2500元，开给每个工人一天半的工资。这一解决方案是为了维护矿局强硬政策的威严，表示矿局从不会向工人让步。然而，工人首领提出的新条件更为“异常”，他们拒绝接受这笔款项，却要求用这笔款项建一座窑神庙，由矿务局提供地皮。对这一要求，总矿师、总经理都表示同意。工人提出如此“诧异”的条件，是矿师黄阶平利用工人求安全心理采取的一种狡猾的方式。据3月17日上海《民国日报》报道，黄阶平使用愚民手段，“命人向工人吓诱兼施，谓‘天津堂局闻汝等罢工，立即派四五百兵士来此驱逐，幸黄工程师为之缓颊，始未实行，汝等若再不做工，则后悔莫及。闻唐山有一煤神庙，工人只须常往发誓拈香，即能日日掘煤，永远无痛苦。故为汝等计，可要求黄工程师建一煤神庙，求走好运，必较其他举为有益。’此辈工人知识有限，又鉴于四周形势恶劣，欲出无门，遂改变方针，竟将罢工条件一易而为造煤神庙条件”。[②] 可见，当时的工人素质并不高，很容易被蒙蔽或利用，急需一个坚强而有力的组织领导。

尽管共产国际规定代表只有5分钟发言时间，张太雷还是慷慨激昂地向共产国际汇报了中国的实际情况，对日本帝国主义进行理性分析，尖锐地指出远东问题，并表达出中国的工人阶级已经开始觉醒、需要共产国际对中国运动进行关注。“中国富饶的自然资源和庞大的人力是用来反对无产阶级，还是被无产阶级用以反对资本家，这将取决于中国共产党”的论述引发了共产国际代表们的思考，他的发言为中国共产党亮相共产国际舞台提供了基础。

①《晨报》，1921年3月4日。

②《开滦工人运动史》编审委员会编：《开滦工人运动史》，北京：新华出版社，1992年，第42页。

共产国际第三次代表大会制定了争取大多数群众的策略路线，发出了关于建立工人统一战线的指示，确定了国际无产阶级支持被压迫民族斗争的原则，而且还从组织路线上出发，对共产国际同各国共产党的组织以及工会、妇女、共青团的关系作出了部署，提出了一切民族力量在反对帝国主义斗争中实行联合的问题。1922 年 2 月，共产国际执行委员会举行第一次扩大全会，进一步重申工人统一战线策略，提出应联合一切反对资本主义的力量，其中包括同社会民主党建立统一战线，争取在社会民主党影响的工人群众。

1922 年 11 月 5 日至 12 月 5 日，共产国际第四次代表大会在莫斯科召开，当时中国共产党已经成立。在大会上，列宁作了《俄国革命五周年和世界革命的前途》的讲演。列宁介绍了苏俄在社会主义经济建设中的基本经验，号召各国共产党人学习俄国，进行革命和社会主义建设。大会讨论了团结广大群众的统一战线方针，批准了共产国际策略提纲，这个提纲批评了来自“左”、右两方面对统一战线策略的歪曲，明确指出，共产党人必须组织工人统一战线，为了工人阶级的利益，争取工会的统一和工会的革命化，建立工人政府或工农政府。大会上，民族和殖民地问题也成为大会的主要议题之一，从理论上和战略上深入研究了反帝民族解放运动问题，提出了建立反帝统一战线的口号。这次代表大会根据共产国际二大以来在东方取得的一系列实际工作经验，研究了具体的战略和策略问题。

在这次大会中，作为正式的中共代表出席共产国际大会的是陈独秀，但实际上作报告的是刘仁静[①]。刘仁静自己曾谈到这样做的理由：“陈独秀虽然懂英文，但还不能以之来自由表达自己的思想。”[②]

---

① 刘仁静（1902—1987），中国共产党早期领导人。1919 年参加五四运动，1920 年春，加入马克思学说研究会，为北京共产党早期组织成员。1921 年 7 月出席中国共产党第一次全国代表大会。1922 年和邓中夏创办并主编社会主义青年团机关刊物《先驱》，同年 9 月去莫斯科参加共产国际第四次代表大会，继又出席了少共国际第三次代表大会。1923 年在上海任团中央执行委员会中央局委员长。

② 刘仁静：《回忆我参加共产国际第四次代表大会的情况》，《党史研究资料》，1981 年第 4 期。

关于中国形势的报告[①]

刘仁静（中国）：

同志们，我发言的时间有限，因此我虽然有许多话要说，却只能向你们大概叙述一下中国目前的形势。

我首先要谈谈中国的政治形势。从今年5月到6月，中国有两个政府被推翻了。这两个政府被推翻对中国的革命运动至关重要。

首先被推翻的是南方政府即孙中山的革命政府。这个政府是被他部下的一个军人，一个国民党员推翻的。这是由于在领袖孙中山和他部下的这个军人之间在北伐计划上有意见分歧。这意味着什么呢？这意味着革命的军事计划完全失败。中国的国民革命政党国民党，多年来就已制定了军事革命计划，期望通过武力征服各省，然后在中国建立民主。它没有在国内开展群众性的宣传运动。它没有把群众组织起来。它企图单纯通过武力达到目的。它在1920年取得广东之前就已组织了政府。它希望倾广东全省的物力来装备一支远征部队，去讨伐充当封建军阀及世界帝国主义代理人的北洋政府。

开始，这个计划似乎是可行的，因为全体党员好象都同意这样做。但是一旦广东省被占领后，该省的军事长官，一个国民党党员，就抛弃了全部北伐计划，变得日益保守，日益满足于一省之地，不愿过问外省的一切事情。国民党内这种党员很多。他们在取得政权之前，是革命的，但夺取政权之后，就变得保守了。那位推翻南方政府的将军不过是这类人物的一个例子罢了。大多数国民党员，按其本质来说，都是反动的。如果他们有一天在其他省份取得政权，他们也会象这个军事长官一样，反对军事讨伐的计划。这就表明武力征服计划的失败。它还证明革命运动必须采取新的方针。这就是说，为了取得革命成功，就必须组织群众并且在群众中进行宣传，切不可单纯依靠武力。这种单纯依靠武力的方法在中国已经行不通了。

在北方，两派封建军阀在4、5月间发生内战。一派军国亲日，一派

① 刘仁静在共产国际第四次代表大会上所作的报告。

亲美。结果是吴佩孚派军阀的亲美集团获得胜利。这个结果对于中国革命运动也是异常重要的。

北洋政府处于日本的影响之下大约有五年之久。日本帝国主义是通过贷款来施加它的影响的，这些贷款使北洋政府有能力连续内战。日本政府贿赂中国北洋政府的官员，以保证它在中国的采矿业中拥有股份和有权在山东建筑铁路等等。所有这些权利都是通过贿赂取得的。所以，中国人民对日本帝国主义和北洋政府中的日本的代理人抱仇视态度。中国人由于痛恨日本帝国主义，就日益支持美帝国主义。由于张作霖控制下的北洋政府十分反动，人民就开始比较同情吴佩孚那派军阀，因为吴佩孚思想比较进步。他主张裁减军队和废除督军制（各省的封建割据），并且得到美国人的支持。最近吴佩孚和美帝国主义在中国得势，这将证明吴佩孚不可能解决中国的政治问题，而且他和张作霖没有多大差别。尽管他支持民主政纲，但他不能实现裁减军队和废除督军制的计划。这将使群众失望并转而反对美帝国主义，这就意味着群众激进化了。人民将会认识到唯有自己才能够实现民主，他们不能信赖任何军阀集团。群众将看到吴佩孚不会履行他在未掌权时所作的动人诺言。和平主义的小资产阶级因为吴佩孚作过改善他们经济状况的诺言而支持他，但这种倾向将日益消失，并且最后在这样的政治变动中完全消逝。

让我们看看吴佩孚的所作所为。他声称不向列强借款，这使他赢得了人民的同情。但他取得政权之后，依靠亲美的知识分子组织内阁；这伙人就立即着手向美国告贷。诸如此类的行为将促使群众觉醒起来。这样的形势将愈来愈有利于中国的革命运动。

其次，我要谈谈工人运动。今年工人运动有了很大的发展。今年初，香港海员罢工五十天，开始还只限于经济要求，不久就具有了针对英帝国主义的民族主义因素。这次罢工开始只有海员参加，但是后来发展成为香港殖民地反对英帝国主义的总罢工，并且向北方扩展。接着发生了一直扩展到华中的京汉铁路大罢工。此外，还有香港的钢铁工人罢工、上海的纺织工人和卷烟工业工人罢工以及矿山工人罢工。所有这些罢工此伏彼起，间隔很短。反抗资产阶级斗争的扩展几乎唤醒了工人群众。

这说明中国的群众运动并不光是社会主义者的梦想，而是明摆着的现实。这还说明，共产党在群众中的宣传工作是能够获得很大成就的。由此可见，共产党和前几年它还只是一个派别和一个教育组织时的情况相比，今后将会取得很大的发展。今年我们已经有机会看到我们共产党在群众中的影响增长了。

现在我来谈谈中国共产党最近的政治活动。要在中国消灭帝国主义，就必须建立反帝的统一战线，我们党根据这一原则，已决定和国民革命的政党即国民党建立统一战线，其形式是我们共产党员以个人名义参加国民党。通过这样的形式，我们想要达到两个目的：第一，我们希望通过我们在国民党内许多有组织的工人中进行宣传，把他们争取到我们这边来；第二，我们只有把自己的力量同小资产阶级和无产阶级的力量结合起来，才能打击帝国主义，我们打算在组织群众和通过宣传说服群众方面和国民党竞争。如果我们不加入国民党，我们就会孤立，我们所宣传的共产主义就会是一种虽然伟大崇高，却不能为群众接受的理想。群众会宁可追随小资产阶级政党并且被该党利用来达到自己的目的。如果我们加入国民党，我们就可以向群众说明我们也是赞成革命的民主的，但是这种革命的民主，对我们来说，只是为了达到目的的一种手段。而且我们还能够指出，虽然我们是为了这一尚为遥远的目标而奋斗，但是我们并不忽视群众的日常要求。我们能够把群众团结在我们周围，并分化国民党。

在这份报告中，刘仁静谈及了1922年中国的总体形势，对封建军阀及帝国主义代理人的北洋政府作出了深刻的批判。在共产国际的帮助下，中国共产党人运用列宁关于民族和殖民地问题的理论去分析中国的国情，结合中国革命斗争的实践，研究中国革命的实际问题。1922年上半年，是中国共产党探索民主革命任务取得很大进展的重要时期。刘仁静特别提到了中国工人运动的发展状况，1922年中国的工人运动此起彼伏，间隔很短。从香港海员罢工、上海的纺织工人以及矿山工人罢工，再到京汉铁路大罢工，工人斗争具有了针对帝国主义的民族主义因素。说明了在中国共产党成立之后，通过组织、宣传和教育工作，中国的群众运动已经成为一股现实的力量，党的群众影响力在提升，今后还将取得很大的发展。最后，刘仁静提及了国共合作的问题，受到了共产国际的关注。

1923 年 1 月 12 日，《共产国际执行委员会关于中国共产党与国民党的关系问题的决议》指出："由于国内独立的工人运动尚不强大，由于中国的中心任务是反对帝国主义者及其在中国的封建代理人的民族革命，而且由于这个民族革命问题的解决直接关系到工人阶级的利益，而工人阶级又尚未完全形成为独立的社会力量，所以共产国际执行委员会认为，国民党与年轻的中国共产党合作是必要的。……党必须保持自己原有的组织和严格集中的领导机构。中国共产党重要而特殊的任务，应当是组织和教育工人群众，建立工会，以便为强大的群众性的共产党准备基础。在这一工作中，中国共产党应当在自己原有的旗帜下行动，不依赖于其他任何政治集团。"①

共产国际第四次代表大会深入讨论了建立反帝统一战线问题，制定了共产国际在民族解放运动中的战略和策略，这对于第一次国共合作的建立起了重要的促进作用。

三、告世界工人书

十月革命的胜利，建立起世界上首个苏维埃政权。同时，在俄国的影响下，各国共产党纷纷建立，成为国际共产主义运动新的力量，共产主义运动扩展到亚非拉等地区。如果说第一国际预见了未来的发展，并指出了发展的道路，如果说第二国际聚集并组织了千百万无产者，那么第三国际就是一个公开的群众性行动的国际，是一个实现革命的国际，是一个创建事业的国际。1919 年 3 月，第三国际成立，作为国际共产主义运动的组织者和领导者，它提出建立工人阶级统一战线以及"全世界无产者和被压迫民族联合起来"的战斗口号，有力地推动了国际共产主义运动和民族解放运动的发展。

① 《共产国际关于民族和殖民地革命战争的战略与策略（在中国的运用）》，俄文版第 112 页，录自《共产国际有关中国革命的文献资料》第 1 册，北京：中国社会科学出版社，1981 年，第 76 ～ 77 页。

1919年3月2日至6日，由欧洲、美洲和亚洲21个国家的35个政党和组织的52名代表出席的国际共产主义代表会议在莫斯科召开。经过与会代表反复讨论，会议从3月4日起改为共产国际即第三国际的成立大会。共产党的任务就在于推翻资产阶级的世界秩序，并代之以社会主义的社会形态。第三国际为世界被压迫阶级和被压迫人民的解放事业作出了重大贡献。共产国际号召全世界的工人们在共产主义的旗帜下联合起来，反对帝国主义、特权等级、资产阶级所有制和各种各样的阶级压迫或民族压迫，全世界的无产者，在斗争中联合，在苏维埃的旗帜下，在夺取政权和实行无产阶级专政的革命斗争的旗帜下，在第三国际的旗帜下联合起来。

共产国际第一次代表大会通过了《共产国际行动纲领》《共产国际对全世界无产者的宣言》《告世界工人书》《关于组织问题的决议》等重要文件。其中《告世界工人书》明确提出："俄国革命始终援助各国工人为反对独裁的军国主义政府而进行斗争——所有这一切必然会博得各国工人阶级普遍的赞扬，并使他们为之欢欣鼓舞。"

告世界工人书（节选）[①]

第三国际第一次代表大会于1919年3月5日在克里姆林宫举行。代表大会谨向革命的俄国无产阶级及领导他们的政党布尔什维克共产党表示感激和敬佩。

伟大的俄国革命使长期以来被机会主义者所歪曲的社会主义学说恢复了马克思主义的本来面目；俄国革命在道德和伦理方面，在集体和个人的政治、经济和社会生活方面，为建立一种新的共产主义制度以代替旧的资产阶级世界，在过去将近一年半的时间内做出了非凡的奴隶；俄国革命始终援助各国工人为反对独裁的军国主义政府而进行斗争——所有这一切必然会博得各国工人阶级普遍的赞扬，并使他们为之欢欣鼓舞。

在建立以劳动、平等为原则的新社会方面，俄国已经取得辉煌的成就；大工业已全部收归国有，由最高国民经济委员会统一管理，各个部

① 王学东：《国际共产主义运动历史文献》第29卷，北京：中央编译出版社，2012年，第287～290页。

门则由委员会管理。颁布了劳动法令，从而实现了超越社会民主党原来最低纲领的一系列改革。法院、高等学校、医院、宫殿，总之，一切公共机关实际上都是由人民接管。在其他多个生活领域，无产阶级的解放不仅已经开始，而且有的已经实现了。

革命把解放和改革的影响也扩展到农村。仅仅把全部土地分给农民，把农民从富农的精神和物质的压迫下解放出来，是不够的。这种改革其实早在1917年11月和1918年3月就已完成了。现在，村社和大型国有庄园在大力经营被没收的土地，按照共产主义原则组织耕作。国家在大型国有庄园中采用最新农业科学发明成果，这种庄园堪称精耕细作的典范。

上述改革的直接目的在于提高劳动生产率，并在此基础上增进人民的福利。

这一目的虽然尚未达到，俄国中部居民虽然还在忍受饥饿，日用品日益缺乏，但这不能归罪于苏维埃制度，归罪于布尔什维主义，恰恰相反，今天之所以能根本扭转克伦斯基和资产阶级民主所造成的无政府状态和混乱局面，之所以能够使俄国的经济生活维持现有水平，还多亏了苏维埃制度，多亏了布尔什维主义。

目前这种危机完全要由苏维埃政权的国内外敌人负责，他们实行怠工，策划阴谋，进行武装干涉，迫使俄国用很大一部分人力、物力和财力去建立新型军队。

俄国全体人民尽管渴望和平，却勇敢地正视和承认了建军的必要性。众所周知，苏维埃政权已经出色地完成了这项艰巨任务。布尔什维主义是否有罪，是否应受指责，最好的检验办法就是让协约国不再迫使苏维埃政权实行自卫。

为此，协约国不仅应停止派兵到俄国，从俄国港口撤军，而且应停止在俄国国内从事破坏活动，不再以金钱和武器装备支援反革命匪帮，因为，反革命匪帮失去了协约国的支援，很快就会自行瓦解。

这样，红军士兵就可以复员回家，优秀的工作人员、忠诚的组织者和熟练的工程师就可以由苏维埃政权自由调用，因而和平经济建设很快就会取得丰硕的成果。

但是，不应当忽略，年轻的俄国工业离不开外国援助。现在协约国却禁止以前实际经营俄国工业的外国专家返回俄国，以此来破坏新经济的组织工作。协约国阻挠恢复和维持现有工厂，阻挠原料和燃料的运输，禁止向俄国输出机器、车厢和机车，以此来扼杀俄国工业，使人民饱尝事业的苦果。交通工具缺乏，使城市食品供应无法保证。农民得不到以前靠国外进口的必不可少的农具，致使粮食收成都成为问题。

苏维埃共和国屡次正式表示，今后它仍愿得到外国工业和专家的帮助，并声明愿为此付出优厚的报酬，因为在目前，这种帮助是繁荣俄国经济所必不可少的。然而协约国对上述表示竟不屑理睬，对俄国，甚至对中欧大国以及中立国家进行威胁，施加压力，以达到对俄国实行严密封锁的目的。

对于列宁而言，早在1905年之前，就开始关注工人经济的社会权益。列宁为俄国工人制定的经济纲领的核心目标是实现八小时工作制，在此之外还有一系列其他增加工人权利、改善工人处境的要求，如1902年的《社会民主党纲领草案》中提出要求限制工厂主对工人的无限权力，提高工人在工厂事务中的发言权，促进工人的劳动保护，争取工人在资本主义条件下的各种经济、社会权益等。①

列宁重视为工人的经济利益而斗争，除了其自觉的阶级定位以外，还有一个重要原因，那就是他认识到，工人争取政治自由的斗争必须以工人的经济斗争作为必要补充。“工人运动只有在各方面充分代表工人阶级利益的基础上，在同反资本奴役的政治斗争融合为一体的反资本的经济斗争的基础上，才能是强有力的。”② 列宁虽然认为俄国工人的首要任务是推翻专制制度争取政治自由，提出工人要成为争取民主的先进战士，但是社会民主党要组织工人积极参与争取政治自由的政治斗争，就必须同时把争取工人利益的经济斗争结合起来，工人积极的政治斗争必须以经济斗争做基础，因为只有经济斗争才能广泛地把工人发动、组织起来，让工人在同资本家的斗争中得到组织

① 《列宁全集》第6卷，北京：人民出版社，1992年，第196～197页。
② 《列宁全集》第1卷，北京：人民出版社，1992年，第284页。

和训练，让他们意识到政治斗争的必要性，否则，脱离经济斗争的政治斗争就会沦为脱离工人群众的工人知识分子的政治激进运动。

列宁通过俄国自身的经验，为工人阶级争取经济利益，从而扩大到援助各国工人的斗争，践行了马克思主义理论的真理性。在《告世界工人书》中明确指出：“在建立以劳动、平等为原则的新社会方面，俄国已经取得辉煌的成就；大工业已全部收归国有，由最高国民经济委员会统一管理，各个部门则由委员会管理。颁布了劳动法令，从而实现了超越社会民主党原来最低纲领的一系列改革。”

四、共产党人与工会问题

共产国际第二次代表大会讨论了共产党人在工会中工作的问题。列宁关于工会问题虽然没有在代表大会上发言，但他对工会问题给予了极大的关注。特别对建立新的工会国际表现出十分的关心。1920 年 7 月 18 日，在第二次代表大会召开前一天，《关于组织工会国际委员会的宣言》发表，宣布了由俄国、意大利、西班牙、法国、保加利亚、塞尔维亚和格鲁吉亚的工会代表组成的工会国际委员会的成员，实际上就是宣布了建立红色工会国际的必要性。直到 1921 年 7 月，红色工会国际成立大会在莫斯科召开，宣告红色工会国际正式成立。列宁在贺词中还指出：“用共产主义思想来争取工会会员的工作，正在一切地方、在一切国家、在全世界不可遏制地向前进展着。工会国际代表大会加速了这个行动。共产主义一定会在工会中得到胜利。世界上没有任何力量能够挽救资本主义的崩溃，能够阻挡工人阶级战胜资产阶级。”①

再看共产国际第二次代表大会，这次大会讨论了《工会运动、工厂委员会与第三国际》的提纲，阐述了工会在无产阶级斗争中的策略，提出了共产党人要到工会中去工作的任务。没有工会运动的支持，无法进行革命的行动。因此，共产党人在工会运动中的策略是要争取在工会中的领导地位，把机会主义者赶出工会。列宁和共产党人是工会运动统一的坚决拥护者，为了工会运动的

①《列宁全集》第 32 卷，北京：人民出版社，1975 年，第 488 页。

利益，要坚决同改良主义者“分裂”，在工会内部捍卫正确的革命策略。“分裂”不代表把整个工会分裂掉，而是把资产阶级代理人从工会运动中驱逐出去。“工会的统一应当加以维护，而不是破坏它。”①

工会运动、工厂委员会与第三国际②（节选）

（一）

1. 工人阶级在资本主义和平发展时期建立起来的工会，是工人为提高劳动力在劳动市场上的价格和改善使用劳动力的条件而进行斗争的组织。革命的马克思主义者曾竭力通过自己的思想影响，使工会同无产阶级政党，即同社会民主党联合起来，以便共同为社会主义而奋斗。但由于种种原因，国际社会民主党（少数例外）并没有成为无产阶级推翻资本主义的革命斗争的工具，反而成为阻挠无产阶级进行革命，以维护资产阶级利益的组织；由于同样的原因，工会在战时多半成了资产阶级战争机器的一个组成部分，帮助资产阶级尽可能多地榨取工人阶级的汗水，从而使无产阶级为资本家的利润流出更多的鲜血。当时参加工会的，主要是一些熟练工人，他们领取企业主的优厚报酬，只考虑自己的狭隘的职业利益，受着脱离群众的官僚机构的束缚，被机会主义领袖引入歧途。因此，工会不仅背叛了社会革命事业，甚至也背叛了它们所组织起来的工人为改善生活条件而进行斗争的事业。它们背离了工会要对企业主作斗争的观点，而换上了无论如何也要同资本家和平妥协的纲领。实行这种政策的，不仅有英国和美国的自由派工会、德国和奥地利的所谓“社会主义”自由工会，而且还有法国的工团主义工会。

……

7. 在资本主义崩溃时期，无产阶级的经济斗争转变为政治斗争，要比在资本主义和平发展时期迅速得多。任何一次大规模的经济冲突，最后

① 《回忆列宁》第5卷，北京：人民出版社，1982年，第318页。

② 王学东：《国际共产主义运动历史文献》第30卷，北京：中央编译出版社，2012年，第49～290页。

都会发展成为一场公开的革命战斗，使得工人们直接面临革命问题。因此，共产党人的职责是，在经济斗争的各个阶段向工人指明，只有当工人阶级在公开的战斗中战胜资本家阶级，并通过无产阶级专政来解决社会主义建设事业时，这个斗争才能获得胜利。因此，共产党人必须尽可能使工会和共产党之间团结一致，使工会服从作为工人革命先锋队的党的实际领导。要达到这个目的，共产党人必须在各地工会中建立共产党党团，借以在思想上掌握并领导工会运动。

（二）

……

5. 工厂委员会不能代替工会。只有在斗争过程中，工厂委员会才能按产业部门联合起来，成立一个领导整个斗争的总机构。工厂委员会是企业中一切工人都能参加的一种广泛的组织，工会虽然不像工厂委员会那样能包括如此广大的工人群众，但现在已经是一种集中的战斗机关。工厂委员会和工会之间任务的划分，是社会革命的历史发展的结果。工会是在全国范围内要求提高工资和缩短工作日方面，组织工人群众进行斗争的。成立工厂委员会，则是为了工人对生产实行监督，是为了防止经济崩溃。工厂委员会虽然能掌握企业的全体工人，但是，它们的斗争只能逐渐地具有全国范围的斗争性质。只有夺取政权以后，工厂委员会才能变成工厂中的工会基层组织，才能同地方和中央的工人政权机关一起组成专门的经济机构。

6. 共产党人的任务是使工会和工厂委员会都能充满坚决斗争的精神，认识和理解进行斗争的最好方法是具备共产主义精神。共产党人在执行这项任务时，应当使工厂委员会和工会真正接受共产党的领导，从而建立起群众性的无产者机构，为建立无产阶级强大的、集中的政党奠定基础，以便由这个政党掌握一切无产阶级斗争组织，引导它们走向工人阶级争取胜利的道路，即走向建立无产阶级专政的道路。

（三）

……因此，工会必须有意识地运用自己的全部力量，来支持本国和其他各国的一切革命斗争。为了达到这一目的，工会不仅要在各个国家里尽量把自己的斗争集中起来，而且也要在国际范围内这样做，因而要加入共产国际，联合成为一支大军，这支大军的各个部队将互相支援，共同进行斗争。

从这份提纲中，可以看出当时的共产国际对于旧式工会的批判，而1921年红色工会国际成立后，以马克思列宁关于工会和工人运动的理论为基础，对于筹建共产党组织、加强各国工人间的联合作出了积极贡献。为了便于指导远东国家工人运动，俄共（布）中央于1920年3月成立远东局，作为负责同远东各国革命者联系的机构，经共产国际批准，由远东局海参崴分局派一个代表团（维经斯基为负责人）前往中国，三个指示中的其中一项便是“指导中国共人运动，成立各种工会”[①]。维经斯基到达中国后，除帮助中国筹备建立共产党以外，还在如何学习和宣传马克思主义、如何开展工人运动、如何筹建工人团体等方面，都给予了很大的关注与帮助。在工会国际的帮助下，从1920年下半年到1921年，上海、北京、广州、济南、长沙、武汉等地纷纷建立共产党早期组织。对于组织和发动工人，早期共产主义知识分子采用通俗的语言，向工人宣传马克思主义。通过创办刊物、开办夜校、创建工会等方式，广泛地把马克思主义理论灌输到工人群众中去，启发工人觉悟，开阔了工人观察事物的眼界，有组织地起来斗争的愿望更加强烈。马克思列宁主义与工人运动的相结合，为中国共产党的成立，创造了阶级基础和社会条件。

第二节　中国共产党的相关决议与中国工人运动

一、中国共产党第一次全国代表大会相关决议

1921年7月，中国共产党在嘉兴南湖的“红船”上成立，成了中国历史上开天辟地的大事变。众所周知，中共一大的召开是不平凡的，在这次会议

① 中国社会科学院现代史研究室编：《维经斯基在中国的有关资料》，北京：中国社会科学出版社，1982年，第460页注释4。

中有4份文献值得注意：《中国共产党第一个纲领》《中国共产党第一个决议》《北京共产主义组织的报告》《广州共产党的报告》。中共一大的“纲领”制订与讨论，受共产国际二大相关决议的影响很大。前面提及共产国际二大的相关决议，如《民族和殖民地问题提纲》《工会运动、工厂委员会与第三国际》的提纲等等。共产国际的相关决议多与指导各国工人运动相关，中国当然也不例外。

（一）中国共产党第一个纲领

中国共产党第一个纲领[①]（节选）

一、本党定名为“中国共产党”。

二、本党的纲领如下：

1. 革命军队必须与无产阶级一起推翻资本家阶级的政权，必须支援工人阶级，直到社会的阶级区分消除为止；

2. 承认无产阶级专政，直到阶级斗争结束，即直到消灭社会的阶级区分；

3. 消灭资本家私有制，没收机器、土地、厂房和半成品等生产资料，归社会公有；

4. 联合第三国际。

党的第一个纲领旗帜鲜明地宣告了党的名称和党的性质，中国共产党是马克思列宁主义的政党，党的根本任务就是支援工人阶级，通过阶级斗争来消灭资本主义制度，建立无产阶级专政。联合第三国际，与共产国际加强交往，反映了建党初期中国共产党努力向苏俄学习的决心。中共一大之后，中国革命很快融入到了世界无产阶级革命的大潮，进而成为世界无产阶级革命的一部分。党的第一个纲领提及了“支援工人阶级”，后来“中国共产党是中国工人阶级的先锋队”被写进党章。

从党的第一个纲领解读的整体性出发，当时年轻的中国共产党还未能准

① 中央档案馆编：《中共中央文件选集》第一册，北京：中共中央党校出版社，1989年，第3页。

确认识到中国半殖民地半封建的实际状况。在中国共产党成立之前，虽然先进的知识分子已经转向向俄国学习，但是在《共产党宣言》的影响下，还是认为在大工业的影响下，人类社会已经进入到了资本主义时代，世界资本主义市场已经形成。中国也不例外，与其他被压迫民族一样，都是资本主义的附庸，虽然中国贫穷落后，但是造成中国落后的原因是资本主义制度，是资产阶级剥削劳动工人的结果，而不是半殖民地半封建社会的现实国情。资本主义的生产方式将所谓的文明输入中国社会，便也产生了“资产阶级”，外国资本家对工人的剥削与压迫，再到中国工人阶级被剥削和压迫的状况，两者没有本质的区别。1920 年 11 月，上海党组织起草的《中国共产党宣言》就明确宣布，中国共产党的第一步目的就是：“铲除现在的资本制度。要铲除资本制度，只有用强力打倒资本家的国家。”[①] 这种思维模式、革命目标与中共一大的纲领是一致的。

总体而言，中共一大的纲领并未明确提出彻底反帝反封建的民主革命目标和任务，而是进行社会主义革命。但是我们并不能忽视党的一大在当时特定的社会历史条件下所作出的努力，实事求是地看，党的一大所作的纲领对党和人民以及对中华民族在后来的发展起了不可或缺的奠基性作用。

（二）中国共产党第一个决议

《中国共产党第一个决议》由六部分组成，包括工人组织、宣传、工人学校、工会组织的研究机构、对现有政党的态度、党与第三国际的联系。具体内容如下：

中国共产党第一个决议[②]

一、工人组织

本党的基本任务是成立产业工会。凡有一个以上产业部门的地方，

① 中国社会科学院现代史研究室、中国革命博物馆党史研究室选编：《“一大”前后——中国共产党第一次代表大会前后资料选编（一）》，北京：人民出版社，1980 年，第 2 页。

② 中央档案馆编：《中共中央文件选集》第一册，北京：中共中央党校出版社，1989 年，第 6 ～ 8 页。

均应组织工会；在没有大工业而只有一两个工厂的地方，可成立比较适于当地条件的工厂工会。

党应在工会里灌输阶级斗争的精神。党应警惕，不要使工会成为其他党派的傀儡。为此，党应特别机警地注意，勿使工会执行其他的政治路线。对于手工业工会，应迅速派出党员，尽快进行改组工作。

拥有会员二百人以上方能成立工会，而且至少要派我党党员二人到该工会去工作。

二、宣传

一切书籍、日报、标语和传单的出版工作，均应受中央执行委员会或临时中央执行委员会的监督。

每个地方组织均有权出版地方的通报、日报、周刊、传单和通告。不论中央或地方出版的一切出版物，其出版工作均应受党员的领导。

任何出版物，无论是中央的或地方的，均不得刊登违背党的原则、政策和决议的文章。

三、工人学校

因工人学校是组织产业工会过程中的一个阶段，所以在一切产业部门均应成立这种学校，例如，应成立“运输工人预备学校”和“纺织工人预备学校”等等。在这种学校里，除非常必要的情况外，不应教若干门不同的课程。

学校管理处和校务委员会应完全由工人组成。党聘请的教员可以出席校务委员会的会议。

工人学校应逐渐变成工人政党的中心机构，否则，这种学校就无需存在，可予以解散或改组。

学校的基本方针是提高工人的觉悟，使他们认识到成立工会的必要。

四、工会组织的研究机构

这种机构应由各个产业部门的领导人、有觉悟的工人和党员组成，应研究产业工会组织的工作方法等问题。

成立这种机构的主要目的，是教育工人，使他们在实践中去实现共产党的思想。应特别注意组织工人工会，援助其他部门的工人运动，研究工人工会以及其他无产阶级组织的情况。

为了更适当地进行工作，这种机构的研究工作应分为以下几类：工人运动史，组织工厂工人的方法，卡尔·马克思的经济学说，各国工人运动的现状。研究的成果应定期发表。应特别注意中国本国的工人运动问题。

五、对现有政党的态度

对现有其他政党，应采取独立的攻击的政策。政治斗争中，在反对军阀主义和官僚制度的斗争中，在争取言论、出版、集会自由的斗争中，我们应始终站在完全独立的立场上，只维护无产阶级的利益，不同其他党派建立任何关系。

六、党与第三国际的联系

党中央委员会应每月向第三国际报告工作。

在必要时，应派一特命全权代表前往设在伊尔库茨克的第三国际远东书记处。此外，应派代表赴远东各国，以便商讨发展和配合今后阶级斗争的进程。

译自中共驻共产国际代表团档案的俄文稿

从中共一大的第一个决议看，这次会议高度重视工人运动的发展，决议共有六部分，其中一半是关于工人运动的。该决议从组织、宣传、教育等方面着手，提升工人意识与觉悟，这不仅反映了党对组织和领导中国工人运动重要性的认识，也反映了在建党初期党如何领导工人运动上作出了详细的部署，开创性地提出了创办工人学校等措施，重视成立工会组织的研究机构，教育工人并组织工会，了解各国工人运动状况，还要求研究成果定期发表，从而为掀起中国工运的第一个高潮提供了重要的领导和组织保障。实际上，《工人周刊》《劳动周刊》等刊物的创办，也确实符合中共一大的决议。

最后，共产党要重视与共产国际、与远东各国的联系。与改良主义的第二国际划清界限，为中共二大决定参加第三国际做了思想上、组织上的准备。中国共产党的筹建与共产国际的帮助密不可分，因此，党成立后要加强与该组织的联系，加强与作为近邻的远东各国的联系，是符合当时的历史环境和客观需要的。

（三）《北京共产主义组织的报告》和《广州共产党的报告》

1.《北京共产主义组织的报告》

报告内容包括三部分，除介绍北京社会生活的情况外，还重点阐述了工人中的宣传工作。“在工人中的宣传工作”中，主要汇报了北京的共产主义组织发动工人运动的状况，介绍长辛店劳动补习学校情况。在联系工人的同时创办工会，取得经验的同时也会遇到一些困难。

在工人中的宣传工作[①]

北京工业还不发达，没有可以把工人联合起来的大工厂。在这种情况下，我们决定把工作转到铁路员工方面来。可是我们都是知识分子出身，与工人阶级的距离很大，因此，首先应当同他们加强内部联系。为此，我们决定在长辛店创办劳动补习学校，训练两千名铁路工人。这所学校离北京不远，有三位教员——社会主义者在那里教课。

这所学校看来是我们接近工人的一个途径，我们和工人之间逐渐产生了亲密友好的感情；我们不止一次地向工人提出鼓舞他们的重要建议，结果，我们看到，认为必须提出各种阶级要求，象增加工资、缩短工时、成立工会等思想，在工人中间不断增长起来。后来，他们成立了拥有三百四十至三百五十人的铁路工人工会。

同志们，不应当只限于成立工会，工会成立以后，首先应当引导它与企业主交锋。只有这样，工人才会对自己的工会感兴趣，才相信工会的力量。工人群众没有知识，不认识字，十人当中只有一人能看报，因此，印刷宣传工作自然做得很差。可见，我们必须同这些困难做斗争，要不惜任何代价加以克服。

总之，我们在最初一个短时期内所取得的经验是：第一，在忠实于工人运动的人与工人之间建立友好关系；第二，从工人当中选拔一些领袖；第三，提醒他们不要忘记我们组织的目的，并利用自己的工会同雇

① 中央档案馆编：《中共中央文件选集》第一册，北京：中共中央党校出版社，1989年，第 14 ～ 18 页。

主进行斗争，从而使阶级仇恨激化；第四，我们必需利用每一个机会，推动群众举行游行示威和罢工。

自然，开办劳动学校时，我们不能幻想马上提高工人的一般知识水平，因为我们的工作人员能力差，经费少，不可能做到这一点。我们建立学校，力求达到的不过是上述的前两个目的。学校的任务主要是教育工人，并使他们习惯于亲自从他们当中选出有觉悟而又积极的人来管理学校和工会的事情。学生会议能够给你们提供许多合适的宣传机会，而特别重要的是培养这种召开公开群众大会的习惯，这种大会最能使到会者养成共同利益感和严守纪律。

我们教工人什么呢？我们经常不断地向他们说，他们遭受他们的厂主资本家的掠夺，不得不过着牛马般的生活；其次，向他们介绍外国工人运动史。我们不断地向他们指出组织起来的意义和方法，时常给他们讲课，教他们识字，同时，还教他们习惯于用文字来表述自己的思想，让他们写出关于家庭生活和日常生活情况以及工厂里发生的一切不公平事件的书面报告。起初，他们感到有些为难，但后来从他们中间培养出了一些优秀的鼓动员。不过，要找到导师，找到工人阶级的真正领袖，那是极其困难的。

我认为，没有必要开办所有行业的工人学校，作为第一步，只在那些既没有工人组织又没有工人领袖的地方，才需要建立这样的学校。经验表明，我们不能建立一般的工人学校，应当只开办专门学校，如纺织工人学校和铁路工人学校等等；这种学校是建立产业工会的必要准备阶段。

在京汉铁路工会方面，我们积极进行活动，以便使这些工人同我们建立密切的联系。我们还特别注意各地所发生的罢工事件。一听说那个地区的采煤工人和其他工人举行罢工，我和罗同志（罗章龙）就立即乘火车奔赴那里，想给罢工者以帮助，可是他们不但不相信能够从外人那里得到援助，反而怀疑我们是奸细，害怕我们，因此，我们的尝试没有成功。

我们为工人阶级出版的宣传刊物，大部分篇幅不多。我们经常鼓励工人自己写简讯，并全部刊登在我们的刊物上或一般的报刊上。我们最初出版的是《劳动者》周刊，但出到第六期以后，就被政府查禁了。遭到这次迫害以后，我们的刊物改名为《仁声》，但在第三期以后，由于缺乏经费，只得停刊。我们还出版了一些小册子，如《工人的胜利》和《五一节》，这些出版物传播得相当广泛。可是，我们的主要宣传工作集中在要求提升工资和缩短工时上，这些要求现在已成为最有效的战斗口号。

我想举个例子来证实工人举行公开示威游行的重要性。正象我已向你们说过的，我们在长辛店播下了宣传工作的第一批种子，去年五月一日，那里举行了示威游行。应该称赞同志们举行的这次示威游行，这一天召开了有千百个工人参加的群众大会，工人亲自在会上发表了鼓动性的演说，会议持续了三个多小时，可是仍有一些工人没有来得及发言。群众大会以后，开始游行，由一千五百名工人组成的游行队伍，高举着写有重要标语的旗帜，唱着革命歌曲，喊着“增加工资、缩短工时”的口号沿街行进。这个事件过后，在不到一个星期之内，工厂车间里发生了十起使管理人员感到极大不安的小型活动。同志们，请注意，我们不得不同尚且没有纪律的工人一起活动，而帮助他们的最好方法，据我看就是帮助他们组织罢工和游行。我们要积极采取一切能够加速这一运动的措施。

《北京共产主义组织的报告》反映了在早期开展工人运动过程中，注重知识分子与中国工人运动相结合，创办补习学校、专门学校，不断提高工人的水平和素质，为建立产业工会坚定群众基础。在具体的工作中要善于总结经验，利用每一个机会，推动群众举行游行示威和罢工。当时针对工人的宣传工作主要集中在提高工资和缩短工时上，所以出版的一些小册子得到广泛传播，如《工人的胜利》《五一节》等，这些要求现在已成为工人反对资本家剥削最有效的战斗口号。

2.《广州共产党的报告》

报告共包括三部分：去年、现状和今后意见。内容主要是广州的共产主义组织为准备党的成立所做各项工作的介绍。工作最主要的部分就是宣传和组织工人。包括创办多种形式的工人学校和创办适合宣传工人的通俗读物，以对工人进行马克思主义启蒙教育；组织工会，培养工人骨干，组织马克思主义研究会；翻译、印发马克思主义经典著作小册子，并在共产主义组织中、在学校中组织学习，开展宣传；建立机械工人工会和铁路工人俱乐部，同无政府主义思潮进行论争，并通过论争纯洁思想与组织。

广州共产党的报告[①]（节选）

三、今后意见

……

2. 成立工会

这个问题更是困难，因为去年一年之中，工会已增加到一百多个，但是这些工会都受到无政府主义的熏染，或者为国民党所操纵。关于无政府主义者，用不着多谈，因为他们在广州一共才有五、六个人，其中有三个人很快就要去法国。还应指出，一般来说，无政府主义者也没有任何组织。我们与国民党人的斗争要困难得多。因为工人与国民党人的联系已有很长的历史，早在十年以前，他们就设法向工人和士兵群众传播他们的思想和影响，而在去年又鼓动工人罢工，援助陈将军。这个党的许多党员都自认为是社会主义者。国民党中央委员会设有宣传部，专门做联络工人的工作，特别是做联络五金工人和机械工人的工作。

我们在组织工人方面的首要任务是建立机械工人工会和铁路工人俱乐部。现在，我们正在采取措施组织教师工会。

我们在表面上虽然与国民党人有联系，但仍在极力设法单独组织工会。现时，我们与某些工会，如理发工人工会等有联系；我们在采取一些有效措施，以便在机械工人工会中产生影响，看来我们的尝试是会成功的。

3. 成立工人学校

工会学校

成立这类学校的计划是：要求所有的工会各派两名代表，每周到学校来两三次。学校教授的课程有：工会组织法、工人运动史和欧美工人

① 中央档案馆编：《中共中央文件选集》第一册，北京：中共中央党校出版社，1989年，第22～24页。

运动的现状，等等。我们认为，经过二三个月以后，这个学校定会取得很大的成绩，许多工会对我们的工作会感到满意。

工人夜校

目前，只有一所学校是由我们的同志直接领导的，而很多学校是由一些与我们有联系的工人自己筹办的，但是这些学校并不十分出色。在广州影响最大的是机械工人工会，该工会里有许多拥护我们的人。我们在这个学校取得完全成功以后，就会着手去做其他学校的工作。

二、中国共产党第二次全国代表大会相关决议

1922 年 7 月，中国共产党第二次全国代表大会在上海召开。大会通过了《中国共产党第二次全国代表大会宣言》，集中体现了党的政治纲领。和中共一大的相关文献对比，中共二大的政治纲领更加成熟。有学者说：“从中共‘一大’到‘二大’，中国共产党的创建日趋完善，而中国共产党的政策更是发生了明显的变化，中国共产党制定的方针政策更加符合中国革命实际。”[①] 也有苏联学者指出：“中国共产党第二次代表大会的决议与第一次代表大会的宗派主义立场迥然不同，这证明在两次代表大会之间仅仅一年的时间内，党有了长足的进步，变得更能正确地理解共产党人在资产阶级民主革命中的任务了。这里无疑可以看到共产国际在共产党内所进行的巨大工作的结果。”[②]

由于中国共产党在早期工人运动中，会受到封建势力的压迫、封建军阀的打压，“民主对于封建的战争也并未终了”[③]，正如陈独秀向共产国际所汇报的：“因罢工运动受官场压迫三次：因香港海员罢工书记部通知各省工界发起后援会并运动上海水手应援，李启汉同志及水手二人被捕拘留数日。因为浦东纺纱工人罢工散传单，四人被捕拘留十余日。因为参加邮差罢工，李启汉

① 徐云根：《从“一大”到“二大”看东方战略对中共创建的影响》，《中共创建史研究》，2018 年第 1 期。

② 徐正明、许俊基：《共产国际与中国革命》，成都：四川人民出版社，1987 年，第 71 ～ 72 页。

③ 中共中央文献研究室、中央档案馆编：《建党以来重要文献选编（一九二一——一九四九）》第一册，北京：中央文献出版社，2011 年，第 138 页。

同志判罪监禁三个月，期满逐出租界，现在狱中。”[①] 这里的“官场”，指的就是封建军阀。所以，和中共一大所分析的结果不同，“阻碍中国进步、压迫中国人民最主要的势力还不是中国‘幼稚的资产阶级’，而是外国侵略者和割据混战的‘封建武人’，不首先推翻他们的反动统治，根本谈不上实现社会主义、共产主义”。[②] 陈独秀分析，在无产阶级专政实现之前，从中国具体的实际情况出发，无产阶级目前的任务是联络民主派共同对抗封建式的军阀，进行民族民主革命，直到军阀覆灭能够建设民主政治为止。因此，中共二大把反对军阀作为革命的主要任务之一是有其历史背景的。

关于“工会运动与共产党”的议决案[③]（节选）

（十五）各国革命的工会必须有统一的联合，去同全世界资本主义奋斗，这个全世界革命的工会的统一联合，就是赤色工会国际协会。中国共产党必须根据上面的原则组成工会带到赤色工会国际旗帜之下，同时中国劳动阶级的利益须免去与向全世界劳动阶级的利益冲突的事，如提高中国工人的工资，免得中国贱价劳力被外国资本家雇用了去排挤外国高价劳力等。

（十六）共产党与工会的分别是，共产党是所有阶级觉悟的无产阶级分子的组合，是无产阶级的先锋军，有一定的党纲，是一个以打倒资产阶级和资本主义为目的的无产阶级的政党；工会是所有工人的组合（不管政治见解怎样），工人们在工会里，去接受“怎样用社会主义和共产主义精神去奋斗”的教育，与共产党向同一目的进行，但是较缓的全阶级的组合。如战争一样，军队中有一个先锋，所有这大量的军队都跟着这个先锋前进。共产党也可说是一个人的头脑，全体工人便是人的身体。所以共产党无论在那种劳动运动中，他都要是“先锋”和“头脑”，决不可不注意

① 中央档案馆编：《中共中央文件选集》第一册，北京：中共中央党校出版社，1989年，第51～52页。

② 杨俊：《中共二大与党内政治生活基本原则的初步形成》，《党的文献》，2017年第3期。

③ 中央档案馆编：《中共中央文件选集》第一册，北京：中共中央党校出版社，1989年，第80～81页。

任何工会活动，并要能适当的、诚实的和勇敢的率领工会运动。

（十七）共产党为实际率领工会和实际为无产阶级的先锋，必须在工会中和各个工厂委员会以及一切的劳动团体中组织强有力的团体，很少有例外。

中国早期的工人斗争，大多是以经济斗争为主要目标，还没有脱离旧行会的束缚，甚至被行会所利用。初期的罢工斗争也没有形成普遍性质的运动，只是工人们为某种手艺或因某个工厂的特别状况所作出的单独运动。工人的组织人数不多，比较零星和松散，不够强固。在这份《关于“工会运动与共产党”的议决案》中，我们可以看到当时中国工人斗争的状况，中国共产党受到共产国际、赤色工会国际的启发与指导，注重创办和组织工会。集中指导工人运动成了中国共产党的根本任务，特别指出“共产党是所有阶级觉悟的无产阶级分子的组合，是无产阶级的先锋军”。

中国共产党第二次全国大会宣言（节选）[①]

那些外国资本家还在中国占据了许多矿山，并在上海天津等商埠开设了一些工厂，鞭策百万的中国劳工在那些矿山工厂里，做他们生利的奴隶。同时又加上外国商品如潮的输入，漫说布匹纸张之类，旧有的针和钉都几乎绝了种，因此生活程度日渐增高，三万万的农民日趋于穷困；数千万手工业者的生活轻轻被华美的机器制造品夺去，而渐成为失业的无产阶级。

《中国共产党第二次全国大会宣言》分析了帝国主义侵略中国的实际情况，中国人民最大的压迫来自资本帝国主义和军阀官僚的封建势力，只有从帝国主义的压迫中解放出来，走与世界无产阶级革命联合的道路，才能取得革命的成功。这里特别谈到了矿山厂的劳工，以“奴隶”来形容其生活的悲惨境地。“三万万的农民日趋于穷困；数千万手工业者的生活轻轻被华美的机

① 中央档案馆编：《中共中央文件选集》第一册，北京：中共中央党校出版社，1989年，第103页。

器制造品夺去，而渐成为失业的无产阶级”，所以中国的无产阶级将会变成革命的领袖军。只有无产阶级的革命势力联合，才能使真正民主主义革命走向成功。从中共二大的宣言可以看出，中国共产党的目的就是组织无产阶级，用阶级斗争的手段，建立劳农专政的政治，铲除私有财产制度，逐渐达到共产主义的社会。党为工人和贫农的利益在联合战线里的奋斗目标是：消除内乱，打倒军阀，建设国内和平；推翻国际帝国主义的压迫，达到中华民族完全独立，统一中国为真正的民主共和国[①]。

三、中共二大之后全国工运的高涨

1922 年，在共产国际四大上，共产国际执委会书记拉狄克曾指出：中共应该组织工人阶级，并“使它对资产阶级分子的客观革命力量采取明智的态度”[②]联合起来进行反帝斗争。维经斯基也提出过中国工人阶级正开始步入反对帝国主义争取民族解放斗争最前列，希望在中国共产党的领导下，中国工人运动能够发展壮大，使中国共产党成为群众性的政党。大会在通过的《中国共产党的任务》中规定：“共产党人应该将自己的主要注意力用于组织工人群众、成立工会和建立坚强的群众性共产党方面。”[③]从 1922 年 1 月开始，到 1923 年 2 月，中国共产党领导的工人运动在全国形成第一次高潮，前后持续时间达 13 个月之久。在此期间，爆发的罢工斗争达 100 多次，参加罢工的工人达 30 万以上。罗章龙也回忆道：“前后计陇海铁路大罢工、长辛店大罢工、开滦五矿罢工以及二七大罢工等大小斗争百余次。”[④]其中大部分是党组织或党领导的工会组织直接发动的。工人运动的迅猛发展，锻炼了工人阶级队伍，巩固了党的阶级基础，扩大了中国共产党和工人阶级在全国的政治影响。

① 中国中共党史学会编：《中国共产党历史系列辞典》，北京：中共党史出版社、党建读物出版社，2019 年。

② 中共中央党史研究室第一研究部译：《共产国际、联共（布）与中国革命档案资料丛书》第 2 册，北京：北京图书馆出版社，1997 年，第 353 页。

③ 中共中央党史研究室第一研究部译：《共产国际、联共（布）与中国革命档案资料丛书》第 1 册，北京：北京图书馆出版社，1997 年，第 162 ～ 163 页。

④ 罗章龙：《椿园载记》，北京：生活 · 读书 · 新知三联书店，1984 年，第 118 页。

1922 年全国工人运动高潮的起点是香港海员大罢工。香港中国海员长期遭受英帝国主义的殖民统治和种族歧视，不仅收入低下，并且和外籍人员待遇不一致，做同样的工作，工资待遇却不及白人海员的五分之一。中国海员还要受资本家和包工头的双重剥削，不仅劳动时间长，而且还总是受到无故开除的威胁。他们过着非常艰难和痛苦的生活，心中积压着对英国殖民者的怒火。海员中的先进分子苏兆征、林伟民等人，积极进行宣传和组织工作，并于 1921 年 3 月 6 日在香港正式成立中华海员工业联合总会。这是中国海员第一个真正的工会组织。

海员工会在进行一系列准备工作后，于 1921 年 9 月正式向资本家提出增加工资、工会有权介绍职业等要求，但遭到拒绝。同年 11 月，海员工会第二次向资方提出上述要求。这时，各轮船上的外籍海员增加了 15％的工资，而海员工会提出的要求却又被拒绝。中国海员对此感到极大愤慨。1922 年 1 月 12 日上午，海员工会第三次提出增加工资的要求，并限令 24 小时内给予圆满答复，否则就举行罢工。资本家对海员工会的最后通牒仍置若罔闻。中国海员在忍无可忍的情况下，开始举行罢工。3 月初，罢工人数迅速增至 10 万以上，罢工浪潮席卷整个香港。随着交通运输的中断，香港出现生产停顿、商店关门、日用食品日益匮乏、物价暴涨、市民大量抢购的现象。这充分显示了香港海员罢工的威力。

中国共产党对香港海员的罢工斗争极为关注和重视。中共广东支部在罢工开始后不久，即发出《敬告罢工海员》的传单，表示全力支持他们的罢工斗争。党通过中国劳动组合书记部进行了大量的支援罢工斗争的工作，包括向罢工海员捐款、及时发动上海工人成立“香港海员后援会”等。党还派劳动组合书记部负责人李启汉赴香港慰问罢工的海员。李启汉与其他代表一起，与港英当局企图招募新工人以破坏罢工的阴谋进行了斗争。

国民党广州革命政府对香港海员罢工也表示支持，在罢工开始后每日借出数千元给海员作罢工的经费。在内地，长辛店工人首先发起组织“北方香港海员罢工后援会”。上海、湖北、河南等地和京汉、京奉、京绥、陇海、津浦等各铁路线的工人积极响应，纷纷在本地组织香港海员后援会。京汉铁路工人不顾反动当局的迫害，在火车头上挂起写有“援助香港海员”6 个红色大

字的大旗。这面大旗飘扬在北京与汉口之间的列车上。

港英当局及资本家对香港海员罢工采取高压、恐吓、欺骗、调停、利诱、分裂等手段进行破坏。英帝国主义的暴行，激起广大工人和各阶层群众的强烈义愤，港英当局走投无路，不得不于3月8日接受罢工海员提出的恢复海员工会原状、增加工资、抚恤死难工人家属等要求。这场罢工斗争坚持了56天，终于取得胜利，有力地打击了帝国主义者的气焰，极大地鼓舞了中国工人阶级，推动了工人运动的发展。此后，长江船员和上海邮务工人、纱厂工人，以及苏州、无锡等地工人相继举行罢工。在这些罢工斗争中，共产党员发挥了组织领导作用。

1920年5月1日，全国多个城市举行纪念五一劳动节而进行集会、讲演和示威游行等活动，参加的工人高达五六万人之多。《新青年》为纪念五一节设专号，曾发表过如《五一运动史》（李大钊）、《上海厚生纱厂湖南女工问题》（陈独秀）等重要文章，过半数的篇幅刊登了反映各地工人生活状况和斗争情况的调查报告。为了加强对日益高涨的工人运动的领导，中国共产党于1922年5月上旬以中国劳动组合书记部的名义，在广州召开第一次全国劳动大会。这次大会是中国工人阶级第一次全国性的盛会。大会总结以往工人运动的经验，接受中国共产党的政治主张，把反帝反封建作为工人运动的基本目标。大会讨论并通过《八小时工作制案》《罢工援助案》《全国总工会组织原则案》和《惩戒工界虎伥案》等10项决议案，并公开发表《全国劳动大会第一次会议宣言》。宣言分析中国工人阶级遭受痛苦的根源，指出摆脱痛苦的道路，号召全国工人阶级团结起来，削平行帮，消除隔阂，不分地域，不分党派，不分男女老少，联合成一个阶级战线，反对国际帝国主义和封建军阀。大会决定在全国总工会成立以前，委托中国劳动组合书记部为全国工会的总通讯机关，并负责召集第二次全国劳动大会。这实际上承认了中国共产党和中国劳动组合书记部对于全国工人运动的领导地位。

1920年8月，第一个共产党早期组织在上海成立，之后，北京、武汉等地也很快建立了共产党早期组织，这是中国共产党的组织萌芽，主要任务就是广泛地把马列主义传播到工人群众中去，在工人群体中进行马克思主义理论宣传和组织工作，为中国共产党的建立奠定阶级基础。

第二章　1922 年开滦五矿大罢工的国内环境分析

中国共产党成立后一直十分重视开滦煤矿的工人运动。中共北方区委和中国劳动组合书记部北方分部把唐山地区和开滦煤矿做为开展工人运动的重点区域，派遣李树彝、李昌兴等为驻唐山和开滦五矿的特派员，从事工人运动。在北方，与 1922 年 9 月安源路矿工人大罢工遥相呼应的，便是 1922 年 10 月的开滦五矿大罢工了，这是 1922 年工运高潮中最具代表性的一次罢工。

第一节　开滦矿务局的基本情况

一、历史沿革

清朝同治末年，海防议起，直隶总督、北洋通商大臣李鸿章和两江总督、南洋通商大臣沈葆桢分别上奏朝廷，要求开办现代化煤矿。光绪初年（次年），南北洋开办煤铁矿的奏折得到朝廷批准。[①] 最初，李鸿章计划在磁州开采煤铁矿，经过一段时间筹备后，由于当地百姓反对强烈、运路不通畅、从英国购买的机械不配套等原因，很快就停办了。

1873 年，李鸿章札委怡和洋行买办唐廷枢任上海轮船招商局总办。[②] 唐

---

① 据《清史稿》载，是年 [1874 年（同治十三年）] 海防议起，直隶总督李鸿章、船政大臣沈葆桢请开采煤铁以济军需。[1875 年（光绪元年）] 上允请，命于直隶磁州、福建台湾试办。（《清史稿 · 食货志五》，16 页。又见孙毓棠编：《中国近代工业史资料 1840—1895》第一辑下册，北京：中华书局，1962 年，第 567 ～ 568 页。）

② 胡政主编：《招商局珍档》，北京：中国社会科学出版社，2009 年，第 78 ～ 79 页。

廷枢对招商局进行了改组，经过招股、购船、开拓业务，招商局的经营很快有了起色。招商局从江南经海路运往天津的漕粮是其大宗业务，轮船运输的动力为煤炭，当时国内只有土法采煤和运输，煤价数倍于进口煤，全国各地的机器局、各口岸的轮船只能依赖洋煤。更重要的一点，由于北方没有多少货物运往南方，招商局的轮船往往空回，这对于远途运输而言十分不划算。

早在明万历年间，就有人在直隶省永平府滦州开平镇一带采煤，因排水、通风和提升问题，只能开采浅层煤炭。此地区距离天津港口路程不远，地势平坦，这块煤田自然就进入了唐廷枢的视野。1876 年 11 月，上海轮船招商局总办唐廷枢奉李鸿章之命，带领英国矿师马立师到开平一带勘察，并带回煤块、铁矿石，经北京同文馆和英国分别化验，认为开平的煤、铁成色优于英国，适合蒸汽机车使用，具有广阔的开采价值。[①] 经过李鸿章批准，唐廷枢着手起草开办章程，启动招股程序。

1878 年 7 月 24 日，唐廷枢在直隶省永平府滦州开平镇成立开平矿务局，[②] 唐廷枢任总办，为此李鸿章还任命直隶省的一些地方官员任会办，协助唐廷枢工作。唐廷枢同时担任上海轮船招商局和开平矿务局的总办，他便借助招商局在各口岸的办公地点，销售开平矿务局股票，招集商股。最初唐廷枢测算，开平矿务局集股 80 万两白银就可以开办煤铁矿，由于所聘洋人选用上等工料，置办备用设备，修筑唐胥铁路，挖通煤河，后来开办林西矿和组建运输船队，股本扩充到 100 万两，后又追加到 120 万两，最终集股 158 万多两。截至 1884 年，工程费用就已经超过了 200 万两，除了股本外，不足资金来源为政府、钱庄和其他商户借款。

开平矿务局虽然得到了政府官员的大力支持，由于当时国家积贫积弱、中枢腐化无能、官员顽冥不化、民众风气未开，唐廷枢不得不依靠洋人，运用西方科学技术，仿照英国煤矿管理机制。唐廷枢先后建成了唐山矿、林西矿、唐山细棉土厂，与人合股组建塘沽种植公司，参与三山银矿、永平金矿，修建开

---

① 唐廷枢等：《开平矿务创办章程案据汇编》，上海：上海广百宋斋铅版印，1888（光绪戊子）年。

②《开平矿务纪述》，《申报》，1878 年 8 月 31 日（光绪四年八月初四日）。另据《河北矿务汇刊 • 调查》，第 11 ～ 12 页。

通了唐胥铁路，参与了延长至闫庄、天津 200 多里的铁路修筑事业，组建了运输船队，开平矿务局的经营事业蒸蒸日上。1892 年，唐廷枢病逝。

有醇亲王奕譞（光绪帝之父）作为后台的张翼，在唐廷枢生前就已经担任开平矿务局会办。唐廷枢过世后，张翼任开平矿务局总办，1897 年担任督办之职，还兼任督办直隶全省及热河矿务、帮办关内外铁路大臣前内阁侍读学士，其影响力和社会地位，远远超过了唐廷枢。张翼继续拓展开平矿务局的业务，开办了西北井，并通过借洋款的方式开发秦皇岛港口，购置土地达 4 万多亩。1900 年，开平矿务局已有矿工 9000 人，年产 80 余万吨煤炭，资产总额 500 多万两白银，产业遍布全国各地，成为当时利用“西法”开办最成功的官督商办企业。张翼虽然有官方背景，他的招股能力并不强，这些项目的资金来源，全部依靠时任会办的德国税务司德璀琳筹借洋款支持，这也是洋人势力渗透开平矿务局的又一渠道。

1900 年，庚子之乱期间，八国联军分别侵占了开平矿务局的煤矿、港口、房产和轮船等产业。开平矿务局督办张翼担心洋人借机据为己有，出于保护华人利益考虑，以一纸护矿手据的方式给予德璀琳全权代理总办权力。之后不久，德璀琳与美国人胡华（即后任美国第三十一任总统胡佛）签订中外合资办矿合同，从墨林公司接手的东方辛迪加在英国注册开平矿务有限公司，随后，德璀琳与胡华签订了移交约，即把开平矿务局的所有产业及债务债权移交给开平矿务有限公司。张翼因没有参与卖约和移交约的签订过程，拒绝承认这一事实，在英国资本家及朝廷双方压力下，胡华等人又起草了副约，将张翼终身担任督办等事项写入合同。

英国人虽然与张翼签订了副约，但并没有完全履行合同条款。1903 年发生龙旗事件，开平被骗占的事实大白于天下，直隶总督袁世凯多次参奏张翼，还逼迫张翼赴英国法庭起诉夺回矿权，结果只是宣判履行副约。袁世凯以丧失矿权的名义参奏张翼，实际上他的目的是进入开平矿务有限公司的管理层。由于内部纷争，袁世凯的目的并没有达到。英国人在此期间，继承了开平矿务局的原有优惠政策，注入了一定的资金，进行了多项管理改造，提高了管理效率，优化了管理流程，盈利能力大大提升。

1906 年 12 月，直隶总督袁世凯试图“以滦收开”，命直隶臬司、长芦盐运使周学熙筹建“北洋滦州官矿有限公司”，先后建成陈家岭矿、桃园矿、马家沟矿、赵各庄矿。袁世凯倒台后，面对开平的恶意竞争，滦矿很快陷入经营困难的泥潭，迫不得已，经过双方反复协商，于1912年6月1日，开平、滦州两公司签订“联合”经营合同，成立“开滦矿务总局”。合同规定双方的股本各为100万镑，实际上滦州实缴股本约300万两，公积金不会超过50万镑，联合后股本升值为100万镑，而且开平公司还将为其代募150万两债券，不但使滦矿脱离了困境，还使滦州的股东因联合大获其利。在企业利润的分配上，净利在30万镑以内，开平拿60%，滦矿拿40%，超过30万镑之数，两公司各得50%。[①]

开平与滦州两公司签订合同时，袁世凯已经担任中华民国临时大总统，考虑需要得到英国的支持，此时，他不再要求收回开平公司。同意成立开滦矿务局后，他的大儿子袁克定便“顺理成章”地担任了开滦矿务总局的督办。“以滦收开”不成，反让英国人掌握了开平和滦州两个矿务局的决策、管理、经营权力。开滦矿务总局成立后，在第一次世界大战时期取得了长足的发展，并建成唐家庄矿。

按照开滦合办章程规定，双方合办十年后，允许滦州矿务局以双方接受的价格收回开平矿务局。依据这一条款，到了1922年，收开的舆论再起，享受英人管理巨额利润的滦矿股东已经没有了收开的雄心壮志，但迫于中国政府和民众的压力，两公司就收开问题表面上公函不断，实际上只是在敷衍和表演。

1928年，国民党实现对全国的统治后，面对开滦的巨额利润，难免有所垂涎，曾经商讨如何收回开滦。1931年，政府颁布了矿业法规，以整理矿务为名，要求开平、滦矿设定矿权，取得矿照并缴纳积欠的矿区税。开滦总经理那森·爱德与国民党政府进行交涉。日本人发动九一八事变，已经表露出全面侵华的动向，英国人也急于在此时取得“合法”地位。国民政府实业部部长陈公博也想在日本人到来前捞取好处，双方商妥只要开滦预付税款100万元，国民政府即可颁发矿照，承认开滦的采矿权。

滦州矿务局资本家见有机可乘，就向开平宣布，要求修改1912年合同，提出共享产业、平分利润、共同管理的要求。遭到拒绝后，单独与国民政府

① 据开滦集团公司档案馆藏《联合办理草合同》《英文正合同》《联合办理合同》《议事部规则》等。

交涉，并交纳了50万元的预付矿区税，实业部同意发给滦矿矿照。这样一来，对开平造成很大威胁，迫使开平在企业的经营和利润分成上做出让步。经过纳森的斡旋，开平亦交付了 50 万元矿区税，并对合同进行了修改。1935 年 11 月 29 日，国民政府实业部向开平和滦州两公司颁发了采矿执照。这标志着在矿权上，终于得到了中国政府的承认。

而 1934 年修正合同与 1912 年合同又呈现了一些区别。悬而未决的矿权问题，通过这种方法得以解决，这是英国人没有想到的。1912 年两公司为联合，而这次更趋向于共有，换句话说接近于合并。滦矿终于争取到了与开平平等的利润分配，而经营管理也出现了新的变化，议董由各 3 人增加到了各 5 人，出现了两公司共同执掌总局管理权的局面。在发行债券上，滦矿公司失去了自主权，这就使收开更没有可能。

太平洋战争爆发后，日本人为了攫取更多的煤炭资源以支持战争，于 1941 年 12 月，强制对开滦进行军事管理，开滦改称“军管理开滦矿务总局”。在军管理时期，英国人为了保证自己的利益，采取了妥协的合作态度，在保证供应日本煤炭的前提下，维持原有管理模式，英国人仍然有相当大的决策权力。日本战败投降后，国民政府派接收大员于 1945 年 11 月 19 日接收日本“军管理开滦矿务总局”。次日，又发还给英国人，名称仍为“开滦矿务总局”。

1948 年 12 月 12 日，唐山解放。21 日唐山市军事管制委员会派出军代表进驻开滦，监督、帮助开滦维持生产和安定职工生活。军代表管理期间，在开滦开展了撤销封建剥削的包工制度、镇压反革命、整风审干和“三反运动”。1950 年英国经理裴利耶携款逃跑。

1952 年 5 月 17 日中央人民政府燃料工业部代管开滦煤矿，成立“开滦煤矿总管理处”，使开滦完全回归祖国经营。在党的领导下，开滦开展了民主改革、生产改革、资产清核、矿井改扩建等改造旧矿山运动，使整个煤矿的面貌焕然一新。

二、经营状况

根据 1912 年开平矿务有限公司与滦州官矿有限公司联合办理合同规定，

表面上看开滦矿务总局是两个公司的管理机构，日常运转由双方选出的6名董事组织的议董部负责。实际上，开滦矿务局只负责日常生产经营管理，重大决策听命于伦敦开平公司。开滦矿务局有总理等领导人员，设置相应的职能部门。矿区设唐山总矿师，负责唐山五矿日常工作，每个矿有各自的矿师，下面设相应的管理机构。

1922年，开滦矿务总局是当时中国规模最大的煤矿，矿工约3.5万人，共有唐山、赵各庄、林西、马家沟4个产煤矿井，1个唐家庄在建矿井，年产原煤408万吨。除了经营煤矿外，开滦矿务总局还兼营洗选加工、煤炭运输、内部铁路、房产土地出租、建筑防火用砖、港口储运、金银矿等其他业务，每年利润近千万元[①]。

开滦的股东，大部分是英国人和北洋军阀官僚群体。罗章龙在《椿园载记》中称，北洋政府主要军阀官僚有72人，拥有私人财产总数达66540万元，拥有千万元以上的23人，其中曹锟和张作霖两人达到5000万元。华北财团控制的中国银行、交通银行号称北洋政府的中央银行，北洋军阀的官僚把私人财产大量存入这两个银行，成为大股东。[②]这些银行会寻找投资机会，对于盈利能力很强的开滦，自然是他们投资的好项目，所以中国银行和交通银行也持有很多开滦股票。这样一来，北洋军阀官僚就与开滦矿务总局之间形成了一种错综复杂的利益关系。

第二节　开滦煤矿工人群体状态分析

一、群体来源

开平矿务局唐山矿所在地开平镇乔家屯本来是一个荒凉的村庄，随着矿井的建设，人口才慢慢聚集，虽然矿井的名称为唐山，而唐山建市还要等到1938年。建矿初期，要招集一支稳定的矿工队伍并非是件容易的事。1882年，

① 北洋政府每年财政预算4000万元。
② 罗章龙：《椿园载记》，北京：生活·读书·新知三联书店，1984年，第197页。

天津英国领事报告中记载：要招募矿工，很感困难。第二任总工程师金达也说，要想雇用足够的工人，往往是不可能的。最为困难的是，这些矿工并非完全破产的农民，他们只是在农闲时才来矿上的临时工，在农忙季节，他们就极不情愿留下来安心工作。

随着矿井规模不断扩大，产量日益提高，员司及矿工队伍才慢慢稳定下来。到了开滦矿务总局时期，矿方雇用人员由员司、技术工人和矿工三部分组成。

员司为开滦矿务局及各分支机构的管理层，有高、中、低三个类别，每类又分为若干等级，员司等级与相关职位对应，一般情况下，总局等级高于各经理处和唐山矿区。高级员司大多来自国内外的高等学府，低级员司至少是知识分子。矿务局会通过招考、推荐、自荐等方式选聘员司，还会通过业绩考核方式加强对员司的管理。员司的类别和等级决定其薪金水平，差距也非常大，从十几元到数百元不等，等级最低的员司薪金为矿工的1.4倍，等级最高的员司薪金则为矿工的28倍。高级员司一般为洋人，中、低级员司大部分为华人，通常情况下，学历、能力、工作经验决定了员司的类别和等级。除了丰厚的薪金之外，员司还享有优渥的福利待遇，诸如住房、取暖、交通等各种津补贴，每年还会有带薪假期，报销差旅费等福利。建矿初期，这些洋人就有很好的住宿条件，1900年以后，矿务局还为洋人们修建了别墅。为了让他们能够享受很好的休闲时光，还为他们建造了俱乐部、跑马场、高尔夫球场等配套设施。

在开平矿务局成立之初，由于当地急需技术人才，创始人唐廷枢自广东香山邀约曾在美国从事矿业开采的同乡来唐山。他们成为除了外籍人员之外的第一代技术工人，这些技术工人掌握了先进的生产技术，收入比较高，少则数十元，多则百元以上。丰厚的待遇，宽阔的眼界，使得广东人的生活水平较高，有能力、有意愿在子女教育上投资，他们的后代至少也从事技术工作。

开滦矿务总局用工数量最庞大的为矿工，这些矿工又分里工、外工两种，里工为资本家雇用并管理，主要从事非生产一线及矿井地面工作，外工为包工雇用和管理，负责井下的产煤及运输工作。开滦矿务局的矿工数量随着煤矿规模扩大不断增多，1879年仅250人；1882年增加到520人，其中南方人占120人；1884年工人总数增加到1000人；1889年猛增到8000人；到了1900年，增加到1万人；等到了20世纪20年代，矿工总数接近3.5万人。如何管理这么多人，是一件棘手的事情，没有成功的经验可供借鉴，也没有相应的配套制度，煤矿的管理者们始终在摸索中前进，中国的特殊国情，自然会演变出封建把头与西方先进管理方式相结合的产物。

矿工们也并非一盘散沙，他们根据地域不同而成立了各种帮派。开滦矿工分为南北两派，南派即以广东人为主，北派人数最多，又分河北、山东二帮，河北又分大名、保府、河间三帮，其他地方工人数量较少，则附属于附近地区帮派，各帮派之间因就业问题和语言隔阂常发生争执，互不团结。[①]

包工类似于今天的劳务派遣公司，但他们的规模不大，最多时，开滦矿务总局曾经有数百个包工组织，这些包工管理矿工数量由几十到几百不等。包工以一定价款从矿方承揽巷道开凿或工作面采煤工程，并签订合同之后，就组织矿工到井下工作，包工会以计件结算方式向矿工支付工资。每项工程开始、期间或结束，根据工程合同规定，包工会从矿方分期或一次性领取工程款，赚取支付矿工工资后的利润。

规模决定了包工的话语权，规模小的包工较为顺从，规模大的包工会压迫矿工，甚至是威胁矿务局，以赚取更多的利润。矿务局资本家曾经试图取缔包工组织，减少他们的二次盘剥，提高矿工的收入，但考虑包工在中间起到矿务局不能取代的缓冲作用而作罢。

这种包工对矿工的剥削可达到总承包款的四分之一，势力比较大的包工年收入甚至达到百万元以上。包工负责组织管理矿工的同时，还采取雇用打手、藏污纳垢、巧取豪夺等方式，进一步加大对矿工的剥削。比如，他们通过开设赌场、放高利贷、开办妓院、开设大烟馆等方式，加深矿工对包工大柜的依赖，使之彻底被奴役和控制。

二、工资福利

开平矿务局早期的工资等级比较简单。一种是计件工资，在1882年，以

① 罗章龙：《椿园载记》，北京：生活·读书·新知三联书店，1984年，第198页。

采煤数量付酬，采大块煤每吨0.45元，中块每吨0.3元，小块每吨0.15元；凿石工每7尺见方，以石头的硬度不同，计2元至4元。另一种是固定工资，广东籍铁匠每月35.4元或50元；机器操纵匠每月45元；筑堤与安装匠每月6元至15元；抽水匠每月8元至35元；本地非技术工每月3.5至8元。

1887年，对于那些实行日工资的矿工，广东籍水手（管工）、监工，1元；煤师翻译、骡夫、机匠、瓦匠，0.2元；煤石工，0.15元；看风门、扳道岔工，0.13元。如果每月做满30天，他们的收入在3.9元至30元之间。到了1889年，矿工每月工资在3.5元至12元之间，技术工人每月5元至60元之间。到了20世纪20年代，开滦矿务总局的矿工平均工资达到10元上下。

与西方国家工人的收入比较，中国矿工的收入很低，但与西方技术工人的效率比较，可能会得到不同的答案。根据相关记载，中国工人的效率大概是美国工人的四分之一至八分之一，换句话说，一个美国工人的工作需要4到8个中国人来完成。中国工人的低效率必然会对应低工资，这才是问题的根源所在。开滦矿务局工资总量占采煤成本比例较低，资本家更愿意用效率低下廉价的劳动力，来替代价格高昂、效率较高的现代化机器，这样可以节省很多购买机器的资金。

相较员司的高额薪金和福利待遇，矿工收入显得微薄。看到内部差距的同时，与其他行业人员的收入对比，人们的心情可能会变得舒缓一些。即便是开平矿务局收入最低的矿工，其收入也是社会上像木匠、泥水匠这样传统技术工匠的两倍以上。所以人们评价早期煤矿工人生活状况时，通常会用收入微薄、仅以糊口、惨不忍睹等词，这都是不太客观的。当然了，那些非技术矿工，通常都在井下一线，不得不面对较差的工作环境，在没有安全保障的情况下，从事极辛苦的笨重工作，也属于客观事实。《捷报》对于矿工的收入做过报道：此矿对于附近乡民很有利，给他们以额外的工作机会。因此，这一带地方工资很高。①

1918年，只身来到北京的毛泽东，经杨昌济介绍，到李大钊任馆长的北京大学图书馆当管理员，毛泽东自己说："李大钊给了我图书馆助理员的工

①《捷报》，1884年12月10日。

作，工资不低，每月有8块钱。”[①]如果说1918年8元的月薪在北京不低，那么仅4年后的唐山10元月薪也不至于太差。

《第一次中国劳动年鉴》曾经统计了20世纪20年代上海、天津、山西保晋和太原、辽宁抚顺和本溪等地区，包括煤矿、纺织、印刷、码头等不同行业的工资收入情况。开滦煤矿工人工资收入与之比较，处于中等偏上水平。考察工资收入，必须区分地域及物价水平。《第一次中国劳动年鉴》还统计了那个时期的物价指数，以1926年物价指数为100，作为基准值，则1920、1921、1922、1923年的物价指数分别为89.48、88.91、86.58、90.26。[②]

依据民国三年三月三十一日，北京政府颁布的第四十一号令，即《矿业条例施行细则》第七十条规定，发生工亡后，资方须给予家属“葬费须在十元以上”，“遗族抚恤费，按照死者100日以上之工价给予之”。这样计算下来，开滦发生工亡后，葬费及抚恤费合计即为40元。[③]

1920年，开滦马家沟矿发生罢工，这次罢工引起了资本家的警觉，责成矿区惠工主任费思克（G. W. Fisk）对劳工状况开展调查。时间不久，费思克即拿出了一份详尽的《关于煤矿劳工情况的报告》[④]。此报告详细考察了劳工供应、工资待遇及消费、伤亡赔偿、矿工住房、工作效率、罢工后思想状况等内容，还有针对性地提出了建设性意见，包括改变招工方式、提高工作效率、废除包工制度、改善工人宿舍、建立侦察系统等。有些内容也确实想改善劳资关系，比如，计划将死亡抚恤由40元提高至100元，废除包工制度，减少中间环节的二次剥削，等等。

根据费思克的惠工报告显示，开滦矿务总局为矿工提供宿舍，砖石结构，安设电灯、自来水，周边设有沟渠及道路，每日派人清扫，异常洁净。这样

---

① 埃德加·斯诺：《西行漫记》，北京：生活·读书·新知三联书店，1979年，第127页。

② 王清彬、王树勋、林颂河、樊弘：《第一次中国劳动年鉴》第一编，北京：北平社会调查部，1928年，第145页。

③ 王清彬、王树勋、林颂河、樊弘：《第一次中国劳动年鉴》第三编，北京：北平社会调查部，1928年，第207页。

④ 费思克（G. W. Fisk）撰：《关于煤矿劳工情况的报告》，开滦集团公司档案馆藏档案，档案号：1-2-182。

的宿舍，每矿均可容纳相当数量矿工，马家沟为1700人，赵各庄4000人，林西3800人，唐山矿1950人。唐山矿有6所宿舍正在建造。这样的宿舍，每名矿工平均要交纳0.125元租金，并可使用相应电灯及卫生设备。以上四矿还建有3至5间不等员司住房257所，每月租金2.5元至4.5元，条件好于矿工宿舍。

早在矿井建设初期，唐廷枢关心矿工的身心健康问题。1878年，曾委托一名叫李子石的中医专门为矿工诊治疾病。1884年，煤矿设立了一个可以容纳40个病人的诊所，只是中国人生病之后，更愿意去找中医，而不是去医院。1892年，这个诊所开始逐步走向正式化，聘用了1名叫作马绍尔的英国西医，以此为标志，可以看作是现代化医院的开始。最初称为中华医院，到了开滦矿务局时期，称为唐山总医院，聘用外国医士2人，中国员司多人。配备相应设备，备有最新式之X光仪器，以及各种外科手术器具，病人所需新式卧榻铺盖。其余各矿均设医诊处所，以备医治急伤，凡来院诊治者概不收费。据统计，1922年7月1日至1923年2月28日，共收治局内矿工34593人次，局外人员19735人次。除此之外，铁路、启新、华新等处工人也到开滦总医院接受治疗。

唐山、林西、马家沟、赵各庄4矿建有警察贫民学校，合计11个班，共508名学生，每日授课6个小时，并不收取学生学费。马家沟、林西办有小学，林西、赵各庄办有高等小学，唐山小学也在筹建之中。工人子弟上学不收学费，成绩优异者，每年发给津贴。矿务局建有储蓄金制度，凡工作3年以上人员，可享有储蓄政策。即矿工每月将工资5%或10%存入，矿务局另外补贴5%进入个人账户，按六厘付给利息，离局时可全数取走。

三、文化信仰

随着煤矿的日益发达，山东、保定、河间、大名等地的破产农民大量涌入唐山，谋求生计，这些人有的只身前来，有的拖家带口。无论他们手中有钱还是没钱，有人就要吃饭，就要穿衣，无形之中催生了唐山地区服务业的长足发展。为了抚慰广东同乡，唐廷枢赞助成立了广东同乡会，地点就是唐山矿北门外广东街北路。同乡会的设置，对于解决生老病死、天灾人祸、子女入学、家庭纠纷，以及与本地人的摩擦，都发挥了一定作用。随着广东籍矿工势力的稳固，同乡会发展成为广东会馆。会馆还定期选举会长、理事、监事，对会馆事务进行管理。

会馆的经费主要是通过单位和个人赞助，购买出租义地取得租金，从同乡中募捐等方式筹集。其活动主要是联络同乡感情、举办同乡福利事业、赞助同乡等。广东会馆的义地曾达到41.5亩，栽植树木600余棵，义地还充当了广东同乡的坟地。孙中山在担任临时大总统之前，曾两次到广东会馆联络同乡，为革命事业募捐资金，并成为一段佳话。

在诸如广东会馆的带动下，催生了唐山地区文化产业、服务业的繁荣，位于唐山矿东的小山就是一个显例。早在19世纪80年代，开平就实行每天3班轮流工作制，每班工作8小时。大量的人员，充足的业余时间，手中或多或少的闲钱，鼓动着人们的消费欲望。最初兴起的是餐馆、副食，万里香、九美斋、鸿宴饭庄等一大批知名品牌先后涌现。随后，拉洋片、耍猴、变戏法、说书、戏曲、皮影戏等曲艺行当繁荣起来，甚至还孕育了中国五大戏曲之一——评剧。众多的手工业者也聚集于此谋生。小山曾一度与上海大世界、北京大栅栏齐名。著名的曲艺家马三立、戏曲家新凤霞等都在此地演出。新凤霞说过："唱评戏不去唐山小山，得不到唐山观众的认可，你就红不了。"小山是基于煤矿和铁路兴起的文娱中心，从最初的"杂八地"变成了唐山的繁华中心和形象代表。

煤矿安全事故频发，危及矿工生命安全，为了安抚矿工的心灵，人们自然想到了窑神。在中国人的传统意识里，每个行业都有相应的神，比如，木匠会供奉鲁班，卦师会供奉姜子牙，医生会供奉孙思邈……这些神会主导这个行业，保护或惩罚从事这个行业的人。窑神庙便是供奉煤矿之神的场所。在清代，一些别有用心的人从蒲松龄的《聊斋志异》中找到了依据，他们认为姓戴名潜字飞龙的不是人而是神，就是他们所要供奉的神。因为在蒲松龄的故事中，戴潜因矿工而震怒，他掘地海之水，溺死了43个人，以示对矿工的惩罚。矿工并没有因他的残暴而愤怒，而是敬他为神，这也体现了中国复杂的思想观念。从另一个侧面来说，这也是对矿工的一种精神慰藉。每逢阴历三月十五、七月十五的鬼节、腊月十八窑神诞辰日，窑神庙就会开展集中的祭祀活动。矿井会因此而放假，并出钱请来和尚在窑神庙中做道场，为在井下死去的矿工超度，并祈求窑神保护矿工免受伤害。

窑神庙确实起到了一定积极作用，但不可否认的是，窑神庙也成了个别人敛财的工具。在1878年以前，唐山和古冶等地并没有正式的窑神庙，小煤窑主零星地建了一些供奉窑神塑像的场所。随着开平煤矿的建设，使窑神庙开始逐步扩建。位于唐山南富庄的“窑神庙”最兴盛时，庙宇规模占地达到3000平方米，建筑面积772平方米。建有两层大殿，包括配殿、后殿等附属设施。这种风气与中国供奉行业祖师的传统有关，也与南方人“尚鬼”风俗有着密切联系。在1921年2月的马家沟矿工人的斗争中，矿工就曾要求用涨工资的款项建一座窑神庙，由矿务局提供地皮。这个案例在第一章有所论述，这里不再提及。

由于矿工文化水平偏低，大多数为文盲，没有其他娱乐方式和途径，这样一来，“他们有个恶习惯，常常把两星期的工并在一星期来作。在这一星期中，无昼无夜，不停工作，不睡眠，不休息，不盥漱，不沐浴。把两星期的工在一星期作完，其余一星期就去胡吃狂饮、赌博去了。因为他们太无知识，所以他们除嫖赌酒肉外，不知道有比较的稍为高尚的娱乐方法，可以慰安他们的劳苦，也靡有供他们别样娱乐的设备。因为他们的工银太低所以他们必须把数日的工夫，无昼无夜的像牛马一般劳动，才能积得一元半元钱”。[①]

四、生存困境

与西方的矿工比起来，中国矿工的效率相对低下，收入也相对微薄。除了效率不高，有些矿工还干一些偷拿灯油，损坏工具的事情。对于这些问题，中方管理者会采取照章罚款，甚至是用皮鞭或棍棒来予以惩罚。也会采用一些变通的方式，从源头上根除，比如在灯油中掺入煤油，由工人自己备办工具等。

一些工作效率不高的工人并不认为自己付出的比别人少，他们看到的只

① 中国李大钊研究会编：《李大钊全集》第二卷，北京：人民出版社，2013年，第435～436页。

是收入上的差距。在开平矿务局初期，就发生了一次罢工事件，他们提出了如下要求：得到与技术工人同样的工资；改善恶劣的井下劳动条件；减少煤气爆炸事故，降低伤亡情况发生；祛除规条约束和任意处罚；等等。在那个年代，这种罢工是新鲜事情，在矿务局管理者的意识中，这些工人是乱民，因此，极力邀请地方官员来参与处理，逮捕带头闹事者，用恫吓、罚款，甚至是殴打等方式来平息纠纷。这次罢工很快得到平息，矿工们的愿望落空了，工资收入并没有提高，工作环境也没有改善。这次罢工只是开始，并不是结束，英人霸占开平矿务局后，在资本家的压榨之下，最终酝酿成数万人，持续数十天的工人运动高潮。

管理这些矿工，始终是一件难事。如何规范矿工正确使用矿灯这样的小事，也会困扰管理者们。1884 年，因矿灯使用不当，导致井下的工作面发生爆炸，那里的采煤工作不得不暂时停顿下来，一直到监工人员到位后才得以复工。有趣的是，在井下，曾经饲养过黄雀，用它们来监督井下瓦斯和一氧化碳的含量，如果这些黄雀鸣叫不已，或者是垂死挣扎，那就说明情况已经相当危险了，必须采取措施来进行处理。无论是什么情况，都需要矿工熟悉情况，提升能力变得非常紧迫。这就使培训矿工成了当务之急。洋人管理者和监工记录了培训过程中的一些细节：像平常那样用起来的大型掘进吸水机，当地的人初看见的时候，一定是很吃惊，把它们当成是什么可怕的东西，可是，日久习惯了，他们起初那种畏惧的心理自然而然地消失了，工人们也就对机器爱好起来了，并且能很灵活地管理和照看它们。让“中国矿工懂得在每一个阶段里准确和细心地操作”非常必要，也确实是一件不容易的事情……但是通过耐心和坚持对某一批人的训练，已经建立起来类似制度的东西，而且，技术方面工作进行得十分圆满，产品的质量，也和其他任何地方的质量不相上下。

开平矿务局的重要工程技术人员全部为洋人，虽然数量不多，但要付给他们高昂的工资。为了改变这种现状，开平矿务局创办了一个学校，专门训练采矿和煤质化验人员，为早期矿井建设输送了大量人才。除了洋人之外，留美幼童的回国，为开平矿务局注入了新鲜血液。第一批的黄仲良、陈荣贵，第二批的梁普照，第三批的邝景扬，第四批的唐荣浩，他们都曾经在开平矿务局任职，成了开平矿务局第一批中国自己的工程技术人员。[①]

在早期，安全生产事故屡见不鲜。这些事故多发生于井下的爆炸、塌方、跌落等。英国领事报告记载了这些事故的早期历年死亡统计数据。

年份	死亡人数
1878—1882	12 人
1883	7 人
1885	11 人[②]

在 1878 年制定的《煤窑规条三十三则》中规定：凡遇不测以致伤损人命情事，除本人工钱算结外，由局按禀定章程发给葬费银二十两，予以抚恤。

1900 年前后，美国 31 任总统胡佛曾在开平矿务局任职，他在自传中写道：不重视人命而重视木料的节省，是采矿成本低廉的原因。并且，遇有丧亡事故发生，其家属经常领到的都是每人 30 元的优厚恤金。有时，确实有人为了他们的家属能以享受这笔恤金而自杀者，有时，只有一人死亡，而声称是死者的生父前来领取恤金的竟有 6 人之多。

作为霸占开平矿务局的主谋之一，胡佛的话不能完全采信，但从他的文字中间，还是能够读到一些相关的信息。这种事情虽然发生在若干年后，因当时安全事故频发，料想类似事件也曾经存在过。比如，矿井管理者，为了减少支出，节省成本，而忽视工人的生命安全；管理者虽然三令五申，仍有个别矿工怀着侥幸心理，因急于完成工作任务而去冒险。

对于死者，家属能够领到抚恤金，抚恤金并非像传言所说的“低得可怜”，就当时来讲，对于每天工资两角的劳工而言，按每月 20 个工作日来讲，

① [清] 徐润撰，梁文生校注：《徐愚斋自叙年谱》，南昌：江西人民出版社，2012 年，第 24 ～ 34 页。

② [美] 埃尔斯沃斯 · C. 卡尔森（Ellsworth C. Carlson）撰写的《开平煤矿 1877—1912》（*The Kaiping Mines, 1877-1912*），出版于 1957 年，1971 年再版。作为哈佛东亚专著丛书（Harvard East Asian Monograph Series）之一部，该书用西方人的视角，详细分析开平煤矿的产生、发展、壮大，对于研究中国近代工业史、铁路史、煤炭开采史、官督商办企业生态等内容，具有很高的学术价值，是不可多得的文献。因种种原因，仅南开大学经济研究所经济史研究室据第一版进行了翻译，作研究之用，在国内没有公开出版。卡尔森在该书中引用了英国领事报告中记载的早期安全生产事故年死亡统计数据。

20 两或 30 元也有将近 8 个月收入。就开平抚恤金的多少问题，除了纵向对比外，还可以进行横向比较。在平定太平天国运动中，曾国藩领导的湘军给阵亡士兵的抚恤金是 30 两。据吴思在《血酬定律》中记载，当时福建省为械斗中死去的农民开出的抚恤也是 30 两。如果说对在冲锋陷阵中牺牲的将士，给予 30 两抚恤算“待遇优厚”的话，那么对死于井下的矿工家属给予 20 两抚恤金，应该属于合理范畴，是容易得到广泛认可的数额。

由于这些矿工多为外地人，所以每当死亡事故发生后，就会出现几个批次互相不认识的人，自称矿工的父亲、叔父、妻子、子女等，他们可能同时，也可能先后来到矿山，要求矿上立刻办理相关手续，并赶紧拿到抚恤金。一两次之后，矿上就要对这些家属的身份进行反复核实，以免冒领事件再次发生。

死亡事故的频发，引起了唐廷枢的关注。矿井产煤 7 年后，也就是 1888 年，针对生产事故集中的通风、煤气、用灯、放炮等领域，制定相关规章措施，[①] 从这些措施中，已经可以看到《煤矿安全规程》的雏形。无论从什么角度出发，事实证明，管理者们想尽一切办法，从主观上避免死亡事故的发生。

第三节　开滦煤矿工人阶级的早期反抗

一、经济斗争与政治觉悟的启蒙

开滦煤矿工人的早期斗争，既有同帝国主义、封建势力的斗争，也有同资本家的斗争，从斗争手段来看，主要是罢工斗争。由于固有劳资矛盾的存在，中国工人从诞生那天起，就不断地英勇反抗剥削和压迫。1882 年，开平煤矿一部分工人开始罢工，“他们要求给以和广东籍工人同样的工资”。[②] 在雇佣劳动制度、企业内部劳资之间对抗性的矛盾状态下，早期工人阶级的经济斗争主要是要求增加工资、改善待遇等，反对各种形式的降低和拖欠工

---

① 唐廷枢等著：《开平矿务创办章程案据汇编》，上海：上海广百宋斋铅版印，1888（光绪戊子）年。

②《捷报》，1882 年 7 月 21 日。

资、延长工时和加重工作等等。1891年4月，开平煤矿工人为反对外国技师欺压工人，又展开了大规模的反压迫斗争。开平煤矿开办后，即用重金聘请英国雇员掌管各项工程技术。这些洋人技师经常说，“中国技工虽系南方出类拔萃的，但比较起来仍不如英国工人熟练”。因此，“很久以来，外国雇员与粤籍工人间关系就很紧张，工人们对外国人态度便很不客气，想找机会发作”。①

随着近代工人群体规模的不断扩大，产业工人在罢工斗争中的作用更加突出，并突破帮口、行会界限，出现具有某种同盟罢工的性质和特点，工人阶级开始重新认识自身社会地位与社会责任感。1912年，唐山已经出现了工人社团，并于5月3日在《大公报》正式发表宣言书。这是19世纪70年代冀东近代工业开始兴起以来产业工人由“同乡会馆”形式向工会和政党形式成长过渡的一个重要标志，是中国北方早期工人运动的重要文献。这份《大公报》刊登的《唐山工党宣言书》指出：“国之强也，强以兵；兵之养也，养以商；商之战也，战以工；则工与国家之关系，亦綦重也。”②这份宣言强调了工人群体是富国强兵的根本，是国家经济实力的主要力量，在整个社会发展中居于重要地位。但是唐山工党并不是政党，一方面，它不代表某一阶级、阶层或集团的利益，没有明确的政治纲领，而是以爱护同群、联络工人感情为基础。它虽然在宣言中表示出工人的重要地位，但是对于如何解放自身没有提出具体的路径，入党没有严格的标准和手续，也没有一般政党所必须具备的党规法纪。另一方面，唐山工党虽然称为“党”，却更具有联谊、互助的特征，所以不能称之为现代意义上的政党。

随后，在1914年，林西矿工人因生活困窘，要求将每周工作五日延长为七日，经过近两周的罢工，最终矿方答应了工人要求。1920年5月8日，开滦林西、马家沟、唐山三矿发生为期35天的罢工，起因为包工盘剥和高利放贷。最终工人获得胜利，每月工资10元以下者增加18%，10至20元者增加13%，20至100元者增加5%。上述在本章第二节“工资福利”部分提到过

①《捷报》，1891年4月24日。转自孙毓棠编：《中国近代工业史资料1840—1895》第一辑（下册），北京：中华书局，1962年，第1248页。

②《大公报》，1912年5月3日。

1920年的开滦工人罢工事件，矿区惠工主任费思克还专门对劳工状况开展了调查。其实不难发现，资本家为了预防类似罢工事件的发生，还专门招聘侦察人员混入工人队伍，与地位较高的工人建立亲密关系，时刻获取矿工动态，按照要求每周撰写调查报告（有重要情况随时上报），以便罢工事件再次发生时提前获得信息，及时采取应对措施。从1922年五矿罢工事件资本家的行动上看，这种侦察制度起到了一定预警作用。

早期工人在长期自发经济斗争中经受了锻炼，在经济斗争过程中萌发了阶级意识，为我国工人阶级在五四运动中开始登上历史舞台和五四运动后建立自己的先锋队——中国共产党，并在党的领导下走上自觉地为谋求本阶级和全国人民彻底解放的革命道路，准备了条件。

二、1916年赴俄华工的思想启蒙

近代中国离不开两个词——屈辱和抗争。1896年，《中俄密约》签订，俄国从而攫取了在中国东北共同修建中东铁路的特权。鉴于劳动力来源和本国劳动力市场已无法满足需要的事实，又根据建筑远东铁路的经验，俄国认为中国工人十分能干，于是工程指挥部决定先在中国东北地区招募一万名筑路工人，仅“1916年，就有49272名华工被运入俄国”[①]。十月革命爆发后，俄国除有200多万外国战俘外（来自德国、奥匈帝国、保加利亚和土耳其等国），还有几十万来俄国做工的外国劳动者，其中有德国人、芬兰人、中国人、捷克斯洛伐克人、意大利人、伊朗人、比利时人、朝鲜人等等。这些外国劳动者、战俘同俄国本地劳动者一起，投入了反对沙皇、地主和资本家的斗争。

第一次世界大战使俄国劳动力资源紧张，俄国和中国又同属协约国阵营。为了预防战争波及中国，北洋政府于1914年8月6日宣布保持中立。[②]当时的北洋政府国务总理梁士诒发起“以工代兵”战略。他“与其好友叶恭绰制

① [苏]И.А.波波夫：《华工在沙俄》，《世界历史译丛》，1979年第5期。

② 中国第二历史档案馆编：《中华民国史档案资料汇编》，第三辑“外交”，南京：江苏古籍出版社，1991年，第383页。

定了一套周密的计划，让华工成为中国参战计划重要的一环”。[①] 这个战略使中国摆脱了被国际社会孤立的局面，也达到了中国实际参战的目的，这无疑是中国克服外交“中立”走向“参战”的中间过渡手段。以开滦为例，1916 年 9 月，俄国就以 3 年为期招募了 633 名开滦矿工，去俄国一些地方的煤矿做苦工。俄国华工在帝俄时期备受经济剥削和政治压迫，他们的处境比侨商更为艰难。

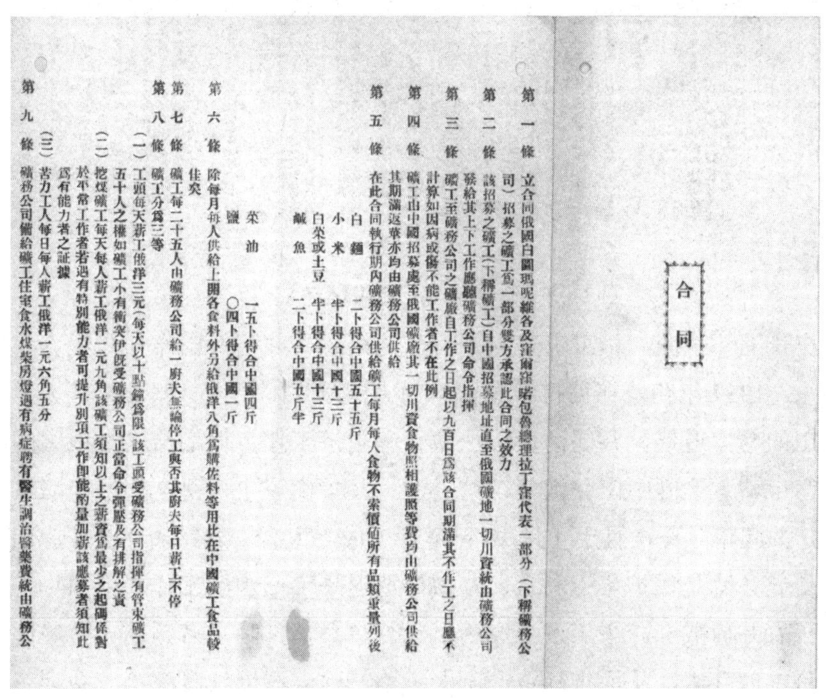

合同

第一條 立合同俄國白圖瑪呢維各及窪爾窪睹包魯總理拉丁窪代表一部分（下稱礦務公司）招募之礦工爲一部分雙方承認此合同之效力

第二條 該招募之礦工(下稱礦工)自中國招募地址直至俄國礦地一切川資統由礦務公司發給其上下工作應聽礦務公司命令指揮

第三條 礦工至礦務公司之礦廠自工作之日起以九百日爲該合同期滿其不作工之日應不計算如因病或傷不能工作者不在此例

第四條 礦工由中國招募處至俄國礦廠其一切川資食物照相護照等費均由礦務公司供給其期滿返華亦均由礦務公司供給

第五條 在此合同執行期內礦務公司供給礦工每月每人食物不索價值所有品類重量列後

白麵　二卜得合中國五十五斤
小米　半卜得合中國十三斤
白菜或土豆　半卜得合中國十三斤
鹹魚　二卜得合中國五斤半
菜油　一五卜得合中國四斤
鹽　○四卜得合中國一斤

第六條 除每月每人供給上開各食料外另給俄洋八角爲購佐料等用比在中國礦工食品較佳美

第七條 礦工每二十五人由礦務公司給一廚夫無論停工與否其廚夫每日薪工不停

第八條 礦工分爲三等

（一）工頭每天薪工俄洋三元(每天以十點鐘爲限)該工頭受礦務公司指揮有管束礦工五十人之權如礦工小有衝突伊既受礦務公司正當命令彈壓及有排解之責

（二）挖煤礦工每天每人薪工俄洋一元九角該礦工須知以上之薪資爲最少之起碼係對於平常工作者若遇有特別能力者可提升別項工作即能酌量加薪該應募者須知此爲有能力者之証據

（三）苦力工人每日每人薪工俄洋一元六角五分

第九條 礦務公司備給礦工住宅食水煤柴房燈遇有病症聘有醫生調治醫藥費統由礦務公

图 1　来源：开滦集团档案馆 0185（2-2）

① 徐国琦著，马建标译：《中国与大战：寻求新的国家认同与国际化》，成都：四川人民出版社，2019 年，第 130 页。

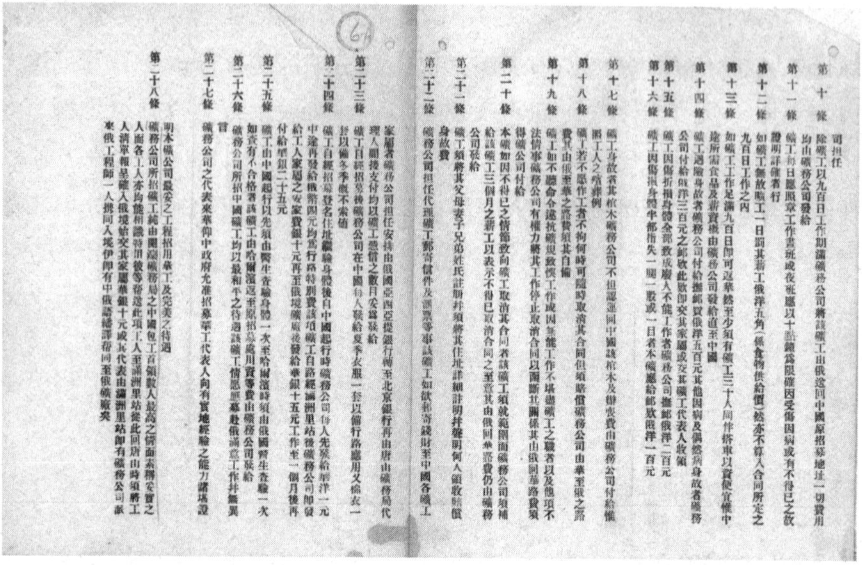

司担任
第十條 除礦工以九百日工作期滿礦務公司將該礦工由俄送回中國原招募地址一切費用均由礦務公司發給
第十一條 礦工每日照章工作晝班或夜班應以十點鐘爲限倘因受傷因病或有不得已之故證明詳確者行
第十二條 如礦工無故曠工一日罰其薪工俄洋五角（係食物供給價）然亦不算入合同所定之九百日工作之內
第十三條 如礦工工作足滿九百日即可返華然至少須有礦工三十人同伴搭車以資便宜惟中途所需食品及薪資統由礦務公司發給直至中國
第十四條 礦工遇險身故者礦務公司付給撫卹費俄洋五百元其他因病及偶然病身故者礦務公司付給俄洋三百元之卹欵此欵即交其家屬或交其礦工代表人收領
第十五條 礦工因傷折損身體全部致成廢人不能工作者礦務公司撫卹俄洋二百元
第十六條 礦工因傷損身體中部指失一腿一臂或一目者本礦應給卹欵俄洋一百元
第十七條 礦工身故者其棺木礦務公司不但認運回中國該棺木及搬運費由礦務公司付給惟照工人之喪葬例
第十八條 礦工若不願作工者不拘何時可隨時取消其合同但須賠償礦務公司由華至俄之路費其由俄至華之路費須其自備
第十九條 礦工如不聽命令違抗礦規致悞工作或因無能工作不堪爲礦工之職者以及他項不法情事礦務公司有權力將其工作停止取消合同以斷其關係其由俄回華路費須得礦公司付給
第二十條 本礦如因不得已之情節致向礦工取消其合同者該礦工須就範圍而礦務公司須補給該礦工三個月之薪工以表示不得已取消合同之至意其由俄回華路費仍由礦務公司發給
第二十一條 礦工須將其父母妻子兄弟姓氏註册并須將其住址詳細註明并聲明何人領取賠償身故費
第二十二條 礦務公司担任代理礦工郵寄信件及匯票等事該礦工如欲郵寄錢財至中國各礦工家屬者礦務公司担任安持由俄國亞西亞提銀行轉至北京銀行再由唐山礦務局代理人關撥支付均以礦工憑信之數目妥爲發給
第二十三條 礦工自經招募後礦務公司在中國每人發給夏季衣服一套以備行路應用又棉衣一套以備冬季概不索値
第二十四條 礦工自經招募登名住址體驗身體後自中國起行時礦務公司每人先發給華洋一元中途再發給機幣四元均爲行路特別費該項礦工自路經滿洲里站後礦務公司即發給工人家屬之安家費銀十元再至俄境礦廠後發給華銀十五元工作至一個月後再付給華銀二十五元
第二十五條 礦工由中國起行以先須由醫生查驗身體一次至哈爾濱時須由俄國醫生查驗一次如查有不合格者該礦工由哈爾濱返至原招募處川資等費由礦務公司發給
第二十六條 礦務公司所招中國礦工均以最和平之待遇該礦工情愿應募赴俄滿意工作并無異言
第二十七條 礦務公司之代表來華仰中政府允准招募華工代表人向有實地經驗之能力諸堪設明本礦公司最妥之工程招用華工及完美之待遇
第二十八條 礦務公司所招礦工純由開灤礦務局之中國包工頭領數人最高之誠而素稱妥實之人而各工人亦均能相識特用彼等帶送此項工人至滿洲里站從此回唐山時須將工人清單報呈礦入俄境始交其家屬華銀十元或其代表由滿洲里站即有礦務公司派來俄工程師一人携同入境伊即有中俄語繙譯偕同至俄礦廠矣

图 2　来源：开滦集团档案馆 0185（2-2）

在长期斗争中，华工也建立了自己的组织，并同俄国布尔什维克党建立了联系。1917 年初，在彼得格勒留学的中国学生刘绍周、张永奎等人，目睹了华工的悲惨遭遇，共同商量设法做一些救济工作，他们给当时俄国的临时政府写申请，又同中国驻俄使馆馆员及一些华商议定，决定创办中华旅俄联合会，并起草章程，且于 4 月 18 日举行了成立大会，刘绍周任会长。联合会的主要任务就是保护华工利益，并做好遣返华工归国的工作。中国华工曾与俄国工农并肩战斗。华工亲身经历了十月革命，目睹了俄国工人阶级团结起来同资本家斗争，从而推翻资产阶级统治，建立苏维埃政权等一系列革命实践过程。很多华工加入了俄国的工会组织，有的则参加了苏联红军，英勇顽强地流血战斗，一些华工甚至当面聆听过列宁动员群众进行革命斗争的演讲。华工为保卫苏维埃政权而战斗，显示了其淳朴的无产阶级国际主义精神。

华工在争取和保卫苏维埃政权的战斗中作出了巨大贡献，他们的思想和生活也受到了列宁为首的苏维埃政权的关怀。在俄国布尔什维克的帮助下，旅俄华工逐步接受了马列主义，并积极宣传马列主义。在探讨组织中共问题上，共产国际通过华工杨明斋联系了北京、天津、上海等地的中国先进分子，华工成为共产国际帮助中国建党工作组的合适人选。

十月革命以后，旅俄华工有约4万人陆续回到祖国，他们促进了马列主义在中国北方的广泛传播，在沟通共产国际帮助中共建党方面，起到了重要的桥梁作用。1920年前后，从开滦到俄国的华工3年期满，他们大部分回到了唐山，回到开滦煤矿继续做矿工。他们把在俄国的所见所闻讲给乡邻和工友听。他们讲俄国工人有组织的罢工斗争，讲十月革命，讲革命前后俄国工人生活的变化。

通过归国华工的介绍，开滦绝大多数工人知道了十月革命，知道了红色政权存在的意义。要想摆脱困苦的局面，必须推翻帝国主义的压迫，打倒军阀，建立人民自己的政府。华工已经亲身经历和看到了苏联的胜利，无产阶级专政的苏维埃政府让工人看到了中国的新出路，只要团结起来，积极斗争，总会实现自身的解放。归国华工对国外工人运动和十月革命的宣传，使开滦矿工深受鼓舞，激发了高昂的斗争热情。

三、开滦工人接受马克思主义理论教育的路径

1919年五四运动之后，中国工人阶级第一次以独立政治力量登上历史舞台，更多有觉悟的知识分子开始加入到工人队伍之中，对工人群体进行马克思主义的宣传和教育，通过报刊宣传、建立工人学校、创办工会等形式推动开展工人运动，为工人阶级意识觉醒奠定了思想基础，同时也为中国共产党的创建奠定了坚实的阶级基础。

（一）马克思恩格斯关于对工人阶级进行思想理论教育的论述

马克思在《〈黑格尔法哲学批判〉导言》中说过："理论在一个国家实现的程度，决定于理论满足这个国家需要的程度。"[①] 英国的工业革命带动了世界面貌的变革。机器大生产催生了工厂制度建立，新生的工人阶级失去了与农村和手工业的天然联系，只能出卖劳动力维持生存。在利润第一的工厂制度下，工人变成了机器的简单附属品，劳动的主动性、创造性逐渐缺失，使得劳动开始"异化"，甚至大量的妇女和儿童也卷进劳动力市场。为了改善生活待遇，工人阶级被迫起来斗争。但初期的罢工工人觉悟很低，除单纯地指向

①《马克思恩格斯选集》第1卷，北京：人民出版社，2012年，第11页。

机器外，没有认识到资本主义制度本身的缺陷。因此，特定环境中人们对理论的渴望，用科学的革命理论指导各国工人组织，已成为历史发展的迫切需要，对工人阶级进行马克思主义理论的教育正是适应了时代的要求。马克思、恩格斯在工业化的大背景下开始思考工人阶级的命运与出路，用科学方法说明了资本主义制度内在的基本矛盾，指出了全部人类历史是阶级斗争的历史，尤其说明了无产阶级解放的路径和动力。

“批判的武器当然不能代替武器的批判，物质力量只能用物质力量来摧毁；但是理论一经掌握群众，也会变成物质力量。理论只要说服人，就能掌握群众；而理论只要彻底，就能说服人。”① 理论要与实践相结合，主体“人”是桥梁，教育的作用尤为突出。作为时代精神的精华——科学社会主义，是马克思恩格斯向工人阶级提供的最好理论。社会主义从空想到科学的发展历程，需要有知识的积极分子把科学的、革命的意识传播到工人群体中去。工人阶级接受理论教育的程度也将决定工人阶级的未来，“不管怎样，最先进的工人完全了解，他们阶级的未来，从而也是人类的未来，完全取决于正在成长的工人一代的教育”。② 马克思和恩格斯从科学的哲学世界观出发，经系统分析经济要素在社会发展过程中的作用，把创建科学社会主义理论作为自身理论的立足点，争取无产阶级拥护这一理论信念，所以必须对广大工人群众进行科学社会主义理论的宣传教育。

1840 年 2 月 7 日，德意志工人教育协会在英国伦敦成立，后通称“伦敦德意志工人共产主义教育协会”。作为德意志工人团体和团结工人的统一战线，该协会最终发展成为国际性的工人组织，注重对工人加强理论教育，宣传共产主义。1848 年 2 月，在协会成立八周年纪念活动时，亨·鲍威尔说道：“无产阶级的多数只有受到教育和团结一致，胜利才肯定属于我们。”③1850 年至 1851 年，马克思在协会举办的政治经济学讲习班中，还曾通俗地向英国工人讲授《资本论》的理论知识；1846 年初，马克思和恩格斯在布鲁塞尔创办了“共产主义通讯委员会”，团结教育先进工人群体，广泛开展科学社会主义

①《马克思恩格斯选集》第 1 卷，北京：人民出版社，2012 年，第 9 页。
②《马克思恩格斯全集》第 16 卷，北京：人民出版社，1964 年，第 217 页。
③《国际共产主义运动历史文献》第 2 卷，北京：中央编译出版社，2011 年，第 255 页。

的宣传教育活动。1864年第一国际成立，推动了各国工人运动的发展，促进了马克思主义在工人群众中广泛传播。

在整个欧洲无产阶级意识觉醒时期，各国社会主义工人党相继建立，作为思想理论宣传的重要媒介——报刊，成了对工人阶级进行思想理论教育的重要途径。马克思、恩格斯非常注重本国和其他国家工人组织创办的报刊，从办刊的宗旨、原则、主题设计上都给予了积极的指导，如《德意志－布鲁塞尔报》《北极星报》《改革报》《新莱茵报》《政治经济评论》等等，这些报刊都成了当时传播科学社会主义的主渠道。恩格斯曾说："工人阶级有觉悟的组织迅速发展的最好证明，就是他的定期报刊的数量不断增加。"① 在加强工人阶级思想教育的问题上，马克思恩格斯注重从实践出发，依据实际情况采取教育策略，还强调教育者一定要先受教育，内因才是事物发展的根本动力。

19世纪90年代始，俄国社会民主主义运动出现萌芽。1895年，列宁组织成立"彼得堡工人阶级解放斗争协会"，开始把马克思主义和工人运动相结合，为俄国无产阶级政党的成立奠定基础。协会成立后，工人组织员开始和各工厂建立广泛联系，在工人群众中广泛开展马克思主义、社会主义的宣传教育，革命的知识分子也参与其中，鼓励工人要在争取经济利益的经济斗争的同时，与反对沙皇专制制度和资本主义的政治斗争联系起来。虽然《工人事业报》未能出版，但为后期的《工人思想报》的发行铺垫了道路。报刊成了当时工人表达愿望和诉求的主要阵地，它们帮助成立工人组织，推动工人运动发展。1900年，列宁创建《火星报》，这份报纸引领工人运动走向历史的前台，开始成为运动的有力发声地。1917年，十月革命爆发，开辟了世界无产阶级社会主义革命的新时代，社会主义第一次从理论变为现实。列宁指出："社会主义者的学说不同工人斗争相结合，就只是一种空想，一种善良的愿望，对实际生活不会发生影响；而工人运动则只会陷于零散状态，不会有政治意义，也不会得到当时先进科学的指导。"② 马克思列宁主义同工人运动相结合，也启发了李大钊、陈独秀等苦苦寻求挽救民族危亡的中国先进知识分子，促使他们关注和思考俄国十月革命为世界带来的新变化。

---

①《马克思恩格斯全集》第19卷，北京：人民出版社，1963年，第139页。

②《列宁全集》第4卷，北京：人民出版社，1984年，第213页。

（二）十月革命之后马克思主义在开滦工人群体中的传播

工人阶级要摆脱封建制度和官僚资本束缚，日益需要科学的理论为指导，逐步上升为“自为阶级”。毛泽东曾说：“十月革命一声炮响，给我们送来了马克思列宁主义。”① 苏维埃政权紧紧依靠工农大众，建立了工农民主专政的新政权，开辟了人类历史的新纪元，这对于处在救亡图存道路上的中国人民产生了特殊的吸引力。1919 年，陈独秀在《每周评论》第 18 期上发表《二十世纪俄罗斯的革命》，高度评价十月革命，认为十月革命是“人类社会变动和进化的大关键”。中国的五四运动，正是在俄国十月革命影响下发生的。十月革命的胜利，使正处于迷茫之中的中国先进知识分子看到了拯救民族危亡的新希望，他们从五四运动中认识到工人阶级的伟大力量，出现了以李大钊为代表的第一批马克思主义者。20 世纪 20 年代，中国的知识分子有意向地开始赴苏留学，如罗亦农、刘少奇、任弼时等，这对于之后马克思主义在中国的广泛传播起了巨大的促进作用。

唐山是中国北方的重要工业区，聚集着几万产业工人，又有早期煤矿工人斗争的基础，因此倍受李大钊等北京革命知识分子的关注，很快成为他们传播马克思主义、组织开展工人运动的重要基地。1920 年 3 月，李大钊在北京大学团结一批具有初步共产主义思想的知识分子，成立北京大学马克思学说研究会，并陆续派遣研究会的主要成员罗章龙、张国焘、邓中夏、何孟雄、朱务善、高君宇、张太雷、李树彝、谌小岑等到唐山，了解开滦煤矿工人状况，传播马克思主义，开展工人运动。

（三）开滦工人接受马克思主义教育的方式

中国共产党是工人阶级的先锋队，其初心和使命来自建立在科学理性基础之上的马克思主义的理论武装。“共产党一分钟也不忽略教育工人尽可能明确地意识到资产阶级和无产阶级的敌对的对立。”② 就工人接受马克思主义理论的教育而言，还是要以启发工人的阶级意识为目的，为进行社会革命打下基础。

1. 启发工人觉悟——创建报刊

中国共产党一诞生，就非常重视工人报刊出版工作。当时各个共产党早期

① 《毛泽东选集》第四卷，北京：人民出版社，1991 年，第 1395 页。

② 《马克思恩格斯选集》第 1 卷，北京：人民出版社，2012 年，第 434 页。

组织和后来党所领导下的工会组织大都创办了专门向工人进行宣传的报刊，大大启发了工人阶级的政治觉悟，如《劳动界》《劳动音》《劳动者》《劳动周刊》《工人周刊》《劳工周刊》等，宣传马克思主义和国际国内的工人运动，帮助工人建立革命的工会组织，并指导工人阶级进行经济的、政治的各种革命斗争。

以开滦煤矿为代表，唐山是近代工业的摇篮，中共北京区委根据中央扩大会议精神，确定唐山为开展北方工人运动的重点城市之一，并先后不断派出干部来唐山开展工作。唐山的工人运动的起点是以京奉路唐山机车车辆厂（南厂）为先导，以开滦为重点开展起来的。五四运动之后，李大钊先后派出罗章龙、张国焘、邓中夏等近十位马克思学说研究会成员到唐山工作，进行工人生存状况调查。他们写出的《唐山劳动状况》发表在《新青年》第七卷第六期，真正达到了知识青年与工农相结合的目的。1921年12月，工运领袖邓培创建了唐山工人图书馆，团结和组织工人群众。在这期间，北京大学马克思学说研究会送来了《共产党宣言》《新青年》《每周评论》《共产党》等进步书刊供工人阅读思考，工人图书馆在当时成了工人进行马克思列宁主义宣传教育的基地。工人们在这个过程中也受到了阶级斗争的启蒙教育，冲破了思想的封闭状态，促进了革命意识的形成。

2. 提升工人素质——创办工人学校

北京作为政治中心，早在1919年，李大钊就提出要建立“一个工人组织的团体”①，多设“劳工补助教育机关”②，多写一些“使一般劳苦社会”③能够看得懂的文学作品，让工人了解中国与世界。

1922年4月，由林西机器厂工人孙家耕、赵玉亭、郭润航、朱金华等人发起在唐山开滦矿成立了工余补习社，这是开滦工运史上第一个对工人进行革命启蒙教育的群众组织，参加者均为井上技术工人。具有革命精神的知识分子们利用补习文化、学习技术的形式，帮助工人学习革命知识，团结工人中的积极分子。工人们经常讨论有关切身的各种问题，研究如何争取改善待遇。邓培通还过工人图书馆经常向工余补习社寄送党、团的宣传材料，该社

① 李大钊：《唐山煤厂的工人生活》，《每周评论》第21号，1919年3月9日。
② 李大钊：《劳动教育问题》，《晨报》，1919年2月14日。
③ 李大钊：《劳动教育问题》，《晨报》，1919年2月14日。

很快就成为团结教育工人的“俱乐部”。正当革命组织开始在矿区萌生之际，中国劳动组合书记部发来通告，要求开滦派工人代表参加即将召开的全国第一次劳动代表大会。唐山矿工人邓汝明代表开滦五矿工会参加了5月1日在广州举行的第一次“劳大”，这一前所未有的重大事件给开滦工人以极大的激励，参与革命的热情普遍高涨起来。

1922年6月初，工人图书馆中的开滦工人骨干建立起唐山矿工人夜校“大同社”，办社的宗旨和内容都与工人图书馆相同，由李昂（中国劳动组合书记部派来的干部）来讲解全国工运形势和革命道理。同时，大同社也组织工人阅读党的书刊，如《新青年》《劳动周刊》等。大同社虽然只存在了3个多月，但它依旧是早期教育团结开滦工人的学校，成了开滦工人党、团组织诞生的摇篮。从此，党的组织开始在开滦矿工中发展。1922年7月，邓培还创办了铁路工人补习夜校，附属于唐山工人图书馆。参加夜校学习的青年工人达百余人。邓培派共产党员阮章担任教员，李树彝和唐山大学的进步学生也在夜校讲过课，不仅帮助工人学习文化知识，还进行革命思想教育，《工人周刊》和《先驱》是夜校常用的教材，每天晚上讲解两小时。夜校里开设英语课、制图课、算术课和社会学识课，讨论过许多问题，如劳工神圣、工人斗争、工会组织等等，阮章经常逐段逐句给夜校工人讲解《新青年》杂志上的文章。

3. 创建工人家园——成立现代工会

五四运动之后，旧式行会、帮口已经不能适应工人阶级斗争发展需要，在共产党的引导下，现代工会应运而生，通过对工人进行阶级教育、发展党员等方式传播马克思主义思想。

为促进工人运动进一步发展，1920年12月，张国焘到唐山，与邓培等人讨论决定在基础较好的京奉铁路唐山制造厂建立工会组织。1921年1月，邓培对五四运动中成立的京奉铁路唐山制造厂职工同人联合会进行改组和整顿，严格规章，将其转变为谋求工人利益的工人群众组织，后改称京奉铁路机务处职工会，也称京奉铁路唐山制造厂工会。2月，工会成立大会秘密召开，选举邓培、陈文海、王麟书等9人为委员。工会的建立，标志着唐山工人阶级在马克思主义影响和教育下，开始步入有组织地开展斗争的新阶段。

第三章　1922 年开滦五矿大罢工始末考

与五四运动之前的历次工人运动相比较，1922 年发生的工人运动具有极强的组织性。工人组织不仅有党和中国劳动组合书记部的双重领导，而且整个过程都成立了领导机构，有组织、有计划地进行。罢工中，工人自觉坚持总工会的领导，没有总工会的命令绝不复工。在党的领导下，中国工人运动已经从过去注重经济利益转向追求政治权利，从过去个别厂矿企业工人罢工发展成了同行业乃至全国性的政治运动。开滦煤矿大罢工不仅要求改善待遇，而且明确提出了承认工人俱乐部等政治权利。

第一节　国内环境中的罢工高潮

一、国内罢工状况分析

1921 年，中国共产党成立，工人运动有了强有力的组织领导。在中国共产党领导下，中国工人运动有了新面貌，开始进入有意识、有组织的经济斗争和政治斗争的新阶段，并融入到中国反帝反封建的新民主主义革命的潮流之中。在这里，特别指出的是，党的二大通过的《关于“工会运动与共产党”的议决案》，要求各地党组织集中力量组织产业工人工会，工会应为改善工人的生活和劳动条件而努力，领导工人开展政治斗争。因此，中国共产党效仿俄国十月革命的模式，尝试走以城市为中心的革命发展道路，掀起了一次又一次工人运动的高潮，在中国大地上再次点燃了一场席卷全国的反帝爱国运动，创造了历时 16 个月的省港大罢工的奇迹，在大革命高潮中，汉口九江工人收回了英租界，上海工人配合北伐军的第三次武装起义取得了胜利。

党的二大以后，工人运动持续高涨。在此期间，工人的罢工从为增加工资、改善待遇而进行的经济斗争，发展到主要是为争自由、争民主权利，反对帝国主义、反对封建军阀而进行的政治斗争，组织程度明显提高，出现了地方总工会和产业总工会，工人阶级日益成长为具有全国影响的重要政治力量。

1922 年 8 月，直系军阀控制下的北京政府宣称要重开国会，制定宪法。党利用这个机会，由中国劳动组合书记部提出《劳动法大纲》，要求国会通过，并且动员全国工人广泛开展劳动立法运动。中国劳动组合书记部提出的《劳动法大纲》，包括劳动立法的四项原则（即保护工人政治上的自由，改良经济生活，参加劳动管理，对工人实行劳动补习教育）和《劳动法大纲》19 条（主要内容有：承认劳动者有集会结社、同盟罢工、缔结团体契约等权利，实行八小时工作制，保护女工、童工，保障劳动者的最低工资等）。《劳动法大纲》得到各地工人的热烈拥护。这次劳动立法运动，对推动工人运动的继续高涨起了重要的作用。

在这段时间里，中国劳动组合书记部除继续帮助各厂矿企业的工人组织工会外，还开始着手组织地方总工会和产业总工会。首先成立的地方总工会是武汉工团联合会，不久扩展为湖北全省工团联合会，它由 28 个工会组成，共有 3 万多名会员。随后成立的湖南省工团联合会由 14 个工会组成，会员 4 万人。汉冶萍总工会是当时最大的产业总工会，由汉冶萍公司所辖汉阳、大冶、安源各个厂矿企业的工会组成，有会员 3 万多人。在风起云涌的罢工斗争中，安源路矿工人大罢工产生了重大影响。安源路矿是江西萍乡的安源煤矿和由湖南株洲到萍乡安源的株萍铁路的合称。该企业是德国、日本资本控制的汉冶萍公司的一部分，共有工人 1.7 万人。工人们深受帝国主义和封建主义的残酷剥削与压迫，劳动条件差，生活非常困苦。

到了 1922 年下半年，罢工高潮在全国各地普遍兴起。以中国劳动组合书记部总部（1922 年 8 月从上海迁到北京，主任为邓中夏）和各地分部所在地为中心，形成几个罢工重点地区。其中，北方区、武汉区和湖南区的工人运动发展迅速，成绩比较显著。北方区的工人运动，特别是铁路工人的罢工斗争发展很快。第一次直奉战争后，直系军阀吴佩孚控制北京政府，原来的交通系内阁倒台。吴佩孚为了笼络工人，标榜“保护劳工”。党组织利用这个机会，选派党员担任稽查员，以此为掩护开展工人运动，积极斗争。此后，罢工风暴很快席卷北方各条铁路线。其中，京汉路长辛店工人罢工，京奉路山海关铁厂和唐山制造厂工人罢工，京绥路车务工人罢工，正太路工人罢工，都取得了部分胜利。

（一）京汉路长辛店铁路工人罢工

1922 年 8 月 24 日，京汉铁路（今京广铁路北段）长辛店（今属北京市）3000 余名工人，在共产党人邓中夏等领导下举行罢工。长辛店是北方最大的工厂区之一，由于工人长期受到盘剥，故工人向路局提出开除总管、工头，承认工人俱乐部有推荐工人的权利，增加工资等要求。军阀政府派军警强迫工人复工，工人组织纠察队同军警展开斗争。罢工坚持 2 天，使南北交通断绝，路局被迫全部接受工人的条件，罢工取得胜利。

6 月间，长辛店工人俱乐部向路局提出开除总管、工头，承认俱乐部有人事推荐权和增加工资等要求，但迟迟得不到答复。8 月 23 日，中国劳动组合书记部书记邓中夏从北京来到长辛店，召集工人代表开会，决定罢工。24 日罢工开始。3000 多工人手持写着“不得食不如死”“打破资本专制”等口号的白旗，在娘娘宫举行誓师大会。曹锟派兵镇压，强迫工人复工。工人不肯退让。郑州铁路工人此时发动声援罢工，使京汉铁路南北交通完全中断。京绥、京奉、正太等线铁路工人也纷纷声援长辛店铁路工人的罢工，并表示如 3 日内不答应罢工工人的要求，各路即开始总罢工。罢工坚持两天，26 日，路局被迫与工人代表谈判，答应了除工人参与路局人事权以外的全部条件。26 日，工人正式复工。

（二）山海关铁厂工人罢工

山海关铁厂工人大罢工，是中国共产党领导的东北地区规模较大的一次工人罢工。

中国劳动组合书记部成立后，北方分部副主任王尽美在山海关组织成立山海关京奉铁路工友俱乐部，开展工作。因该厂总管赵壁为非作歹，欺压工人，工人俱乐部决定发动罢工。1922 年 8 月，杨宝昆、佟惠亭等 15 名工人，联合控告赵壁，遭到报复，佟被开除。10 月 14 日，1100 多名工人，高呼“打倒日本帝国主义”“劳工神圣”等口号，开始罢工，列队游行，散发传单。之后在王尽美领导下，罢工工人卧轨截车，抗议京奉铁路当局。在工人们的坚决斗争下，铁路当局答应工人们的要求，此次罢工产生巨大影响。

（三）唐山制造厂工人罢工

1921年冬，中共北京地委曾制定唐山地区同盟罢工计划，准备在1922年秋，发动唐山、丰润、滦县、滦南和秦皇岛等5个地方的铁路、矿山和工厂的工人，举行一次大规模的罢工。斗争对象是英帝国主义、官僚资本家及交通系的反动势力。1922年9月，在领导长辛店工人罢工斗争胜利后，中国劳动组合书记部北方分部主任罗章龙，带领长辛店工人俱乐部代表一起到唐山，研究制造厂罢工问题。9月13日，邓培代表职工会向厂方和京奉铁路局提出改善生活待遇的五项基本要求。工人们团结一致，坚持斗争，厂方被迫于9月底贴出布告，对工人提出的要求作出部分允诺。但广大工人对此答复并不满意，再次提出包括工会的地位和权利、工人住房、对伤亡工友的抚恤、取消包工制和罢工期间工资照发等六项条件，可是厂方却推给京奉铁路局，迟迟不予答复。10月1日，罗章龙、王尽美、邓培3人组成最高党团，负责领导唐山和山海关两地工人的罢工斗争。根据各厂矿准备工作的情况，决定首先在山海关发动铁路工人罢工，随即发动唐山制造厂工人罢工，形成京奉全路大罢工，再以此带动开滦五矿同盟大罢工及唐山其他工厂的罢工。

处在上下、内外压力之中的厂方和京奉铁路局在无计可施的情况下，不得不同工人进行谈判。厂方和京奉铁路局被迫让步，答应了工人提出的部分条件：释放罗占先代表、增加工资、改善待遇、废除大包工制度、不准无故开除工人、罢工期间工人工资照发。但对于承认工会和开除工人须经工会同意两条，未作答复。中国劳动组合书记部北方分部和中共唐山地委考虑到罢工的目的基本达到，同意复工。10月20日，罢工委员会和厂方代表签订了复工协议，为时8天的唐山制造厂工人罢工取得胜利。

（四）京绥路车务工人罢工

1922年秋，受第一次直奉战争的影响，京绥铁路车务工人有半年多时间没领到薪水。10月，震撼全国的京绥铁路车务工人大罢工轰轰烈烈展开了，60多个车站，1500多名车务工人为索取欠薪举行全线大罢工，迫使北洋政府与工人代表谈判，为工人争取了权益，这次大罢工锻炼和培养了一批优秀的工人运动骨干。这次工人大罢工维护了民族的尊严，给帝国主义、反动军阀和铁路当局以猛烈地打击。罢工的胜利，使中国共产党和中国劳动组合书记部在张家口以及京绥铁路工人中的威信提高，工人群众的政治觉悟革命热情大为高涨。

二、诱发国内罢工高潮的因素

（一）改善恶劣的生存和劳动条件的急切性

随着近代中国工业的发展，中外资本家为了从工人身上榨取更多的剩余价值，都会把延长工作时间作为主要手段，因为当时中国工业技术手段同西方国家相比是比较落后的，手工操作占据大部分比例，工人劳动强度大，以提升劳动效率为剩余价值目标的话，当时的中国工业状况还达不到。所以，中国工人的劳动时间特别长，经济地位、政治地位都处于社会的最底层。19世纪末20世纪初，经历了世界工人运动斗争之后，当时主要资本主义国家的工人，已经普遍实行了8小时工作制或10小时工作制。但是，同期中国工人平均每天的工作时间为12～14小时。1904年山东中兴煤矿的情况是“每一层矿井，有工人200人，每班工人停在井下24小时”。[①]上海织布厂没有夜班，白天劳动时间为14～16小时。天津23个纺织厂平均劳动时长达11小时55分，其中有一个厂的劳动时间为15小时，另两个厂的劳动时间为14小时。[②]煤矿工人的劳动状况更加特殊，在特殊的劳动环境下，以1918至1919年为例，开滦煤矿工人每年劳动日竟高达354～355天[③]，终年不停工，无星期礼拜之说。

除劳动时间繁长的工作日外，中国工人的工资状况也不容乐观。主要原因是克扣繁多和层层盘剥。工人的工资经过大小工头和形形色色的中间人的克扣盘剥之后，最后能到手的工资少之又少。加之物价上涨，工人的生

① 汪敬虞：《中国近代工业史资料》第二辑，北京：中国社会科学出版社，1957年，第1201页。

② 刘明逵：《中国工人阶级历史状况》，北京：中共中央党校出版社，1985年，第232页。

③ 刘明逵：《中国工人阶级历史状况》，北京：中共中央党校出版社，1985年，第232页。

活十分悲惨。如1912—1919年，上海、天津、广州三大城市，工资共增加5%～30%，而生活必需品价格却上涨了33%～59%。[①]

华北批发物价指数表（民国七年至十二年）

时间	农产品	各项指数						总指数	银元购买力较1926年增减
		食物	布蛋及其他原料	金属	建筑材料	燃料	杂项		
七年	65.63	67.43	96.64	158.54	87.17	74.63	75.99	82.17	+21.70
八年	62.44	66.00	107.06	111.05	86.78	75.71	77.88	81.00	+23.46
九年	79.42	83.40	104.33	133.61	81.88	75.71	83.17	89.48	+11.76
十年	78.70	82.23	99.78	124.61	88.80	78.75	83.29	88.91	+12.47
十一年	77.53	80.34	99.33	97.05	90.10	78.47	85.50	86.58	+15.50

（表格来源：王清彬、王树勋等《第一次中国劳动年鉴》145页）

开滦煤矿每日工资表（民国十二年份）

<table>
<tr><th colspan="2">工人名目</th><th>每日工资</th><th colspan="2">工人名目</th><th>每日工资</th></tr>
<tr><td rowspan="7">矿上</td><td>装机匠，铁匠，汽锅匠，水手，头目等</td><td>0.5～2.00</td><td rowspan="7">井下包工</td><td>监工</td><td>0.63～1.20</td></tr>
<tr><td>木匠</td><td>0.40～1.00</td><td>装机匠，水手，木匠等</td><td>0.44～0.83</td></tr>
<tr><td>泥瓦匠</td><td>0.38～0.55</td><td>骡夫及马夫</td><td>0.38～0.42</td></tr>
<tr><td>机关车手</td><td>0.55～1.00</td><td>小工</td><td>0.27～0.37</td></tr>
<tr><td>机关车火夫</td><td>0.33～0.40</td><td>挖煤与开石</td><td>0.36～0.50</td></tr>
<tr><td>开绞轮机者</td><td>0.55～1.00</td><td>小工</td><td>0.32～0.36</td></tr>
<tr><td>小工</td><td>0.27～0.32</td><td></td><td></td></tr>
</table>

（表格来源：王清彬、王树勋等《第一次中国劳动年鉴》278页）

工人的劳动条件和工作环境也十分恶劣，例如在纺织工厂中，“灰尘与原棉之纤维，亦时飞散空中，有时温度过高，灰尘四处飞扬，殊为不合卫生”。[②]采煤工人的劳动条件比工厂还要差，“夹杂着煤气、水气、硫磺气和种种重浊的臭气”。[③]矿工们不仅从事极艰苦的劳动，而且随时都可能遭遇瓦斯爆炸等灾害性事故。正如开滦矿工创作的民歌《住锅伙》中唱的那样：“工人住锅伙

① 高爱娣：《中国工人运动史》，北京：中国劳动社会保障出版社，2008年，第38页。

② 王清彬、王树勋、林颂河、樊弘：《第一次中国劳动年鉴》第一编，北京：北平社会调查部，1928年，第566页。

③《唐山劳动状况（二）》，《新青年》第7卷第6号，1920年5月1日。

哎，实呀实在难，没有窗户破呀破门帘，四面都漏风，仰脸能看天，夏天里不挡雨冬天不挡寒……一天三遍吃的橡子面，吃到嘴里边，打呀打转转，又发那又苦难往肚里咽。”[①]

（二）工人阶级具有革命性的基础

十月革命的胜利，使满腔热血的中国先进知识分子开始学习苏俄的革命经验，为处于深重苦难中的中国找到了指路明灯。中国工人阶级作为中国新兴生产力的代表，和以自然经济为基础的农民阶级、软弱的民族资产阶级相比，在大工业生产中养成了组织性和纪律性，是近代中国社会最进步、革命性最坚决的阶级，必然成为中国革命的领导力量。中国工人阶级要完成自己的历史使命，需要代表本阶级利益的政党。有了这个核心力量，中国工人阶级才能充分发挥力量，自觉克服自身的缺点，认识到本阶级的历史使命，团结一切可能团结的力量，取得最后的胜利。而中国共产党成立之初的中心任务就是组织和领导工人运动，所以工人阶级的历史主动性与中国共产党的先进性具有历史的一致性。

中国工人阶级的斗争，从一开始就将斗争锋芒指向帝国主义，具有鲜明的反帝爱国斗争的特点。在中国近现代历史上具有重要影响的工人运动，都紧紧围绕着反帝爱国斗争而展开。例如1916年，天津工人为了反对法国扩大租界，抢占老西开举行的同盟罢工；五四运动中，上海工人为了声援学生的反帝爱国运动而举行了“六三”大罢工；日本资本家枪杀中国工人顾正红，引发了五卅运动，以群众革命的方法打击帝国主义在中国的势力，掀起了全国的反帝爱国运动的高潮；等等。

（三）中国革命运动发展的客观要求

从1840年开始，中国人民进行了一系列反对外国资本主义——帝国主义和本国封建统治的不屈不挠的斗争。[②]中国共产党能够学习和参考的最有代表性的就是苏俄领导的工人运动、建立无产阶级专政等一系列革命实践活动。从共产国际一大到四大，均提及世界范围内的工人运动模式，根据1920年

---

① 李耀然：《河北开滦煤矿音乐研究》，石家庄：河北师范大学硕士论文，2010年。

② 中共中央党史研究室：《中国共产党的九十年（新民主主义革命时期）》，北京：中共党史出版社，2016年，第3页。

《维经斯基给俄共（布）中央西伯利亚局东方民族处的信》《关于俄共（布）中央西伯利亚局东方民族处的机构和工作问题给共产国际执委会的报告》等文件，以及远东各民族代表大会的文件可以看出，共产国际代表的工作方针首先是加速发展中国共产党和中国共产主义运动，通过印刷书籍、传单等方式希望建立起党同工人、士兵和青年学生的联系，使中国共产主义运动取得较快的发展。[①]这样，中国共产党与工人结合的必然性也从中国革命运动发展态势中能够体现出来。

第二节　党领导下的早期工人运动状况

一、陈独秀与中国共产党创立前后的工人运动

陈独秀作为中国共产党的早期领导人，直接或间接地领导了一系列的工人运动。他以马克思主义的立场和观点分析了中国的工人阶级，向工人传播革命思想；创办工人刊物，书写理论篇章以提高工人阶级的觉悟；组织工会以提升工人运动的实效性，为中国共产党的建立奠定了阶级基础。陈独秀躬亲革命实践，指导工人运动，从理论到实践，都为工人运动作出了重要贡献。

（一）意识形态先行，传播革命理论

十月革命，使中国的先进知识分子看到了苏维埃政权的先进性。五四运动之后，陈独秀感受到了工人群体在群众运动中的重要作用，开始转变对待劳工大众的立场，注重发掘工人阶级内在的革命力量，甚至在《山东问题与国民觉悟》一文中，号召采取“平民征服政府”的办法，意味着陈独秀开始依靠无产阶级进行民主斗争。但是另一方面，由于中国的工人阶级产生时间较晚，思想觉悟也不高，力量相对弱小，要想将他们组织成为坚定的革命队伍，必须在思想上先行。

陈独秀领导工人运动采取了意识形态先行的方式，发表大量文章，传播

① 中共中央党史研究室第一研究部：《联共（布）、共产国际与中国国民革命运动（1920—1925）》，北京：北京图书馆出版社，1997年，第23～24页。

革命理论。陈独秀以《每周评论》为阵地，通过办专栏和专题以及发表文章等方式，向工人传递信息，唤醒他们的觉悟。1919 年 5 月 9 日，北大校长蔡元培辞职离京。5 月 11 日，陈独秀发表《对日外交的根本罪恶》一文，痛斥北洋政府对学生的暴行。5 月 18 日，又在《为山东问题敬告各方面》一文中呼吁："应该发挥民族自卫的精神，无论是学界、政客、商人、劳工、农夫、警察……都出来反对日本及亲日派才是"[①]，号召各界群体要联合起来，反对日本及亲日派的种种行为。1920 年 5 月 1 日，《新青年》第 7 卷第 6 号编辑"劳动节纪念号"，刊发"南陈北李"关于劳动者的重要文章《劳动者底觉悟》《五一运动史》，专门刊登工人运动、工人状况以及对北京、上海、唐山、长沙等各地工人状况调查等文章。陈独秀高度评价了工人阶级在社会中的重要地位，在《劳动者底觉悟》中，陈独秀用通俗的语言向工人解释"世界上只有做工的人最有用最贵重"，阐述劳动创造世界的宣言；在《上海厚生纱厂湖南女工问题》一文中，陈独秀还巧妙地运用马克思剩余价值学说来分析纱厂女工问题。除此之外，专号还全文刊登了《俄罗斯苏维埃联邦共和国劳动法典》和"苏俄第一次对华宣言"。这次的刊登，让更多民众开始了解苏维埃政府废弃沙皇政府在中国的一切特权和不平等条约，也表明陈独秀的目光开始转向苏俄。中国先进知识分子以庆祝纪念"五一"国际劳动节为契机，不仅使《新青年》成为宣传马克思主义理论的阵地，更使它成为推动马克思主义理论同中国工人运动相结合的阵地，为中国共产党的成立奠定了思想先声。

1920 年 8 月 15 日，陈独秀、李汉俊发起创办《劳动界》周刊，刊物内容丰富，设有国内和国外劳动界、诗歌、小说、读者投稿等专栏。文章都以生动的事例启发工人的觉悟，成了中共创办的第一份通俗工人读物。上海共产党发起组成立后，创办的机关刊物《共产党》月刊也重视工人运动，介绍世界其他国家共产党的组织与共产国际、工人运动以及社会革命等情况，对中国共产党的创建起了重要作用。1920 年 10 月 10 日，上海工商友谊会创办《伙友》周刊，陈独秀还为该刊写了发刊词。刊物以店员工人为主要读者对象，设置调查、通讯、讨论、评论、闲谈、随感等栏目，这些内容深入浅出，通

① 陈独秀著，任建树主编：《陈独秀著作选编》第 2 卷，上海：上海人民出版社，2009 年，第 98 ～ 99 页。

俗易懂，很受工人的欢迎。

（二）创建现代工会，重视工人教育

通过宣传引导，工人阶级初步意识到只有自我组织起来，成立工会，才能形成真正的战斗力量。但当时还没有工人自己的工会组织，旧工会往往被别有用心的人操纵着。在上海，五四运动后相继成立了中华工业协会、中华工界志成会、上海电器工界联合会等10多个团体。1920年4月，团体召开联席会议，讨论筹备五一节纪念活动，陈独秀此时呼吁："觉悟的工人呵！赶快另外自己联合起来，组织真的工人团体呵！"[①] 号召工人团结起来，以团体的力量进行斗争。

1920年5月，陈独秀在上海发起并成立了马克思主义研究会，培养积极分子有组织地展开工人运动。在陈独秀的指导下，1920年10月3日，上海机器工会筹备会在渔阳6号召开，大会通过了陈独秀和李中起草的《上海机器工会简章》，"这是在上海的共产党早期组织领导下建立的第一个工会组织"[②]，陈独秀到会并发表演说，孙中山、胡汉民、戴季陶等国民党人士也参加了这次大会。11月，上海机器工会成立，这是中共领导的第一个工会组织。该工会成立时，陈独秀到会演讲："希望这个工会到了明年今天，就有几千或几万的会员，建设一个大力量的工会。"[③]1921年上半年，仅在广州就成立30多个工会。

1921年，中国共产党成立，中共一大所作《中国共产党第一个决议》中有三个部分与发动工人运动和组织工会相关，其"本党的基本任务是成立产业工会，凡有一个以上产业部门的地方，均应组织工会"[④]，把工会作为工人运动的主要组织形式。除此之外，陈独秀非常重视对工人的教育，培养年轻

---

① 陈独秀著，任建树主编：《陈独秀著作选编》第2卷，上海：上海人民出版社，2009年，第245页。

② 中共中央党史研究室：《中国共产党历史》第一卷上册，北京：中共党史出版社，2002年，第65页。

③ 陈独秀著，任建树主编：《陈独秀著作选编》第2卷，上海：上海人民出版社，2009年，284页。

④ 中央档案馆编：《中共中央文件选集》第一册，北京：中共中央党校出版社，1989年，第6页。

的知识分子深入到工人群众中去，开办工人夜校，提升工人思想觉悟。在广州，1921年春，机器工人夜校创办，还成立了“机器工人夜校董事会”，谭平山任董事长。夜校的课程主要是让工人学文化，设置的课程较为丰富，但以基本知识为主。与此同时，还创办了“宣讲员养成所”，培养了几百名学员和骨干人才，这些学员有的还成了党员，推动了当时工人运动的发展。

（三）领导工人运动，探索革命道路

陈独秀注重培养青年骨干，带动并积极参与工人运动。1921年，陈独秀派李立三前往湖南从事工人运动，李立三在安源建立党支部，并组织安源工人运动。陈独秀还派李中（早期工人党员，毕业于湖南省立第一师范学校）到江南造船厂当钳工，以便发动工人组建工会。1920年11月21日上海机器工会成立，李中任大会主席，陈独秀为工会起草章程，这是第一个中国基层工会的章程。上海机工会从发起到成立的两个多月里，会员从数十人发展到370多人，曾出版刊物《机器工人》，它的成立标志着中国共产党早期组织在领导工人运动方面，已由宣传教育的阶段进入到有计划的组织阶段，曾参与发起上海追悼黄爱、庞人铨烈士大会，还与外地机器工人保持密切联系，促进建立工会组织。

1921年1月开始爆发的香港海员大罢工，代表着全国性的第一次工人运动高潮的到来。这次罢工最后港英当局同意了工人工资增加20%至30%的要求，香港海员大罢工取得了最终的胜利。这对全国工人是一个很大的鼓舞，罢工浪潮逐渐席卷全国。但是到1923年2月，京汉铁路2万多工人举行大罢工，这次罢工很快被镇压下去。在势单力薄的情形下，工人阶级难以独自承担反帝反封建的任务。二七惨案的惨重教训，使陈独秀认识到在强大的中外反动势力面前，工人阶级力量毕竟是有限的。目前的工人运动只是一种“浪漫的暴动，决不能达到革命之目的”。但是对待压迫者，他认为工人阶级虽然幼稚，但是它的力量“究竟比农民集中，比工人雄厚”[①]。所以，无产阶级要想取得革命成功不能孤军奋战，必须扩大群众基础，需要与其他力量合作。这就为陈独秀转向支持国共合作做好了思想准备。

① 陈独秀：《陈独秀文章选编（中）》，北京：生活·读书·新知三联书店，1984年，第368页。

1925 年 5 月 15 日，为抗议日商纱厂资本家撕毁与中国工人达成的协议，上海工人顾正红被日本资本家枪杀，广大工人反抗情绪高涨，成为五卅运动的直接导火线。16 日，中共中央发出第 32 号通告，决定“从 16 日起，全体罢工，以与日资本家奋斗，各地同志对于此事，应即号召工会，农会，学生会，以及各种社会团体一致援助”①。各地党组织也开始号召工会等社会团体，团结起来一致援助上海工人的罢工斗争。19 日，中共中央又发出第 33 号通告，决定在全国范围发动一场反日大运动，陈独秀为首的中共中央将五卅反帝爱国运动推向高潮。28 日，中共中央与上海地委召开联席会议，讨论并通过了《扩大反帝运动和组织“五卅”大示威》等决议。发生五卅惨案的当晚，中共中央召开紧急会议，成立行动委员会，“由陈独秀先生居中指挥”②。陈独秀重视五卅运动，为推进工人运动顺利进行，他经常在主席团会议、临时碰头会上发表意见，为党刊撰写文章，通过《向导》周刊发表署名文章，把握运动方向，并为运动总结经验教训。

五卅运动沉重打击了帝国主义，对中华民族的觉醒和国民革命运动的发展起了巨大的推动作用，大大提高了中国人民的觉悟，揭开了大革命高潮的序幕。

二、李大钊与北方早期工人运动及其组织

作为中国最早传播马克思主义的革命者——李大钊，在早稻田大学时研读过日本早期工人运动领袖幸德秋水的著作，特殊的学习环境和知识背景为李大钊了解和推进马克思主义的学说奠定了基础。1914 年，第一次世界大战爆发，世界在总体范围内进入了革命的时代。1917 年俄国十月革命胜利，这使已经回到北京的李大钊倍受布尔什维克主义鼓舞，深入研究“马尔格斯学说”，发表了一系列马克思主义的文章，宣传俄国革命的理论，注重提升无产阶级的思想觉悟，把马克思主义深深扎根于它的阶级基础之中，最先倡导知

① 中央档案馆编：《中共中央文件选集》第一册，北京：中共中央党校出版社，1989 年，第 416 页。

② 张国焘：《我的回忆》第 2 册，北京：东方出版社，1980 年，第 30 页。

识分子要与工人阶级结成共同体，引导工人运动逐渐走向自觉，对早期中国革命作出了巨大的贡献。

（一）理论先导

李大钊在求学阶段就十分注重群众的力量。1914 年，在《政治对抗力的养成》中写道："新势力维何？即群众势力，有如日中天之势，权威赫赫，无敢侮者。故法儒社会学者鲁彭氏，名今世曰'群众时代'。"[①] 这段论述可反映李大钊受到法国社会心理学家鲁彭氏"群众时代"的影响，对群众的看法发生了重要转变。1916 年，李大钊在《民彝与政治》中，又提出了"理"的思想，"理"即人民意愿的表现，是社会历史前进的原因，反对英雄史观，主张群众史观。当马克思主义观日益成熟后，他的群众史观思想便在唯物史观的基础上进一步发展，始终强调民众有自我解放的能力。

1918 年 7 月以后，李大钊以《俄法革命之比较观》《庶民的胜利》和《Bolshevism 的胜利》三篇文章为标志，突出强调了在无产阶级革命时代的背景下，人民群众是历史的核心的力量，是物质财富的真正创造者，无产阶级要想自己解放自己，必须要用物质的力量来摧毁。在当时，世界上很多国家都相继建立了无产阶级政党，在强有力的组织下，德、奥、匈相继爆发了无产阶级革命，人民群众和无产阶级力量在进一步壮大。中国无产阶级相对于西方国家来说产生较晚，但在严峻的社会危机之中，中国工人阶级掌握着最先进的生产力，有了科学的武装之后必将爆发出强大的革命力量。1918 年 11 月 15 日，李大钊在天安门前演讲会上，发表了著名的演说——《庶民的胜利》，紧接着又写下《布尔什维主义的胜利》，他指出十月革命开辟了人类历史的"新纪元"，中国人民苦难深重，劳工的战胜才是件伟大的功业；1919 年，《我的马克思主义观》和《再论问题与主义》两篇文章陆续以《新青年》为阵地发表，李大钊强调马克思主义理论是时代的精华，要用科学的世界观和方法论来分析现实问题，其中最重要的方法论就是要注重理论与实践相结合，不能用特定环境下出现的学说去解释一切历史，或者照搬照抄直接套用，而要把这种理论、主义和学说同我们中国的实际紧密地结合。

---

① 《李大钊全集》第四卷，北京：人民出版社，2013 年，第 188 页。

以五四运动为标志，中国工人阶级开始独立地走上了政治舞台，在中国共产党的领导下担负起了新民主主义革命和社会主义革命的伟大使命。因此，李大钊更加坚定了民众力量的无穷，对工人阶级充满了热烈的希望。工人阶级要摆脱封建制度和资产阶级的束缚，在它寻求阶级和民族解放的道路中，日益需要科学的理论（马克思主义理论）作为自身的思想武器，以上升为“自为阶级”；马克思主义理论来到中国后，更需要以物质载体（工人阶级）为依托，以显示其强大的现实力量。因此，李大钊对比当时中国的特殊国情，从苏维埃政权中看到了新的希望，这种“劳动人民的”“绝大多数的”的社会主义政权也可以成为中国选择的新道路，这时的李大钊开始用“无产阶级的宇宙观作为观察国家命运的工具，重新考虑自己的问题”①。在科学理论的指导下，早期工人运动成了中国共产党诞生的前奏曲。

（二）工人运动“意识自觉”的形成路径

毛泽东指出：“中国共产党的成立和劳动运动的真正开始是在一九二一年。”② 放眼国际视野中的中国工人运动，中国工人阶级有着鲜明的自身特点：集中于少数几个城市，生存状况复杂，革命性强，等等。由于具体的工作环境不同，同农民相比，他们思想觉悟比较高，组织性、纪律性和革命性非常强。中国共产党成立后，立即集中力量组织和领导工人运动。李大钊在特殊的社会背景下为工人阶级斗争指明了方向，要达到无产阶级专政，中国只能走社会主义革命道路；必须重视工人阶级文化教育，提高其思想觉悟和斗争意识。

1. 报刊宣传与工人阶级相结合

为了进一步提高工人的阶级思想觉悟，李大钊开始组织在五四运动中具有初步共产主义思想的知识分子与工人群体相结合，目的在于组织工人团体用科学的、革命的手段进行斗争。1920 年 3 月，北京大学马克思学说研究会成立，青年知识分子以研究会为学习平台，逐步成为共产主义者，并且积极响应李大钊所提出的号召，深入到工人群众中去，提升工人阶级的理论修养，为更好地开展工人运动作出了思想引导。当时，中国工人阶级总体上文化水平不高、技术水平偏低，他们不懂得政治上的需求，更不清楚国际大背景下，

①《毛泽东选集》第四卷，北京：人民出版社，1991 年，第 1471 页。

②《毛泽东选集》第二卷，北京：人民出版社，1991 年，第 658 页。

各国无产阶级运动发展状况。1920年5月1日，李大钊发表了《五一运动史》一文，向整个社会第一次全面地介绍了什么是无产者，什么是工人阶级运动。“五一”劳动节是工人的纪念日，各国工人阶级广泛联合起来，为争取自身解放不断英勇斗争，向全世界发出呐喊。李大钊号召中国工人阶级，要重新认识自己，了解革命的意义，充分发挥自身所拥有的巨大力量。使“五一运动”成为真正的“劳工阶级的运动”和“街市上的群众运动”①。同日，陈独秀发表《劳动者底觉悟》，启发工人觉悟，突出工人在社会中的重要地位。此后，工人群体中许多有影响的刊物，如上海的《星期评论》、南京的《少年世界》等都对工人阶级的状况进行了关注。仅《新青年》的“劳动节纪念号”就转载了当时大量有影响的文章，向全社会宣传工人阶级的地位和意义。

1922年5月1日，李大钊又发表《五一纪念日于现在中国劳动界的意义》一文，指出，五一是“工人站起来的日子，是工人扩张团结精进奋战的日子”②，并特别提出了“反对国际的军阀财阀的压迫”“八小时工作”“改善工人境遇”③等斗争口号，工人阶级要有自己的政治需求，与压迫者和剥削者坚决斗争，争取自己的解放。他的这些论述，高擎中国革命的红旗，为中国未来的革命指明了方向。

2. 开展工人阶级文化教育

要提升工人同胞的认识，中国工人阶级的教育刻不容缓，积贫积弱的国家，群众知识匮乏，非常有必要建立劳工补助教育机关。李大钊在《劳动教育问题》《唐山煤厂的工人生活》等文章中指出，中国存在着巨大的社会力量，工人、农民饱受帝国主义、封建势力的多重剥削和压迫，这些社会力量急需去发动和组织，建立无产阶级大联合。因此，他提出要建立“一个工人组织的团体”④，多设劳工“补助教育机关”⑤，多写一些工农大众能够看得懂的文学作品，了解中国与世界，培养工人阶级的积极性和主动性，这样，才

①《李大钊全集》第三卷，北京：人民出版社，2013年，第245页。
②《李大钊全集》第四卷，北京：人民出版社，2013年，第84页。
③《李大钊全集》第四卷，北京：人民出版社，2013年，第87～88页。
④ 李大钊：《唐山煤厂的工人生活》，《每周评论》第12号，1919年3月9日。
⑤ 李大钊：《劳动教育问题》，《晨报》，1919年2月14日。

会形成一个强大的社会力量。

1920 年 1 月，部分青年学生第一次分组到洋车工人住宅区去做调查。工人们贫困的生活现状，使青年学生受到极大触动，坚定了青年知识分子深入到工人群众中开展革命工作的决心。在李大钊领导下，北京共产党早期组织开始组织工会活动，活动对象是洋车工人和印刷工人。邓中夏按照李大钊的建议，在工人中重视宣传教育，实行了“工读互助”，工人群体也扩大到铁路工人。1920 年 3 月，北大“平民讲演团”开始以工人运动为工作主题，革命知识分子虚心向工人学习，用通俗的语言宣传革命道理。邓中夏等经过不懈的努力，开辟了长辛店这个北方工人运动的重要据点，使它成为“北方劳动届的一颗明星”。

自 1920 年下半年始，李大钊作为北京共产党早期组织的中心人物，一面与上海的陈独秀联络呼应，一面指导学生组织马克思主义学习会、发行以工人为对象的通俗刊物《劳动音》和开办劳动补习学校等。他在北京的名望很高，通过在马克思主义研究会上作讲演，或者指导学生们学习马克思主义学说，赢得了学生们的尊敬。而李大钊在北京的马克思主义研究和共产主义运动中的权威，却不仅因为他的声望，也因为他遇时而发的有关马克思主义的丰富知识而愈加巩固。这种情景，从曾经是北京共产党早期组织成员的朱务善的回忆中可见一斑。下面是一段有关李大钊在社会主义讨论会上担任评判员时的情景。

“记得评判员（即李大钊）用了河上肇所常用的譬喻来说明这一点（社会主义的必然性）：譬如雏鸡在孵化以前，尚在卵壳内部，及其孵化成熟后，雏鸡必破卵而出，此为必然之理。李大钊同志最后说：‘社会主义的’赞成派若是拿唯物史观的观点来解答这个问题，就会更具有说服力。……李大钊同志说话声音不大，又很沉静，表现出一种高度自信心与坚定性，最能吸引听众的注意，使人悦服。”①

3. 知识阶级与劳工阶级打成一片

知识分子“负有使命同自己从事体力劳动的工人兄弟在一个队伍里肩并肩

① 朱务善：《回忆北大马克思学说研究会》，前引《“一大”前后》（二）。此处所渭河上所举鸡蛋孵化小鸡的例子，原载河上《唯物史观研究》第一章，弘文堂书房，1921 年。

地在即将来临的革命中发挥巨大作用”。[①] 知识分子要真正到工人中去，必须放下架子，亲自与工人一起劳动。李大钊的这种“耕读作人”思想，在客观上推动了知识分子与工农的结合。1919 年 2 月，李大钊在《青年与农村》中首先提出了“知识分子与劳工阶级打成一气”的重要观点。中国的实际国情是工人农民数量庞大，可以成为革命的坚强“后盾”；知识分子数量虽小，却有丰富的知识储备，可以成为革命的“先驱”，理论本身不能在群众中自发传播，必须有知识分子的“灌输”才能架起桥梁，中国革命必然要走两者相结合的道路。这一任务也成了知识分子本身能否真正走上革命道路的重要标志。

长辛店劳动补习学校是知识分子与劳工相结合的产物，创办之始，就受到工人群体的拥护。李大钊动员积极分子来参加这项工作，还派去了“常驻教员”，同时，李大钊也兼任了教员。补习学校的课程灵活多样，从自然现象讲到社会常识，从大工业的产生讲到工人阶级的现实状况。用实际案例告诉工人为什么要团结、为什么组织工会、为什么建立自己的政党等，课程内容涉及人文、历史、法律等等，内容逐步深入和系统化。这所补习学校，是当时北京共产党早期组织在北方建立的最早的一所工人学校，培养了北方铁路工人运动的第一批骨干。通过这些骨干，逐步团结和凝聚了更多的工人，为成立工会和领导工人进一步开展斗争奠定了基础。

（三）北方工人运动的开展预示了全国工人运动高潮的到来

中共一大后，根据一大关于“加强工人运动”的决议，李大钊在这个时期倾注了大量精力领导了北方工人运动。在以李大钊为首的中共北方党组织领导下，长辛店工人俱乐部、京奉路唐山制造厂、山海关铁厂、京绥路车务工人同人会、开滦矿务局、正太路石家庄机器厂等工人群众相继举行了罢工斗争，特别是 1923 年的二七大罢工，这些斗争成为全国第一次工人运动高潮的重要组成部分，预示着工人运动意识的真正觉醒。

1. 工人运动前的准备

1921 年 7 月，《工人周刊》诞生，它是我国早期重要的工人刊物之一，作为劳动组合书记部的机关报，注重报道各地工人的生产生活以及阶级斗争

① 《致国际社会主义者大学生代表大会》，《马克思恩格斯全集》第 22 卷，北京：人民出版社，1995 年，第 487 页。

的状况，大量介绍国内外劳工消息，促进了工人阶级意识觉醒。报纸每出刊一期，工人都争相传阅。北洋军阀政府心存芥蒂，屡次禁止发行，但是由于《工人周刊》受到群众的衷心拥护，仍然继续出刊。这对于推动全国工人运动，特别是北方工人运动的发展，起到了重要作用。

长辛店《工人周刊》的成功创办，成了北方工人运动中的一颗明星，李大钊以及北京党组织以长辛店为例，鼓励和教育北方各地的工人。中国共产党成立以后，“北方各铁路开始都有了工会组织的萌芽”[①]，北京城内的工会和俱乐部数量也开始增多，如北京机器工业研究会、电气工会等。1922 年 1 月，湖南长沙华实公司第一纱厂工人举行罢工，黄爱、庞人铨两位同志牺牲，李大钊特意为《黄庞流血记》一书写了序文，在高度肯定两位同志牺牲意义的同时，也告诉更多无产者阶级斗争的意义。

1922 年 4 月，直奉战争爆发，李大钊由好友白坚武引荐，曾亲赴洛阳与吴佩孚会谈。在李大钊的积极争取下，“保护劳工”的口令最终发出，为各地工人争取到了更多的合法权利，在特殊的社会环境中能够有组织、有准备地训练提升工人阶级的战斗力。在一定意义上，李大钊是京汉、正太等铁路工人组织的创建者。他关注工人群体，由于他的积极领导，许多知识分子和有革命志向的青年广泛参与进来。在北方工人阶级中，铁路工人队伍逐渐壮大，并普遍地组织起来，为北方工人运动的进一步发展奠定了基础。

2. 李大钊领导下的反帝反军阀的罢工斗争

1922 年 7 月，中国共产党在上海召开了第二次代表大会，从中国的政治、经济实际情况出发，大会正式提出党的最低纲领和最高纲领。同时，在这次大会上，李大钊当选为党的中央委员。在开展各种宣传活动的同时，北方的同志们在李大钊的直接领导下，高举反帝反军阀的革命旗帜，工人的罢工运动风起云涌地发展起来了。李大钊回到北京后，在他的精心组织和策划下，北方工人运动走向了高潮。

1922 年 8 月，李大钊在上海、杭州参加了党中央全会，就统一战线工作问题，同孙中山进行了会谈。10 月开始，全国的罢工运动形势高涨——10

① 邓中夏：《中国职工运动简史（1919—1926）》，北京：人民出版社，1953 年，第 16 页。

月13日，唐山铁路工厂工人罢工；23日，震惊全国的开滦五矿大罢工爆发，三万余煤矿工人参加了罢工；28日，为了支持开滦煤矿罢工，唐山启新洋灰公司两万余人开展大罢工；12月25日，石家庄机器厂工人举行罢工。工人们团结起来，整个北方的铁路和矿山被罢工风暴所占领。尤其要强调，开滦五矿大罢工直接把矛头指向帝国主义，工人除经济要求外，又提出了要承认工会有代表工人之权等政治要求，这表明了工人运动正在日益走向成熟，虽然罢工最后被镇压，但是工人阶级的英勇和斗争的精神传遍了全国，被毛泽东同志赞誉为“他们特别能战斗”。

工人、农民是天然的同盟军，轰轰烈烈的工人运动在一定程度上也带动了农民的运动，李大钊也曾亲自领导北京郊区农民进行反对封建军阀的抗交菜捐的斗争。由于部署周密，加之铁路工人的支援，军阀最后接受了条件，宣布停止征收菜捐。这次农民斗争的胜利，农民心中有了党的威信，扩大了反帝反军阀的统一战线。同时，学生运动也不断高涨。1922年11月，北洋政府任命彭允彝为教育总长，李大钊通过北大学生会有组织地领导了“驱彭斗争”。1923年1月19日，北京千余学生向军阀“众议院”请愿，最后斗争发展成了以“打到军阀”“推翻军阀政府”为中心口号的广泛运动。

3. 二七风暴

1923年的京汉铁路工人大罢工，是中国早期工人运动第一次高潮的最后怒吼，李大钊是这次罢工的积极领导者之一。林祥谦、施洋的牺牲，代表着这次罢工走向了低谷。但是它显示了中国工人阶级最强大的革命性，为后来革命统一战线的建立准备了条件。二七惨案后，各铁路及各地工人举行声援罢工，外国侨胞也纷纷来电慰问，并热情赞扬中国工人阶级的斗争精神。李大钊发表《艰难的国运与雄健的国民》《吴佩孚压迫京汉劳工运动的原因》等文章，总结这次斗争失败的经验教训，激励人民继续战斗下去。李大钊一直强调“京汉路的流血，埋下了革命的种子，将来不久是要爆发的”[①]。李大钊高度赞扬流血牺牲者们的高贵革命精神品质，以“牺牲奋斗”为视角不断深化对工人阶级是中国革命先锋力量的认识，指出中国共产党人和革命的工人阶级应当负起历史使

① 《李大钊全集》第四卷，北京：人民出版社，2013年，第512页。

命，奋起成为先锋力量。1924 年 10 月，李大钊在《中国的内战与工人阶级》一文中，完整地论断出“中国工人团体、共产党同中国全体工人一道，应当成为反对国际帝国主义斗争中的先锋队”。[①] 二七惨案的经验教训，使无产阶级懂得了联合起来的重要性，团结一切可以团结的力量，才能成为革命中最有力的阶级。这句精辟论断也终被中国革命历史证明是完全正确的。

同时，李大钊也积极领导了二七惨案的善后救济工作，又在北京、上海、武汉等地发表了许多宣传唯物史观、社会主义的演说，继续同军阀作斗争，推动北方革命运动继续向前发展。

三、中国共产党在开滦开展工人运动的基础与准备

从 1922 年开滦党组织成立，到 1952 年开滦回到祖国经营，开滦党组织和党员要面对英美日等帝国主义、资本家、北洋政府、国民党、包工大柜等诸多反动势力，开滦党组织与国家命运同病相怜，与党的遭遇息息相关，在逆境中斗争，在发展中壮大。

（一）党组织创立的背景

中国共产党成立之时，全国产业工人总数仅 200 万，而唐山因煤矿、铁路制造、启新、华新等大型工厂，聚集了 5 万多产业工人，这么多工人，引起了党中央的注意。李大钊多次派人前来了解情况，向唐山产业工人宣传马克思主义，向外披露唐山地区工人的工作生活状况，帮助唐山地区成立党组织。1916 年有 600 多名矿工签订合同，赴俄煤矿工作，1920 年部分回国，这些工人在矿区宣传了马列主义，发挥了启蒙作用。早在 1920 年费思克撰写《惠工报告》时，就已经发现了党组织和党员活动的苗头。

中共一大确定的党的纲领第七条规定：“有五名党员的地方可建立地方委员会”，十三条规定“有党员五百名或五个地方委员会的，必须成立执行委会”。[②] 1922 年 7 月，中共二大党章规定：“各农村各工厂各铁路各矿山各兵

① 《李大钊全集》第五卷，北京：人民出版社，2013 年，第 42 页。
② 中央档案馆编：《中共中央文件选集》第一册，北京：中共中央党校出版社，1989 年，第 4 页。

营各学校等机关，凡有党员三人至五人均得成立一组，每组公推一人为组长，隶属地方支部（如无支部，归区执行委员会，无区执行委员会，则直接受中央委员会）。”①

《中国共产党历史》记载：“到1922年6月底，已发展和扩大了许多地方组织，计有：中共上海地方执行委员会（1921年11月成立）、中共湘区执行委员会（1922年5月成立）、中共广东区执行委员会（1922年夏成立）、中共北京地方委员会（1921年秋成立）、中共武汉（湖北）区执行委员会（1922年1月成立）。地方支部等基层组织主要有：安源煤矿支部、湖南第一师范学校支部、衡阳省立第三师范学校支部、湖南自修大学支部、长辛店机车厂支部、唐山制造厂支部、山东支部、郑州支部、徐州支部、铜山站支部、旅莫斯科支部、旅德支部、旅日党小组、四川党小组等。”

1922年4月，中共唐山地方委员会（简称唐山地委）建立，受中共北京地委领导。到了1922年7月，中共二大召开，关于组织建设，又有了新规定，实际上是用支部代替了原来的地方委员会，即现在的党总支或党委。这样一来，到了1922年8月，唐山地方委员会就按照中共二大的党章精神，中共唐山地委改建为中共唐山地方执行委员会（简称地执委），邓培任委员长（1925年2月后改称书记），隶属于中共北京区执委。对地方委员会进行了改组，变为唐山制造厂和开滦唐山矿党支部。唐山党组织根据二大制订的党章规定，统一领导唐山的工人运动。

（二）党组织成立后的工人运动状况

开滦党组织一经成立，就在当年的大罢工中展示了强大的力量。1922年8月，中国劳动组合书记部主任邓中夏专程来到唐山，视察开滦煤矿工人状况，报告全国工运发展形势，决定派人加强对开滦工人运动的组织和指导，并在开滦矿务局唐山矿成立党支部。随即，开滦矿务局成立工人联合会（即工会），在此基础上，又成立了五矿工人俱乐部，加强了工人之间的联络。此时，从国内环境来看，吴佩孚通过第一次直奉战争已取得北京政权，为了巩固政权，拉拢人心，发布要重开国会、恢复法统和保护劳工等四大政策。8月

① 中央档案馆编：《中共中央文件选集》第一册，北京：中共中央党校出版社，1989年，第93～94页。

16日，中国劳动组合书记部在提出了劳动立法四项原则和《劳动法大纲》（19条），要求政府承认劳动者有集会、结社、罢工的自由，有团体契约缔结权，实行8小时工作制，保护童工女工，享受劳动保险和受教育的权利，等等，号召全国工会发动工人开展劳动立法运动，并把唐山作为开展劳动立法运动的重点城市。因此，在9月3日，唐山劳动立法大同盟宣告成立，选出16人组成唐山劳动立法大同盟执行委员会，并通电全国各团体及国会，要求国会把《劳动法大纲》纳入宪法，付诸实施。这次运动最后虽然失败了，但它揭穿了军阀政府的政治骗局，同时由于劳动法的广泛宣传，使工人在斗争中有了明确的目标和纲领[①]。

为促成铁路、煤矿工人的联合大罢工，10月1日，罗章龙再次来唐山，与王尽美、邓培组成三人领导小组，统一领导唐山地区的工人运动，把北方工人运动推向高潮。经组织研究决定，山海关铁厂首先举行罢工，随后是唐山制造厂，最后再发动开滦五矿罢工。按照计划，10月4日，京奉路山海关铁厂1000多名工人举行罢工，要求增加工资，改善待遇。经过8天奋战。迫使资方答应大部分要求，并承认工人俱乐部为合法团体。这次罢工的胜利，直接推动了唐山制造厂和开滦煤矿的罢工斗争。

在1922年的开滦五矿大罢工的过程中，向资本家和赴京请愿的名单中，均有李星昌[②]和只奎元[③]的身影。能够看出，这些工人党员在工人中有一定的威信，党组织信任他们，他们也有担当精神，因为请愿有很高的风险。罢工结束之后，虽然资本家答应不追究罢工者的责任，但党组织及党员也不得不转入地下。李星昌继续坚持在矿里工作，只奎元离开了煤矿。

1924年1月，第一次国共合作开始，1925年发生的五卅运动，呈现出了大好反帝形势，中共北方区委决定以唐山开滦煤矿为重点，开展以成立工会

---

① 《开滦工人运动史》编审委员会编：《开滦工人运动史》，北京：新华出版社，1992年，第54～55页。

② 李星昌是唐山最早的中共党员之一（经邓培介绍入党），也是开滦矿区第一个党支部的负责人。1922年开滦五矿同盟大罢工的领导成员之一，是唐山工人运动的先驱人物。

③ 只奎元，开滦矿工，同李星昌一起经邓培介绍加入中国共产党，是组织开滦工人运动的积极分子。

为中心的工人运动。1925年6月，劳动组合书记部上海分部主任袁达时被派到唐山，组织工人运动，唐山地委成员赵玉良配合工作，开始筹建工会。杨春霖、刘全普、王江等先后入党，赵各庄矿也有了党组织。1925年8月18日，袁达时和赵玉良在赵各庄主持召开工会成立大会，2000多矿工出席会议，全国总工会、京奉铁路唐山代表及各界代表出席会议。资本家对工会组织极为恐惧，要求天津直隶陆军督办李景林镇压关闭工会。1925年9月，军警抓捕工人代表和工会主任赵玉良等。矿工虽与其开展斗争，但无奈力量对比悬殊，工会被查封3个月，直到冯玉祥的国民革命军打败李景林，工人代表才被释放出狱。1926年1月28日，马家沟正式成立五矿总工会。

这一时期，党员队伍不断扩大，并涌现了一些骨干，比如杨春霖，被组织调到玉田组织农民运动，还担任了京东农民革命军总司令，1927年玉田农民大暴动中，因斗争失败而牺牲。1926年入党的邢殿甲，成长非常快，后来担任唐山市委书记，为唐山和开滦党组织做过很多工作，在抗日战争中牺牲。

1926年初，中共唐山地委职工委员左智到马家沟矿、林西矿开展工作，建立组织、发展党员。到1927年四一二反革命政变之前，开滦建立了5个党支部，党员数量最多时达到过100多人。在党组织领导下，除了1922年罢工、1925年建立工会，还派人参加了1922、1925、1927年召开的一、二、四次全国劳工大会。

第三节　从馆藏档案看1922年开滦五矿大罢工的爆发

1922年，中国早期工人运动进入崭新阶段，受此影响，开滦矿务局亦爆发五矿同盟罢工。罢工期间，劳工组织与英国资本家围绕工资收入、工人权益等内容，展开了和平协商、武力威胁、局部冲突、代理谈判等斗争。在长达一个月的罢工期间，劳资双方都开辟了舆论战场，主动地运用媒体武器开展斗争，以图保护和实现自身的利益诉求。

一、罢工原因

开滦历史档案除去围绕内部煤炭生产销售及多种经营所产生的繁杂的内容外，也还原了1922年开滦五矿罢工的整个经过。从这次大罢工的资料中可以反映出煤矿工人同种种恶势力进行斗争的现实，还能反映出中国上层社会中官僚、政客、军阀和外国资本家之间错综复杂的相互关系。

（一）开滦煤矿工人革命基因的形成

1922年，开滦矿务局是当时中国规模最大的煤矿，矿工约3.5万人，共有唐山、赵各庄、林西、马家沟四个产煤矿井，年产量408万吨，还有一个唐家庄在建矿井。除了煤矿外，开滦矿务局还兼营洗选加工、煤炭运输、内部铁路、房产土地出租、建筑防火用砖、港口储运、金银矿等其他业务，每年利润近千万元。

1. 管理架构

最高领导机关为开平矿务公司和滦州矿务公司组成的开滦矿务局，实际上，开滦矿务局只负责日常生产经营管理，重大决策听命于伦敦开平公司。开滦矿务局有总理等领导人员，设置相应的职能部门。矿区设唐山总矿师，负责唐山五矿日常工作，每个矿有各自的矿师，下面设相应的管理机构。

2. 用工构成及工资

开滦矿务局用工由三部分组成：其一，员司，高级员司一般为洋人，即管理层，他们除了薪金较高外，还有住房、取暖、交通等各种补贴。中、低级员司大部分为华人，员司的月收入少则几十元，多则数百元，视学历和能力而不等；其二，技术工人，大多数为广东人，他们与开平矿务局创始人唐廷枢有关，因为掌握了先进的生产技术，他们的收入比较高，少则数十元，多则百元以上。员司及技术工人的数量很小，以唐山矿为例，全矿数千人，月薪超过百元者仅25名技术工人；其余为矿工，这些矿工又分里工、外工两种，里工为资本家雇用并管理，主要从事非生产一线及矿井地面工作，外工为包工雇用和管理，负责井下的产煤及运输工作。矿工的月收入大部分在10元左右。

包工从矿方承揽某项巷道开凿或挖煤工程后，便组织矿工到井下工作，按月根据工作性质支付工资，每项工程结束后，包工从矿方领取工程款，类似于今天的劳务派遣公司。包工负责组织管理矿工的同时，有的还包揽食宿、小额放债，对矿工进行二次盘剥。

书记部同志来开滦后，就利用帮派开展活动，晓以革命大义，化解矛盾，统一组织工会，特别是注意吸收各派中革命意志坚定的，在群众中有威信的首领。1922 年的开滦矿务矿工约 3.5 万人，矿工月收入大部分在 10 元左右（见下表）。虽然在唐山 10 元月薪标准勉强能满足矿工日常生活开支，但是矿工的工作环境差、强度大、时间长且危险系数较高，在资本家的控制下还要受到包工头等的盘剥、压迫。在与资本家长期的压迫与反压迫斗争中，早期的煤矿工人群体开始逐渐形成政治觉悟和政治能力，不断寻求自身的真正解放。

开滦煤矿每日工资表（民国十二年份）

<table>
<tr><th colspan="2">工人名目</th><th>每日工资</th><th colspan="2">工人名目</th><th>每日工资</th></tr>
<tr><td rowspan="7">矿上</td><td>装机匠，铁匠，汽锅匠，水手，头目等</td><td>0.5 ~ 2.00</td><td rowspan="7">井下包工</td><td>监工</td><td>0.63 ~ 1.20</td></tr>
<tr><td>木匠</td><td>0.40 ~ 1.00</td><td>装机匠，水手，木匠等</td><td>0.44 ~ 0.83</td></tr>
<tr><td>泥瓦匠</td><td>0.38 ~ 0.55</td><td>骡夫及马夫</td><td>0.38 ~ 0.42</td></tr>
<tr><td>机关车手</td><td>0.55 ~ 1.00</td><td>小工</td><td>0.27 ~ 0.37</td></tr>
<tr><td>机关车火夫</td><td>0.33 ~ 0.40</td><td>挖煤与开石</td><td>0.36 ~ 0.50</td></tr>
<tr><td>开绞轮机者</td><td>0.55 ~ 1.00</td><td>小工</td><td>0.32 ~ 0.36</td></tr>
<tr><td>小工</td><td>0.27 ~ 0.32</td><td></td><td></td></tr>
</table>

（来源：王清彬、王树勋等《第一次中国劳动年鉴》278 页）

开滦矿务局的矿工素有斗争精神。随着工人斗争次数的增加，组织团体成为工人所需。但在辛亥革命以前，在煤矿工人中只有最初带有封建性质的行会、帮口和秘密结社等团体。这种组织，对身份要求没有严格界定，煤矿的行会，都是信奉老君的，这在过去的煤矿里很是普遍，矿主也往往利用神权来统治和剥削工人。帮口，是一种会馆式的组织。这种组织，“不是阶级的组织，而是同乡性质的组织”[①]，凡是旅居外地的同乡都可以参加。主要是“互相帮助寻找工作，和别帮人争夺工作”[②]。在煤矿里就有广东帮、山东带、

① 瞿秋白：《中国职工运动的问题》，转引自《邓中夏文集》，北京：人民出版社，1983 年，第 425 页。

② 瞿秋白：《中国职工运动的问题》，转引自《邓中夏文集》，北京：人民出版社，1983 年，第 425 页。

河北布、河南帮等。开平煤矿1882年、1891年的罢工，就是受了帮口的影响。当时旅居唐山的广东人居多，有一千多人，由于人地生疏和语言习惯的不便，组织了唐山粤人自治会、自治研究社和阅报公会，后来又建立了广东会馆。在当时的唐山被称为广东帮。这些组织不是纯粹的工人团体，而是同乡会、研究会、俱乐部的混合组织。

辛亥革命后，随着工人队伍的壮大，“民主主义”的高涨和“临时约法”的公布，在这种背景下，工人迫切要求成立自己的新组织，于是便产生了中华民国工党。1912年1月22日，中华民国工党在上海正式成立，其中唐山工人组织的支部人数最多。唐山是重要产煤区，工人众多且集中，“辛亥革命起，工界表同情于革命的极多，有人悟工人无团体，不能谋工人的幸福，所以致力于组织工党的活动就发展起来，（1912年）4月里唐山工党就宣告成立，当时入党的有七百多人，唐山各厂工人大易（多）入党”。[①]中华民国工党和唐山工党是在中国工人对旧式的行会、帮口和秘密结社团体不能满足其需要的情况下产生的。它是想模仿英国工党，发展民族工业，其工党性质还是小资产阶级的“帮工”角色，并不代表工人阶级的利益。所以，虽有中华民国工党和唐山工党的出现，但中国工人阶级和煤矿工人仍是处在自在阶级阶段。

1920年5月8日开滦林西、马家沟、唐山三矿因包工盘剥和高利放贷，发生为期35天的罢工，最终工人获得胜利。但从这次罢工开始，资本家开始警觉，责成矿区惠工主任费思克（G.W.Fisk）对劳工状况开展调查。资本家为了预防类似罢工事件的发生，特聘侦察人员混入工人队伍，与地位较高的工人建立亲密关系，时刻获取矿工动态，这种侦察制度在1922年的开滦五矿大罢工中就起到了一定预警作用。

开滦煤矿工人在长期自发经济斗争中经受了锻炼。直到1919年五四运动中工人阶级登上政治舞台，萌发了阶级意识，为五四运动后建立自己的先锋队——中国共产党，并在党的领导下走上自觉地为谋求本阶级和全国人民彻底解放的革命道路准备了条件。1921年，中国共产党宣告成立，中国的工人阶级和煤矿工人才完成了从自在阶级到自为阶级的转变，使中国的工人运动

① 许元启：《唐山劳动状况（二）》，《新青年》第7卷第6号，1920年5月1日，第7页。

和煤矿工人运动进入了全新的阶段。

（二）中国共产党成立初期工人运动政策导向

俄国十月革命胜利后，各国共产党相继建立，基于领导世界无产阶级运动的考虑，1919 年 3 月，列宁领导的共产国际（第三国际）在莫斯科成立。第三国际第一次代表大会召开时，发布了《告世界工人书》，指出“俄国革命始终援助各国工人为反对独裁的军国主义政府而进行斗争”。[①] 为了便于指导远东国家工人运动，俄共（布）中央于 1920 年 3 月成立远东局，作为负责同远东各国革命者联系的机构，经共产国际批准，由远东局海参崴分局派一个代表团（维经斯基为负责人）前往中国，三个指示中的其中一项便是“指导中国工人运动，成立各种工会”。[②]

1921 年 7 月，中国共产党第一次代表大会召开，大会起草了成立宣言，宣言指出：“工人阶级受着帝国主义与封建势力的双重剥削和压迫，已陷于水深火热的境地，只有自己起来革命，推翻旧的国家机关，建立劳工专政的国家，没收国内外资本家的资产，建设社会主义经济，才能得到幸福生活。”[③] 中国共产党成立之后把组织工人运动放在全部工作中的首位，这与共产国际的指导和斗争经验直接相关。1921 年 11 月，陈独秀发出的《中国共产党中央局通告》标志着中国共产党中央机关开始正常运转，通告第二条便指出，“关于劳动运动，决议以全力组织铁道工会，上海、北京、武汉、长沙、广州、济南、唐山、南京、天津、郑州、杭州、长辛店诸同志，都要尽力于此计画（划）”。[④]

1922 年 5 月 1 日，第一次全国劳动大会在广州开幕。这次大会系中国劳动组合书记部发起，出席大会代表 160 余人，包括共产党员、国民党员、无政府主义者和无党派人士，代表 12 个城市，100 多个工会，23 万多会员。大

---

① 王学东：《国际共产主义运动历史文献》第 29 卷，北京：中央编译出版社，2012 年，第 287 页。

② 中国社会科学院现代史研究室：《维经斯基在中国的有关资料》，北京：中国社会科学出版社，1982 年，第 460 页注释 4。

③ 中国社会科学院现代史研究室、中国革命博物馆党史研究室选编：《“一大”前后》（二），北京：人民出版社，1980 年，第 13 页。

④ 中央档案馆编：《中共中央文件选集》第一册，北京：中共中央党校出版社，1989 年，第 26 页。

会通过了中国共产党提出的“打倒帝国主义、打倒军阀”口号以及《八小时工作制》《罢工援助案》，会议一致承认中国共产党为中国工人运动的领导者。[①] 1922年7月，中国共产党第二次代表大会召开，决定正式参加共产国际，成为它的一个支部。会议通过的《关于“工会运动与共产党”的议决案》，为工人及工会运动作出了安排部署，如：“第一条，中国共产党在他的工会运动范围内，必须集中他的力量为产业工人的组合运动”；“第十条，工会最主要的活动是与资本家和政府奋斗”；“第十七条，共产党为实际率领工会和实际为无产阶级的先锋，必须在工会中和各个工厂委员会以及一切的劳动团体中组织强有力的团体，很少有例外”。[②]

中国共产党的成立，全国劳动大会的召开，形成了一系列的文件、决议案，这就给予工会组织清晰的定位，为工人运动指明了方向，确立了工人运动的具体方式方法，从此，中国的工人运动便呈现一种崭新的局面。据不完全统计，仅 1922 年，全国主要大城市和重点行业，共发生大小规模工人罢工 40 多次。

二、罢工经过

1921 年冬，中共北京地委曾制定唐山地区同盟罢工计划，准备在 1922 年秋发动唐山和秦皇岛等地的铁路、矿山和工厂的工人，举行一次大规模的罢工。中共二大之后，李大钊当选为党的中央委员，在开展各种宣传活动的同时，工人群体高举反帝反军阀的革命旗帜，罢工运动风起云涌地发展起来了。李大钊回到北京后，在他的精心组织和策划下，北方工人运动走向了高潮。罗章龙等人还深入到开滦煤矿了解工人的劳动生活状况，举办工人夜校，组织工会，领导工人开展斗争。1922 年 8 月底，中国劳动组合书记部主任邓中夏在视察开滦煤矿工人的罢工准备工作后，立即决定派人加强对罢工的组织和指导。

① 中国社会科学院近代史研究所中华民国史研究室编：《中华民国史资料丛稿（大事记第八辑·1922 年）》，北京：中华书局，1979 年，第 55 页。

② 中央档案馆编：《中共中央文件选集》第一册，北京：中共中央党校出版社，1989 年，第 76 ～ 81 页。

（一）罢工缘由及准备

1922 年 10 月 13 日，京奉铁路唐山制造厂职工会 3500 多工人为要求增加工资、改良待遇、承认工会、消灭包工制等举行罢工。经过八天罢工斗争，路局同工人签订九条协议，工人最后取得部分胜利。[①] 京奉铁路唐山制造厂原为开平矿务局铁路公司的修理厂，他们罢工胜利，各项待遇得以改善，这对开滦矿务局的矿工是极大的刺激。

1922 年 8 月，开滦矿务局唐山矿成立党支部。9 月 25 日前后，开滦矿务局成立工人联合会（即工会）。就在制造厂罢工进行中，制造厂致函开滦矿务局工会："近闻你们工友中正在活动时期。井下工友正在努力进行，宜快快都起来干干。不要骇怕，也不怕损失甚么。只要组织得成，不论甚么利益都可以做到。你们生活也太苦，何不起来干干呢，你们有举动时，决计派人前来帮助一切。"[②] 9 月 21 日，开滦五大厂工会下发传单，"独我们开滦的工友仿佛像一盘散沙一样，所以屡次要求加薪都被上司侮弄与压迫。如今京奉路已结成团体了。须要晓得，我们做工人系同舟共济，有休戚相关的。我们应该同他们联合一堆，结合成一个工人总团体，预备将来凡事有了后盾方不致受资本家苛待与压迫"。[③] 毫无疑问，制造厂近在眼前的罢工成功范例，已经深深地影响了开滦矿务局工会，开滦的罢工已经进入酝酿阶段，号召矿工们加入工会，团结起来与资本家作斗争。

归档号 1-3-61P6　　　　　　1922 年 9 月 21 日
由：唐山京奉铁路工厂工会　　致：开滦矿务局机器厂函
致：开滦矿务局机器厂

虽然我们的罢工没有达到圆满的结果，但是我们一定知道为了我们的利益、我们的团结是很有用的，假若我们每人能很好的团结，肯定我

① 中国社会科学院近代史研究所中华民国史研究室编：《中华民国史资料丛稿（大事记第八辑 · 1922 年）》，北京：中华书局，1979 年，第 135 页。

② 开滦集团公司档案馆档案，归档号：1-3-61，《唐山京奉铁路制造厂职工会致开滦机器房工友函》。

③ 开滦集团公司档案馆档案，归档号：1-3-61，《开滦五大厂致开滦工友传单》。

们能击败资本家，现在我们听到你厂和井下工友为此事作了准备，当你们能获得你们所愿意的机会时，只有发动不要骇怕，你们的痛苦正如同我们的一样，请你们派代表与我们联合起来，因为在我们的罢工之后，我们现在确实明白联合一起的正确办法。

唐山京奉铁路工厂工会

译者注：文件日期系根据原卷排列前后之日期而定

归档号 1-3-70P4　　1922 年 9 月 21 日

由：开滦五大厂　　致：开滦工友传单

诸位工友们呀，现在机会到了。什么呢？就是我们劳动各处结合团体喽。独我们开滦的工友仿佛像一盘散沙一样，所以屡次要求加薪都被上司侮弄与压迫。如今京奉路已结成团体了。须要晓得，我们做工人系同舟共济，有休戚相关的。我们应该同他们联合一堆，结合成一个工人总团体，预备将来凡事有了后盾方不致受资本家苛待与压迫。诸位工友们呀，快快醒来吧！起来大家组织方法吧。敬此奉告恭候努力。

（二）资方的警觉与应对策略

10 月 15 日，中共唐山地委召开由各厂矿代表参加的联席会议，研究组织联合斗争以及罢工的策略问题。会议结束后，开滦五矿工人联合会进行了讨论，决定次日向开滦矿务局提出要求。10 月 16 日，唐山矿张瑞峰、李新章，林西矿刘何、刘宜美、孙家辽，赵各庄矿刘忠、葛定东，秦皇岛港口廖洪祥八位代表来到开滦矿务局唐山办公地点，向公事房递交了请愿书。[①] 请愿书主要包括四条增加工资及养老金、工伤抚恤共六项要求。开滦矿务局唐山总矿师杜克茹[②] 接见了八位代表，从杜克茹后来的记述看，在资本家面前，这些工人代表显得很稚嫩，不但没有交往经验，还极度缺乏谈判技巧，用杜克茹的

① 马家沟矿因 1920 年发生罢工，矿方管束较严，最初并未参与。

② 杜克茹（Alex Docquier），也译为杜克尔，比利时人，1874 年 8 月 5 日生于法国马赛，毕业于比利时孟斯矿业学校，1906 年来到中国，1909 年被聘为开平矿务有限公司总矿师，开滦联合后，任开滦矿务总局总矿师。

话说："他们像一群大的孩子，并且是很天真的。"[①] 杜克茹的回复有两点：矿务局并没有考虑增加薪水一事，即便有这种打算也不可能向工人联合会答复，我们会通知到每一位矿工。杜克茹的回答巧妙地避开了工人联合会，因为他根本就没打算承认这个组织的存在。

就在杜克茹接见代表的当天及次日，直隶全省警务处两次致函开滦矿务局，通报京奉路唐山制造厂工潮一事，并提醒要提前防范。

归档号：1-3-8P1　　　　1922 年 10 月 16 日

由：直隶全省警务处　　　　致：开滦矿务局函

迳启者，兹据唐山警察局第四警察署呈称：这里铁路职工现已罢工，很可能也影响到矿区，现闻林西矿工人已被铁路职工所引诱，铁路职工答应给予他们数千元作为进行罢工的开销。据说该工人等对于他们的斗争表示热烈同情，并已决定与他们采取一致行动，此事现正在秘密进行，尚未泄露，当探知这种阴谋时，立即派出得力干警和便衣侦探，到各处秘密调查，但是因为他们严密地进行阴谋活动，尚未能探出他们的机关所在，及其首领的踪迹。至于已探得的消息可以概括如下：

他们拟借煤斤增加为名，要求增加工资，他们打算提出以下五项要求：

1. 在开滦矿务局服务 25 年或超过 25 年的工人每年给予慰劳金。

2. 因为生活高涨全体工人应增一定数目的工资。

3. 建立工人医院，工人病伤得在此医院治疗，由开滦矿务局负担花费，另外，工人因公受伤，在医疗期间，应照付每日工资，不得扣减。

4. 工人死亡，开滦矿务局应给予埋葬费。

5. 全体工人在星期日免于工作，如果需要工作，这天应给予他们双薪。

以上的五项要求将在他们罢工开始之前提出，如果他们的要求不蒙允许，他们以罢工相威胁，以求接受他们的条件。这是我们所探来的全部消息，但是否完全属实，尚待证明，将继续派警察随时访查，并呈报给唐山警察局之长外，理合报请钧座鉴察。等情。

① 开滦集团公司档案馆档案，归档号：1-3-70，《总矿师 1922 年大罢工报告书》，第 10 页。

查唐山路工罢工风潮，现时尚未平静，矿厂相距甚近，煽惑引诱亦势所不免，除饬该署长督饬官警，受姚队长指挥，严密防范，一面晓以大义，切实开导，俾知其各人之切身利害关系，以维公允外，相应函请查照。

直隶全省警务处

杜克茹虽然轻视工人代表，但不敢丝毫大意。10月17日赴天津，与开滦矿代表李希明一起面见了开滦矿务局总理杨嘉立[①]。三人密谋对策，关于是否答应矿工要求的问题，还要看唐山制造厂工潮进展再做决定。他们认为制造厂已经对工人要求给予极大让步，但工人仍不满意。所以，也担心对于开滦矿工做出一定让步后，工人会有更多要求。无论如何，应该加派警力，以防万一。随后，杨嘉立、杜克茹去面见了直隶警务处处长杨以德[②]，杨以德答应派警察予以保护。10月18日，开滦矿务局致函直隶全省警务处，“增派200名警察到矿区，唐山100名，林西100名，这支武力的目的是为了确保保护愿意工作的工人”。[③]经请求省长同意，直隶全省警务处立即照办了。19日，杜克茹在200名警察陪同下从天津回到唐山。

归档号1-3-70P13　　　　1922年10月18日

由：开滦矿务局　　　　致：直隶省省长

直隶全省警务处长　函

迳启者，窃查敝局矿区目前一般情况甚为良好，谅钧座已有所闻。

---

① 杨嘉立（Patrick Charles Young），英国人，1880年1月22日出生，英国剑桥大学毕业，1923年11月至1931年11月任开滦矿务局总理。1922年在那森回国休假期间任代总理。

② 杨以德（1873—1944），字敬林，绰号杨梆子，天津人，祖籍山东。杨年幼时家道中落，生计艰难，曾就食于盐商杨绍溪家，担任守夜打更等杂务。1902年任天津火车站东站检票员。1906年，被任命为探访局总办。民国初年，出任直隶省警务处处长兼天津警察厅厅长。1918年杨三姐告状、1920年逮捕爱国学生、取缔天津学生联合会主要人物之一。

③ 开滦集团公司档案馆档案，归档号：1-3-61，《开滦矿务局致直隶全省警务处长函》，第13页。

全体工人于近来的内战时期，曾受到保护，并在混乱之时期内获得继续工作与食粮，为此，甚为满意。而居民对在警察管理下所采用的特别教育方针亦甚满意。

但近来有煽惑者到达矿上，他们为了政治缘故正在试图制造工潮。这些人引导工人组织联合会，并向敝局提出许多要求。

现在我们的计划如下：

敝局希望增派 200 名警察到矿区，唐山 100 名，林西 100 名，这支武力的目的是为了确保愿意工作的工人，并且如果煽惑者利用少数不愿工作的工人以致结合成群，企图以暴力停止我矿照常工作时，则可确保我矿及设备的安全，在增派警察同时，我们要向工人，但不向我们不承认的联合会，贴出布告，说明，如果他们决心随从煽惑者，则由他们自己负责，但如果他们站在开滦矿务局方面，我们准备在工资上向他们让步。

敝局希望探询增派警察到矿区保护，其费用由开滦矿务局担负，是否可蒙照准，于何日可以期望增派之警察到达矿上，以便敝局可以安排贴出布告。

杨嘉立

归档号 1-3-8P8　　　　1922 年 10 月 19 日

由：直隶全省警务处　　　　致：开滦矿务局函

迳启者，接贵局来函，称贵局工人受他人引诱，正在集合开会，并提出种种要求，因而请求增派 200 名武装警察分别驻防唐山和林西等情。本处据情报，请省长核示，兹奉指令，即照办等因。除派队长田金荣（Tien Chin Yung）、王义和（Wang Yi Ho）各领 100 名警察立即分别前往唐山和林西外，相应函达，即希查照办理为荷。

杨以德

直隶全省警务处

开滦矿务局对工人代表的六条要求并没有答复，考虑到下一步事态可能要升级，10 月 19 日，在中共唐山地委和中国劳动组合书记部的领导下，成立了开滦五矿同盟罢工委员会，由罗章龙、王尽美、邓培及矿工代表20多人组成。会议还决定，限开滦矿务局三日之内对所提六条要求予以答复，否则将不得不采取最后手段。

此时，对矿务局而言，除了增派兵力防范外，也对矿工展开了心理攻势。10月20日，警察到处张贴从天津印制的开滦矿务局布告，布告内容："有一班人因政治的关系，为他们自己的好处，来到此处鼓动尔等工人扰乱地方"，"本局乃是尔等真正的保障，尔等有困难有危险，本局没有不保护的"，"目下粮米高贵，各样花费又大，本局打算给领小工钱的人加点工钱。从本月起所有每月赚三十块钱以下的工人，都照加一成"，"若是听他们的话，将来出了乱子可没有人管，警察一定要严办的，到那个时候后悔已经晚了"。[①] 此布告仅允诺每月三十元以下者加一成工资，通过威胁、恐吓的词语，对于刚刚成立了工人组织，以及初步形成与资本家斗争矿工群体的信心与决心，无形之中产成了一定的冲击。

归档号1-3-70P19　　　　　　1922年10月20日

开滦矿务局布告

为布告事，现在有一班人因政治的关系，为他们自己的好处，来到此处鼓动尔等工人扰乱地方，这一班人，遇着尔等有困难的时候，有危险的时候，他们是决不肯帮助的，不过现在没有事的时候，他们直面自己的好处要到这里巧了使尔等，所以尔等为听他们的话，用扰乱的举动想得什么好处是一定办不到的。尔等须知本局乃是尔等真正的保障，尔等有困难有危险，本局没有不保护的，即为上次打仗的时候，尔等没受一点惊慌，没受一毫损失。这都是本局保护的好处。况且那时候本局的煤堆积如山。卖不出去尚且用尔等作工，无非是为尔等赚钱糊口。又因粮食缺乏本局从天津买来接济尔等，想尔等不致忘却，至于平时为尔等办学堂办贫民院，那些好处更不必说。为尔等用扰乱的举动，无理要求本局是一定不能答应的。但是对于尔等实在困难情形，本局亦极愿帮助。

① 开滦集团公司档案馆档案，归档号：1-3-70，《开滦矿务局布告》，第19页。

目下粮米高贵，各样花费又大，本局打算给领小工钱的人加点工钱。从本月起所有每月赚三十块钱以下的工人，无论是本局自雇的或是包工头雇的，都照加一成，比方每月赚二十块钱的，就加两块钱；赚二十五块钱的就加两块五角钱。请尔等理在凭自己的良心细细想想，还是听他们那一班坏人鼓动的好呢？还是规规矩矩做工好呢？若是听他们的话，将来出了乱子可没有人管，警察一定要严办的，到那个时候后悔已经晚了。若是依靠本局安心做工，本局一定极力保护尔等，无论什么人亦不能伤害尔等。而且可以就得加工钱的好处。望尔等凛之慎之。

（三）罢工经过

10月22日，工人俱乐部继续召开会议，各矿代表讨论准备何时开始罢工，此时却收到林西矿6名工人代表到矿再次请愿被矿方无理扣留的消息，这使代表们感到愤怒，遂决定从10月23日起，唐山矿、林西矿、唐家庄矿、赵各庄矿和秦皇岛码头开始全面罢工。罢工发生后，从资本家的反应看，还是没有意料到罢工来得如此之快。但就在10月22日晚上10点钟，杜克茹已经得到了要罢工的密报，并做好了各项安排，预防矿内的重点部位不受冲击。

归档号1-3-8P14　　　　　　1922年10月23日

由：直隶全省警务处　　　　致：开滦矿务局公函

开滦矿务局：

今日接到唐山警察局姚局长本月23日电报，内开：今晨唐山开滦矿务局工人3000余人一律罢工，局长事前闻耗立即督饬各官警队进矿维持，将电机、水机、绞车、锅炉、风扇五处工人力予开导，照旧作工，以免矿井被淹，一面派警监视防守，并据林西赵各庄两矿驻警报告各该厂工人未上工情形同前，除仍分饬严行维护及将拿获在唐厂滋闹木匠张志业一名，另行解送警务处讯办，并续行呈报。

接报后已令唐山警察局长尽力开导工人尽速复工，将煽惑者逮捕解送天津法办，此事将随时通知你们，特此函达知照。

直隶全省警务处

煤矿具有一定的特殊性，即便井下不生产，也必须保证井下的通风和排水，否则就有瓦斯超限发生爆炸和淹井的危险。罢工发生后，矿方强留未曾下班的部分工人留下继续工作。唐山矿已经罢工的工人曾试图冲进矿内，意图砸坏机器，拉闸停电，结果警察逮捕了一名木匠，名为张志业，并押送至天津。10 月 24 日，林西矿有许多工人冲进矿内，资本家感到一定压力，特别是洋人的生命安全，矿井及设备的安全。经过与直隶省沟通，允许开滦矿务局协调派遣 100 名英国士兵和两名军官到唐山，由他们负责保护洋人和机器设备的安全。还请杨嘉立协调从天津派部分工人到唐山各矿，以解决因罢工造成的关键岗位缺员问题。此时，工人联合会除了 16 日提出的六条外，又提出附加四条：开滦矿务局应承认五矿工人俱乐部有权力代表全体工人；以后厂中雇用工人及开除工人须经我工会委员会通过；罢工期间工资照发；每年应给工人两星期假日，每三年应给予两个月的假日，当休假时应发付全部工资。[①]

归档号 1-3-70P40　　　　1922 年 10 月 24 日

唐山、赵各庄、林西、马家沟、秦皇岛工人俱乐部会员致开滦总理函

我们现在的情况实在十分困难，因为物价高涨正如总矿师的布告上所说的一样，但是总矿师仅办理矿务局的利益，而不考虑我们的困苦，相反地污蔑我们并把我们的要求看作不合理，但他的译述才是真不合理。我们提出来要求，单纯的为了我们的工资微薄，不足以维持我们的生活费用。我们没有一点别的企图。现在总矿师在他的布告里污蔑我们说受了别人的煽惑，这是完全无根据的。总矿师也打算用警察来镇压我们，我们全都对他非常忿恨。然而我们保持忍耐，因为我们全酷爱和平。设若不是因为我们的六位代表被他扣押在林西，我们可能再向他递一呈文，以期达到互相谅解。现在我们完全失望，逼迫我们万分不得已才举行总罢工。这个纠纷是总矿师造成的，你不能归咎于我们。现在我们决意奋斗到底。我们现在所提出的要求是最低的，除非接受全部要求，我们决不恢复工作，也

① 开滦集团公司档案馆档案，归档号：1-3-70，《唐山、赵各庄、林西、马家沟、秦皇岛工人俱乐部会员致开滦总理函》，第 40 页。

不进入你矿。我们宁愿死。我们现在诚恳地把罢工的目的及决心通知你。实在是矿局激起我们走向极端，这真是违反了我们的原意。我们要求你将我们现在的情况予以考虑，提出办法以便早日解决。

矿务局感到形势严峻，致函直隶警务处“再多派300名警士，驻防林西与赵各庄以便弹压及保护并请立即办理等情”。[①] 也是在10月24日，杜克茹带领天津派到林西携带粮食的火车，在接近林西矿场时，遭到了两三千罢工者的包围，罢工者卧倒在铁轨上拦阻火车前进。当警察试图清除道路的时候，双方发生了冲突，罢工者砸坏了火车玻璃。当士兵向天开枪后，罢工者纷纷逃散，并未造成伤亡。

归档号1-3-70P42　　　　1922年10月24日

由：开滦矿务局　　　　致：直隶全省警务处函

迳启者，查有人在矿区鼓动工人情绪，惟恐发生意外事件，本局督办曾函达直隶省长，而本局亦曾致函贵处，请求增派武装警士200名，驻防唐山及林西以便维持秩序在案。嗣后，我们接到总矿师来电，报告唐山、林西、赵各庄等处工人于本月23日举行罢工。随后接到迭次来电，报称各矿情况危险，敝局曾函请求贵处再多派300名警士，驻防林西与赵各庄以便弹压及保护并请立即办理等情。除由敝局总理协理面见省长外，理应函请查照办理，并希赐复。

10月25日，杨嘉立意识到罢工事态严重，便致函伦敦开平矿务公司，汇报罢工情况，称：“总罢工完全由于煽惑者，除马家沟外已蔓延所有各矿及秦皇岛。提出的要求完全无理。我们坚持原来增加10%的提议，至今仅为秦皇岛包工所接受，在赵各庄和林西有严重的骚乱，威吓到生命和财产的安全，增援武装已到达400名警察并有100名外国军队在途中。有了这种保

① 开滦集团公司档案馆档案，归档号：1-3-70，《开滦矿务局致直隶全省警务处函》，第42页。

护我相信我们能有效地保持坚定的状态，并相信罢工不会太长。”①

归档号 1-3-70P44　　　　1922 年 10 月 25 日

由：开滦代理总理　　　　致：开平公司秘书

我请求证实今天给开平公司的电报，所述如下：

矿区罢工

第 247 号，总罢工完全由于煽惑者，除马家沟外已蔓延所有各矿及秦皇岛。提出的要求完全无理。我们坚持原来增加 10% 的提议，至今仅为秦皇岛包工所接受，在赵各庄和林西有严重的骚乱，威吓到生命和财产的安全，增援武装已到达 400 名警察并有 100 名外国军队在途中。有了这种保护我相信我们能有效地保持坚定的状态，并相信罢工不会太长。

10 月 26 日，由天津来唐山，驻守在林西矿的火车，试图进入将物资转送至赵各庄矿，与正在矿外集会演讲的 4000 多名矿工相遇，遭到了矿工阻拦，杜克茹发电报给杨嘉立“请要求杨将军与省长立即由开平驻军派遣两千名士兵去赵各庄，与警察合作。”②

归档号 1-3-8P22　　　　1922 年 10 月 26 日

由：开滦杜克茹　　　　致：开滦杨嘉立电报

杨嘉立

天津

丁（Ting）队长请我给你拍送以下的电报：

我现时在赵各庄，现有警察力量不足以应付局势，矿场外面大约聚有四千人，作非法行动，拦阻从天津送来的工人进入矿场，一名司机被暴民架走并殴打，警士七名负伤。请要求杨将军与省长立即由开平驻军派遣两千名士兵去赵各庄，与警察合作，唐山的情势是一样，由于到处

① 开滦集团公司档案馆档案，归档号：1-3-70，《开滦代理总理致开平公司秘书电报》，第 44 页。

② 开滦集团公司档案馆档案，归档号：1-3-8，《杜克茹致杨嘉立电报》，第 22 页。

有严重的激动情况，你可以想象出来，我们所需要的增援数量。

杜克茹

就在工人们聚集在赵各庄矿外之时，在场警察试图干涉，双方发生冲突，警察遂开枪，重伤 7 人，伤者几十人。当日清晨，杜克茹由林西回到唐山，看到了罢工矿工试图冲入唐山矿，警察开枪造成了 2 名重伤,6 名轻伤。随后，杨嘉立及开滦矿务局督办袁克定出面协商，经请示直隶省省长王承斌，派开平等地驻军 3000 名士兵前往镇压。工人联合会为了维护罢工人员秩序，保证个别工人不能私自上工，还成立了纠察队，任命团长副团长若干名，负责维持秩序。

三、罢工结果

罢工虽然得到全国各界的大力声援，但矿工手中没有积蓄，难以维系生存，资本家经济实力雄厚，又有军阀政府大力支持，再坚持罢工无异坐以待毙。11 月 6 日马家沟矿开始复工，其他各矿也陆续有人复工。资本家还请唐山天主堂神甫开滦教养院院长薛礼渊充当中间人，进行调停。最终，资本家遂协同杨以德于 11 月 14 日张贴布告，对于在 11 月 16 日之前复工的工人给予 7 日工资奖励，月薪百元以下者加薪一成，复工后矿方承诺不追究罢工者。14 日开始，林西、赵各庄、唐山矿工人们陆续复工。最终，此次罢工历时 23 天，以取得部分胜利宣告结束。

归档号 1-3-8P79

警务处长布告

为布告事，兹接奉省长的训令，大意如下：从罢工者种种不法行为而判断，我已断定有些外界的坏分子正在煽动，以期掀起风潮，如不立即采取严厉的措施，恐将蔓延如烈火。

除电令彭师长、殷镇守使、董旅长及姚警察局长与矿务当局合力逮捕祸首外，兹特命令，罢工者必须与以时限如期复工。

我认为开滦矿务局已经考虑到你们工人的困难，并已自愿向你们让步，我认为这是公平合理的，按照这样的让步，井下工人将得到10元以上的月薪，而井上的工人将平均得到约8元，和天津及其他大地区的工人所得的比较，你们的工资是较高的，不是较少的，并且开滦矿务局是按三班制使用工人，因此你们工人每天只工作八小时，这实非苛刻的待遇。只是在你们工人中，有一些人不安心工作，并且不懂常识和法律，他们被坏分子所煽惑而开始罢工，以期用强力取得好处。但是这些人不了解，我们的国家希望转弱为强，只能倚靠我们生产的丰富和劳动的低廉，我们的实业尚未充分地发展，但是你们工人已经染上了罢工的恶习。结果就是资本家将感恐惧而撤退他们的资本，则我们的实业将无法发展。

此外，在此次罢工期间，你们的传单中曾使用布尔什维克标志，并且在你们的住所内所搜集到的文件显示出，某些坏分子曾经煽动你们，于是你们工人就被这些坏分子所愚弄，而你们好像还在梦中，所以我们十分怜悯你们。

现在我已接奉省长的严厉的命令，我因此给你们三天的期限来回忆你们自己的错误并恢复工作。矿务当局将自愿增加你们的工资，在每月百元及以下者给以10%，并且，给你们七天额外的工资作为报酬，而在我这方面，对你们以往的过错也将不予处罚，并且还要和矿务当局商量日后如何善待你们，但是如果从这布告之日起，你们仍然坚持你们愚昧之举动，而继续和你们的鼓动者在一起，企图引起风潮，我们必立即和军事当局合力进行逮捕并予以惩罚。

中华民国十一年十一月十四日

第四章　从档案史料看开滦五矿大罢工爆发后各方的反应与博弈

开滦历史档案从种类上说包括信函、报告、计划、合同、契约、规章规程等。本章通过对罢工档案文献的整理与分析，力图全面掌握北洋政府、军阀、资本家、学生、工人等社会各界的不同舆论态势，当时的爱国知识分子、工人团体等以报刊、传单、布告等为主要社会舆论阵地，对开滦五矿工人大罢工进行了系统、深入的宣传报道和评析，以此激发和弘扬矿工的抗争精神，也折射出早期工人运动意识和革命基因等的觉醒迹象。在中国共产党领导下，开滦五矿大罢工作为映射社会各界舆论形态的大事件，首次推动了学生运动和工人运动等的发展并充分展示了新生的中国共产党的核心能力，为探索新民主主义革命道路和加强党的新闻舆论工作等积累了丰富经验。

值得注意的是，由于个案研究的史料不足及地域限制的问题，关于开滦五矿大罢工，学术界对开滦五矿大罢工的研究集中于工资制度、包工制度、革命动员策略、工运人物、罢工原因及失败结果上，但是从现代传媒角度而言，到 1919 年，全国报刊已有 400 余种，到了 20 世纪 10 年代，重要城市也均接通了有线电报线，这使公共事件信息传播的受众性加强，在短期内一两个社会问题便会成为舆论焦点。鉴于此，以社会舆论为视角对开滦五矿大罢工进行研究和梳理，具有特殊的研究价值。

第一节　工人阶级的勇敢与团结

毛泽东 1921 年在《所希望于劳工会的》一文中指出，劳动组合的目的，

“尤在养成阶级的自觉，以全阶级的大同团结，谋全阶级的根本利益”。[①]中国共产党成立以前工人阶级也有各类工会组织，如行会、帮会，或旧式工会、有名无实的招牌工会等。中国共产党成立后，成立了工人运动的组织，建立新工会，特别是1922年5月1日在广州召开的第一次全国劳动大会，进一步推动了各工会的联合与全国工人运动的统一。

中国劳动组合书记部成立后出版的机关刊物《劳动周刊》，在每一期的封面上都印口号：“工友们，我们大家联合起来的机会到了！”党成立之初就把对工人进行阶级团结的教育作为一项重要的内容。如1921年8月，为了抵制商教联席会议所包办的“国是会议”，中国劳动组合书记部同中华劳动联合会、中华电器工界联合会等11个工团联名发表了《上海十二工团宣言》。1922年4月，上海日华纱厂工人为要求增加工资而举行罢工时，劳动组合书记部以浦东纺织工会名义，与中国劳动同盟会、工商友谊会、中华全国工界协进会等9个团体举行联席会议，组成了“浦东纺织工人经济后援会”，工人们的团结使各个工会团体之间也加强了联系。

通过前期的宣传、组织和教育，工人阶级能够从整体利益出发，主动援助其他罢工斗争。1922年1月，中华海员工业联合总会领导的香港海员罢工爆发后，京汉、京奉、陇海、京绥等铁路工人，发起成立了“香港海员罢工北方后援会”，发出许多通电和文告，充分援助海员罢工。特别是开滦五矿大罢工爆发后，全国各地工会组织更是从经济上、实力上、舆论上给予了极大援助。对开滦罢工进行援助的工会组织就包括秦皇岛工友俱乐部、京奉铁路制造厂联合工会、唐山制造厂职工会、长辛店京汉路北所工会、津浦铁路工人分会、安源路矿工人俱乐部、京汉铁路总工会等。得知开滦罢工消息后，粤汉铁路总工会还马上急电徐家棚、岳州、长沙、株萍四工会分途捐款。

自1920年以来，秦皇岛开滦码头工人们为提高工资、改善待遇而进行的罢工斗争从未停歇。1922年，在王尽美的组织领导下，成立了工友俱乐部，

① 《毛泽东文集》第1卷，北京：人民出版社，1993年，第112页。这是毛泽东在湖南劳工会刊物《劳工周刊》上发表的文章。湖南劳工会是黄爱、庞人铨等1920年11月21日在长沙成立的，初创时受到无政府工团主义思想影响，1921年11月下旬改组，接受了毛泽东在本文中提出的建议。

仅一个月就发展到1200多人。10月26日，唐山发生保安队枪击请愿职工队伍、打死打伤多人的惨案。王尽美连夜起草了《秦皇岛矿务全体工人痛告国人书》，痛斥英国资本家勾结反动军警镇压罢工的罪行。

归档号 1-3-70P64-65　　　　1922年10月27日

开滦秦皇岛工友俱乐部痛告国人书

秦皇岛矿务全体工人痛告国人书

全国各工团各报馆各公私团体父老兄弟姊妹们！我们京奉沿路开滦五矿三万余工人，因受不过生活困难，环境压迫，起来要求资本家改良，而资本家竟悍然不顾，不得已实行同情罢工，想大家早已知道了！罢工已五天了，狼心狗肺的资本家，不但不允许我们的要求，反运动中国军阀调来保安队和印度兵数千名，来包围我们，来蹂躏我们！起首我们对于该军队，处处以文明对待，想促其觉悟，又谁知该军队受害民贼杨以德的密令，越来越蛮横。天天来挑衅，天天来鸣枪数千百响，以威吓我们！我们明知没犯罪，没有死刑，而且此次罢工，实是救命的运动，绝不怕威吓而舍了命！不料该强盗们，见威吓我们不动，胆敢私下号命，各处于二十六日同时下总攻击！枪声四起，弹如雨点飞向我们队里来，想我们赤手空拳的工人，焉能与此强盗抵抗？在一阵暴响之下，唐山方面的工友，被击毙数十人，伤数百人，林西方面，死七八人，伤三十余人，赵各庄方面，死一人，伤七八人，……及各工人的家属往救，亦遭同样的惨击，一时儿啼妇哭，惨不忍闻，死伤枕籍，目不忍睹！青天白日之下，竟在民国里演出此无法无天之惨杀案！公理何在？法律何在？

父老兄弟姊妹们！我们的力竭了！我们的声嘶了！然而我们决不畏缩，决不为恶势力所屈服！经此摧残后，我们三万余的团体越巩固，除非把我们全体都打死，不然还留我们一人活着，也要为死者报仇，和他决战，缓和是不能够的！只盼望全国各界同胞一致主持公道，从火坑里把我们救出来吧！

秦皇岛工友俱乐部矿务局痛告

10月26日，警务处处长杨以德调集大批军警，对罢工游行讲演队伍进行镇压，发生开滦惨案。10月28日，开滦五矿发出二次宣言，全国各界舆论无不表示同情和愤慨。中国劳动组合书记部、马克思学说研究会以及各地工会、学生会纷纷发表通电，对英国资本家和警务处镇压工人的罪行发声谴责，向开滦工人表示慰问和支持。为支援开滦工人的斗争，唐山职工会、启新洋灰厂工人都团结起来，举行罢工。唐山交通大学的大学生，还为此创办《唐山潮声》，报道开滦罢工的消息。唐山职工会发出通告，指出开滦矿工人所受的种种悲苦，资本家勾结几千名警兵，唆使唐山地方警察署长下令开枪，痛击工人，当场击毙二名，请全国同胞们为了工人阶级的利益，一致声讨，加以援助。

归档号 1-3-70P66　　　　1922年10月28日泰晤士报

开滦五矿第二次宣言

全国各工团体父老兄弟姊妹们：我们开滦五矿，因为生活困难，受迫不过，才起来向当局要求加薪，当局苟具人道主义，就应当体恤工人的苦衷，允许所请，不想他们丧尽天良，视工人如牛马，大施压迫手段，调来保安队数百名保安，严拿工人，任意殴辱，工人求生不得，求死不能，才于二十三日全体罢工。不料二十六日早八点，保安队合体出发，武装严厉，向工人示威，百般欺侮，工人只有隐忍不言，就想彼等工人为可欺，先用枪刺横穿，继而全体向工人连放排枪数十次，计受重伤数十名，命在垂危待毙者二十余名，悲号惨目，血肉横飞，有心人不忍足见。我工人对此惨剧，惟有请全国同胞们，主持公论加以援助，以救我们三万余苦工人于水火之中。现在全体工友益加激奋，非达目的不已。各界同胞们，报界诸君们，主持人道呀！我苦苦工友们那就感激万分了。

唐山开滦五矿全体三万余工人同启

归档号 1-3-70 P103

唐山职工会的通告

全国各报馆、各工团转各团体公鉴：万恶的开滦矿务局底洋资本家，毫无心肝的唐山地方警察署，开滦矿工人受种种悲惨苦楚，说起来真要痛哭流涕，庚子一役，英比将这矿山占为已有，不独到现在他们的工资未增分文，反连从比较好的待遇一并取消了。试看今日的社会生活程度日日提高，就是他们想要拼命去作工，也快没有命拼了，就是他们怎样的耐忍恶衣粗食，以维持这牛马似的生命，现生也维持不下去了，迫于万不得已，乃向当局和平要求增加工资。不惟不允，反唆使矿局雇佣的保安队，任意将代表掳去，竟逼成五矿三万多工人总同盟罢工，资本家仍悍然敢为恶，贿买几千名警兵，唆使唐山地方警察署长下令开枪，痛击工人，当场击毙二名，重伤命在重危者无数，酸心惨目，血肉横飞，凡有血所者睹此，莫不发指。且该地警署长为恶未已，竟电天津王省长指矿工为土匪，凭空捏造，真无心肝，指使警兵肆意在街上阻碍交通，非法已极，平素在唐山抽花捐，奖励赌博，使一般鲜花可爱的青年工友陷入火坑，真是为人道所不许。这种陷害无辜为非作歹的东西，愿我同胞一致声讨，他们五矿三万多工人，被当局如狼似虎地压迫前来，已到了九死一生的地位。本工人阶级利益，快快前来援助呀！同胞们，看看恶恨恨的洋人压迫我们苦工人，请大家拿出爱国热情来速速予以援助呀！

京奉铁路制造厂职工会启

十月廿八日

唐山职工会的通告二

全国各工团钧座：开滦矿局五矿同盟罢工六天了，此次同洋资本家执理抗争而奋斗，来洗掉几十年来惨暗无天日的苛待，稍具血气的人，莫不高喊畅快而尽力援助的呀！我们职工会和全厂工人们看了他们可怜的情形，心酸泪落，用全体力量来帮助了他们，然而无食的矿工们拿来还当二三天之粟。众位呀！他们并不是拿罢工当儿戏的，他们的地位，是世界上没有比他们卑贱的矿工了，工作时的工资还不够衣食。他们是卖力气的猪仔，他们的性命比马还贱。烧死埋死，死而无尸。百元的葬费，死了五六百人的恤金还比不上矿师一人的月薪。他们资本家尤以为

他们没有马牛这样驯良，请来了杨以德的走狗如狼似虎的保安警察来强迫他们工作。在街上擅放枪弹，阻止交通，打伤了打死了几十人，在警察以为打死了矿工，如同撵死了一个臭虫一样。可怜呀！可怜呀！眼看这群无衣无食的矿工们，要被资本家杀死了，饿死了。同阶级的工团们，能否给他们些援助，使他们得增进些人格，得些衣食来挡饿和饥呀！

唐山制造厂职工会启

十月廿八日

邓中夏是五四时期的进步青年，入学北大，在李大钊指导下，组织发起北京大学平民教育讲演团。1920年3月，邓中夏带领“北京大学平民教育演讲团”来到长辛店工人当中，与工人阶级“打成一片”。1921年5月1日，在北京的共产党早期组织领导下，长辛店1000余名工人举行庆祝五一国际劳动节大会，决定成立工会，这是北京共产党早期组织领导工人组织的第一个工会。工会创办《工人周刊》，向工人宣传马克思主义。10月，工会改组更名为长辛店铁路工人俱乐部。1922年8月，邓中夏领导长辛店铁路工人举行罢工并取得了胜利，同时，长辛店工人俱乐部改名为京汉铁路总工会长辛店分会。其后，邓中夏组织领导的开滦五矿工人大罢工、京汉铁路工人大罢工等工人运动相继爆发，掀起了中国共产党所领导的中国工人运动的第一次高潮。在1922年开滦五矿的大罢工中，长辛店工会更是“通电各工团，严诘杨以德”，指出开滦工人若不加以援助，是不能战胜外国的资本家和丧心病狂的杨以德的，所以工人们要携手共赴前敌，支援唐山工人，和这些剥削者斗争，以显工人阶级是神圣不可侵犯的。

归档号 1-3-70 P104

长辛店工会援救唐山工人

通电各工团，严诘杨以德

全国各界同胞兄弟们呀！唐山五煤矿的亲爱同胞，被外国恶毒的资本家所压迫，已是无法忍受牛马生活，而全体大罢工了，为的是改良他们的待遇，提高他们的人格，别以我们中国的赤子，作他们的奴隶了。

那知该矿主竟以金钱收买丧心病狂的杨以德，用保安队和印度兵，暗下攻击令，大加杀害，致死亡者已有百余人，伤者不计其数。嗳杨以德，你是不是中国人的一份子？你就因每月的万元保险金和二十万元的借款，对着自己的同胞，下这样的毒手么？你这种该万死的滑头官僚，我们若不教训你，你也不知我们工团的利害，从今天起，你小心点吧！但是我对于我们的痛苦同胞，必要以实力援助的，不然是不能战胜洋人的，不能达到目的的。所以，我们第一步光以金钱援助，第二步当以实力罢工援助。如不能打倒这些洋狗和万恶的杨以德，我们是不歇心的，免战牌是不能高悬的。

本部已捐去现洋三千元，暂救他们的倒悬，如不能作到胜利，我们定是驱向前敌，作他们的生力军，打个接应队，到底看看洋人和洋人走狗杨梆子有多大的气力，分个你死我活不可，各界同胞，快快地实力援助啊！

又致杨以德书云：处长杨以德先生云钧鉴，唐山之潮，乃是受外人压迫，不得已而激起的，欲以改良生活和待遇的，并不扰乱治安的，然你用保安队和印度兵，暗下攻击令，杀害他们，是什么一番用意，就图一万元的保险金和廿万元的小借款，就下这种毒手，作人家的走狗，伤害自己的同胞么，请你快快改过自新，将你的保安队，急速撤回，免了你的罪恶，不然激起公愤，将你的饭盆摔了，再作你那糊信封的旧业去，可就有点悔之晚矣。

今天得敝部的团体说，是不赞成你这种行为的，若长此不改，别说有些对不住你啦，专此，祝你快快改过。

长辛店京汉路北所工会

又为唐山工潮痛告各工团快邮代电云：

我们亲爱的工友们，我们同阶级的唐山工友，有了这样的灾难，还不起来快救护么，没非说能甘心听着他们受人家的蹂躏死亡吗？

他们是想，改良待遇提高人格而罢的工，那知该厂竟不但不应允，反收买天津杨梆子，用保安队，大加惨杀，已经死了几十人，受伤者不计其数了。

我们开滦工人，若不加以援助，是不能战胜外国的资本家和丧心病狂的杨以德的，所以我们当携手共赴前敌，和这些魔盗开个大仗，看看他们有多大点本领，亦显我们神圣不可侵犯的工夫，快快救护，打倒杨以德，救我们亲爱的工友们。

长辛店京汉路北所工会布

1922 年 10 月 31 日河北日报载

林西开滦矿工友俱乐部的请愿书从“民为邦本，本固邦宁”出发，逐一列举工人请愿条件，并指出“以上所举证据昭然，此等之事不胜枚举，开滦未合办以前，所有花红，已行分润，而合办以后，红利未曾提及，至今十年之久并未分发，于诸条之外当事人应有正当答复”。

归档号 1-3-70P41　　1922 年 11 月 1 日河北日报

林西开滦矿工友俱乐部呈商会请愿书

自古治国者必先治人，治人之道，当以爱民为方针，何也？民为邦本，本固邦宁。是以爱民者曰民溺己溺，民饥己饥，莅官眼政。先天下之忧而忧，后天下之乐而乐。民代之如父母，缘保民如赤子。始则痛痒相关，继则心悦诚服。如我等劳工亦国民也，谁爱之如赤子乎？有时而痛，有时而痒伊谁相关乎？夫五矿止工之举，官家本可一语解决，君子劳心，小人功力，格外体恤全体解散矣。似我等劳力之小人，本以薪水为重，开门七件事，柴米油盐酱醋茶，为缺一不可者，非钱莫能购。以当时之价论，较昔年已加三倍之多，何以养家，何以裕己，每向总管告困苦，告艰难，皆置若罔闻，更不思我等所作之工为出死入生之事，电机也，煤石也，触则性命相关，并非易易，再不能谋生活焉得而不止工，此迫不得已，非聚众要挟无理取闹。为民上者何弗思民之痛痒。为此据情宣言，兹于十月十六号，已呈递于矿务总局，静候七日之久，并非正式答复，只布告一纸，未经双方认可，至廿三日大众止工，迫不得已，故将请愿者再呈商务总会钧座核夺，逐条批示祇遵。计开请愿六条胪列如下：（一）请求加薪分为三等，十五元以下者加三成，十五元以上者加二成，五十元以上加一成。（二）我工人年尾照庚子前给回一月赏金。（三）我工人每月四星期及年节停工，应援庚子年前给回工资。（四）工人煤条合慰劳金，应与员司一律发给，每月工资十二元者，应受赏给煤条。（五）凡工人在局有过二十五年者，因年老不能工作时，须照原薪发给养老费，养其终身，老无大过不得藉端取消。（六）工人因公受伤应回工资，受伤至重，终身不能工作时，应给回原薪养其终身，倘因致命者，须二次发给五年恤金，照原薪计算。止工后附属请愿四条。（一）矿局应承认五矿工人俱乐部有代表工人之权限。（二）以后局中雇用合（和）开除工人须经工友俱乐部同人会商议。（三）止工时间应照常发给。（四）工人应援两星期例价，在每年之中，应有之三年有两个月例价，完全应给全薪，附属六条如下早明理由。（一）矿底骡马以前喂养费不过七元，今则十三元左右，已加半数，比较工人，虽已布告增薪，每十元者增加一元，显不如骡马费，刻因米珠薪桂，衣食费已加三倍之多，工价只加一成，所以我工人未敢承认。（二）五矿煤价每吨涨价六毛，与我工人无关系者不必论，我等月煤亦长六毛，已受无开亏损而工价何以不增，显于公理殊觉不平。（三）前因直奉战争之际，所有洋员已送家眷离林，我等紧要机关亦曾辞工逃命，乃当道者百般留阻，应许事后奖励，至今失信未偿，反于布告中巧言保护何为奖励以符前言。（四）电气台工人吴某，因走电焚伤，焦头烂额，经洋人××养伤两月之久，不但恤养金分文未给，且停止薪金，此等办法，全球工厂实属罕闻。（五）锅炉房自止工后，经洋人经手绞车压毙王朝良人命，身首数段，而洋人工价每月数百元之多，我工人自绞车以来，未曾发生此等惨剧，每月不过十元左右，何苦采不均乃尔，可见求增薪金，事非妄举。（六）查外洋矿章，每逢石洞内，发现磺磷，人皆石棉衣服以保火险。现开滦五矿未备此服，所以唐矿前焚死四百余人，以后常备石棉衣服。以上所举证据昭然，此等之事不胜枚举。然于我工人皆大有关系，应有相当办法，方符公允以外最高问题，开滦未合办以前，所有花红，已行分润，而合办以后，红利未曾提及，至今十年之久并未分发，于诸条之外当事人应有正当答复。

1920 年 9 月 15 日，《新民意报》在天津创刊，这是一份反帝反封建、反对军阀专制、表达民众意愿的进步报纸。11 月 1 日刊发《京奉铁路山海关工人俱乐部为支援开滦矿工痛告全国同胞书》。11 月 2 日、18 日又刊发《津浦铁路机务同人参考机件联合会浦镇分会为支援开滦罢工的通电》，盼望各地工友暨全国父老兄弟姊妹们，一致声讨北洋政府和警务处刽子手杨以德，请大总统、国务院、内务总长暨参众两院，伸张国法，速治蟊贼杨以德以杀人抢劫之罪。

京奉铁路山海关工人俱乐部为支援开滦矿工痛告全国同胞书

（原载《新民意报》1922 年 11 月 1 日）

全国各界同胞们：

我们开滦五矿的工友们，因为洋资本家给的工钱太少，不能糊口，不肯白白冻饿死，不得已起来向资本家要求涨工钱。这是不是极应该的事？不谓资本家心狠如狼，不但不允从我们的要求，反结交害民贼杨以德，派来如狼似虎之保安队、印度兵数千人，来相包围。想我们劳力换饭吃，是雇佣的性质，我们劳苦终日，挣的钱既不够吃用，当然可解雇不干，更有什么罪。何物杨以德，胆敢仰承洋人的意旨，嗾使其喽啰保安队，不问皂白，开排枪向我们矿工友队里轰击。同时唐山、林西、赵各庄等等工友们被击毙数十人，伤数百人，尸躯倒地，血肉横飞，工人何辜，遇此荼毒？在民主国家政治之下，青天白日里，出此大惨杀案，各界人士，再不起而昭雪，将何言乎公理！何言乎法律！本部同人，热血未冷，不忍视同胞兄弟任人枪杀，决以生命与仇敌相周旋。一为生者争人格，一为死者雪冤仇。凡我全国工友们，父老兄弟姊妹们，大家还有良心吗？请一致起来为我们惨死的苦同胞们报仇啊！

京奉铁路山海关工人俱乐部痛告

1922 年 10 月 29 日

归档号 1-3-70 P108　　　　1922 年 11 月 2 日新民意报

声援唐山开滦矿务局

洋灰公司工友

（一）天津新民意报、益世报、京津泰晤士报、北京晨报、京报、顺天时报、上海民国日报、时华新报、申报、中华新报转全国各工团父老兄弟姊妹们：唐山开滦矿务局与洋灰公司三万多苦工友，受国际资本帝国主义的压迫掠夺摧残，连牛马都比不上。如今起来为争人格，争人的生活，向资本帝国的洋鬼子宣战了，而我们号称民主的中华政府，不独不救助我们苦同胞的生活，反调来军警大加厮杀，真外国资本帝国主义的御用刽子手，至今我们唐山的苦工友，仍被围困于枪刺之下，子弹之中，无出生之路，呼号乏力，死者十数伤者百余。盼望各地工友暨全国父老兄弟姊妹们，一致声讨鸟政府与住天津洋鬼雇用的刽子手杨以德，援救我们三万余苦工友，打倒国际资本帝国主义呀！

津浦铁路机务工人参考机联合会浦镇分会启

十月三十一日

归档号 1-3-71P232　　　　1922 年 11 月 18 日新民意报

津浦工人声援开滦工

快邮代电二通

津浦铁路机务同人参考机件联合会浦镇分会，发出快邮代电二通，为开滦矿工之声援，电文如左：

致政府电，大总统国务院，内务总长，暨参众两议院钧鉴：唐山开滦矿务局工友，因要求增加工资改良待遇罢工（详情载各报），杨以德始则纵警兵残杀工人，继则借封闭会所抢劫，民国官吏。如此横暴，视国法如弁髦，人命如草芥，演出此空前残剧。工人等闻信之下，愤激异常，全体一致公决，请大总统、国务院、内务总长暨参众两院，申张国法，速治蟊贼杨以德以杀人抢劫之罪，则我们亲爱的苦工友可得庆更生，亦申张国法威信之时也。

津浦联合会浦镇分会叩

十一月十六日

至全国电 天津新民意报、益世报、北京晨报、京报、上海民国日报、时事新报、汉口江声日报、真报转全国各报馆、各工团暨各界同胞鉴：唐山开滦矿务局工友及启新洋灰公司工友罢工，已被蟊贼洋狗杨以德杀伤百余名，本与全国各工团及其他团体与舆论界已警告该贼，不料该贼仍继续媚外而求奖，竟于本月四日，将唐山铁路洋灰矿务三大工会封闭，并同时派军警压迫工人上工，不是洋走狗是什么，盼望全国工团同胞舆论界主张公道，速救三万数千余苦同胞的命，共讨洋狗杨以德，是所切祷。

津浦铁路机务同人参考机件联合会浦镇分会

十一月十六日

1922 年 2 月，中共湖南支部派李立三到安源路矿筹建工人俱乐部。5 月，安源路矿工人俱乐部成立，李立三任主任。俱乐部成立后，积极扩大工人补习学校，筹办消费合作社。其宗旨是保护工人利益，减除工人的压迫与痛苦。9月，安源路矿工人举行罢工取得胜利，工人俱乐部成员由700多人发展到1.7万多人。安源路矿工人大罢工之后，1922 年的开滦五矿大罢工是又一次震惊中外的大罢工。

10 月 26 日上午，7 名工人纠察队员被捕，由于形势恶化，罢工指挥部决定动员唐山矿工人举行示威游行，抗议警察的暴行，要求释放被捕工人、答复工人的要求。当游行队伍进入广东街时，被全副武装的保安队拦住去路，保安队向游行队伍开枪射击，当场打死工人 1 名、重伤 7 名、轻伤 57 名，制造了“十・二六”惨案。五矿工人的悲惨遭遇使得安源路矿工人俱乐部为开滦矿工呼援，呼吁广大同胞们“赶快起来援助他们，救他们的命”。

安源路矿工人俱乐部代电
为开滦矿工呼援

中国劳动组合书记部，全国各工团钧鉴：开滦五矿工友为改良生活及待遇而罢工，今罢工数日，非独没有得到丝毫的结果，反酷受了洋资本家的蹂躏，利用本国讨好洋资本家的不讲人道的保安队，自相残杀了我们最亲爱的工友二人，并伤害了八人，闻之发指，言之痛心。今我们除实力的经济以援助外，希望全国的工友都应该知道同阶级的利害关系，拿出同阶级的同情心来援助他们，同时更希望我们的指导者，中国劳动组合书记部速即订出计划，命令全国各工团一致行动。全国的工友们呀！赶快起来援助他们，救他们的命。

安源路矿工人俱乐部

十一月一日

京汉铁路是连接华北和华中的交通命脉。开滦五矿罢工之时，真正意义上的京汉铁路总工会并没有成立，但正处于筹备之中。直到1922年底，在中国劳动组合书记部北方分部领导下，京汉铁路各站开始建立分工会，1923年2月1日，京汉铁路总工会在郑州正式成立。京汉铁路的工人大力支持开滦工人，当时的开滦、启新罢工工人联合发表宣言之后，杨以德以强权压制罢工、查封工会的罪行被全国工友所熟知。在唐山工人的一致声讨和社会舆论的反对下，杨以德不得不于8日潜回天津。11月9日，在邓培的带领下，由11名工人代表组成的联合请愿团，到北京总统府、国务院、内务部和参众两院请愿，控诉杨以德的罪行，要求予以查办。这次请愿虽无结果，但影响很大，全国声讨杨以德的通电铺天盖地。

归档号1-3-71P192　　　　1922年11月16日新民意报

京汉工人声援开滦矿工

致电全国同胞、全体阁员，国会议员

请求撤惩杨以德，废止治安警察法

忆自开滦五矿罢工以来，迄今已逾浃旬，工人之呼吁，长官之布告，议员之质问，无日不披露于报纸篇幅，乃者京汉铁路总工会筹备处，发出快邮代电三则，与矿工以同情的援助，爰录三电于左：

（一）致全国同胞电　万急，北京晨报，京报，工人周刊社，上海民国日报，天津新民意报，汉口日日新报，江声日报转全国各报，各劳动团体，各界父老兄弟姊妹们钧鉴，此次唐山五大煤矿工友同盟罢工，既受外国资本家的虐待，复遭杨以德之保安队惨杀，乃杨以德更复丧心病狂，并封闭矿工友俱乐部，占据京奉路唐山职工会。我等闻讯，又义愤填胸，夫我神圣不可侵犯之工人，焉能任其荼毒？除急电国务院，请其撤革重惩，并参众两议院，请其弹劾杨以德外（电文另呈），并由敝总工会所辖之各分会主，嘱其分途劝募巨款，以资援救外，尚望各界人士本怜人恤弱之心，极力援助，或捐银款，或划良谋，拔唐山煤矿工人于水深火热之中，则我工界其幸甚，谨此电闻，祝希谅察。

京汉铁路总工会筹备处叩

十一月十二日

（二）致全体阁员电　万急国务总理暨各阁员钧鉴，此次唐山五大煤矿工友，因生活困难，受不住外国资本家压迫，迫不得已而同盟罢工。他们衣不饱居不安，辗转哀呼，惨不可言状，罢工后更家无储粮，衣无重衣。此种惨苦，人民当局者，理应如何保护，乃天津警察厅长杨以德，人面兽心，甘心做外国奴，宁肯为洋资本家之走狗，受了资本家之金钱运动，驱使那如狼似虎保安队，以来残杀我手无寸铁之苦同胞。唉，国以民立，国依国存，总揆诸公，当以爱民为重，何得任彼罪恶滔天之杨以德越境害民。彼之所以敢大胆妄为，无非是借着洪宪余孽所制成之治安警察法，为之保障。试问现时之国民国乎，抑帝制乎，矧诸公而认为民国也，则倚帝制法律，为保障之叛徒，当即行撤职，并苛以极刑，而帝制余孽所制之法律，速即抚恤唐山五大煤矿罢工工人，将杨以德撤职重惩，并取消治安警察法，全国幸甚，工人幸甚，迫切陈词，无任待命之至。

京汉总工会叩

十一月十三日

（三）致国会议员电　参众两议阁议员诸先生钧鉴，唐山五大煤矿工友，因饥寒交迫，生活维艰，外人只压迫横施，自己之呼号院（爰）效，逼着他们无路可走，不得已而同盟罢工。罢工固甚正当也，这种可怜人，在罢工期间，其苦更甚往日，当道者理应极为保护和援助才对，乃丧心病狂之杨以德，甘心做外国资本家之走狗，驱使那如狼似虎之保安队，以来残杀我手无寸铁之苦同胞。唉，工人何辜，遭此荼毒，窃思杨以德之所以敢胆大妄为者，乃借洪宪帝制余孽所制定之治安警察法，为彼之保障，故越境乱为，残民以逞。我等素仰诸先生公正廉明，咸以依据法律，伸张公理，保护民权为己任，故此电达诸先生，请即弹劾，重惩、革除胡作乱为之杨以德，并取消非法之治安警察法，全国幸甚，工人幸甚。

京汉铁路总工会筹备处叩

以中国劳动组合书记部总部及各分部所在地为中心形成了北方区、武汉区、湖南区、上海区和广东区等多个罢工重点区。在工人运动不断高涨的形势下，1922 年 5 月，由中国劳动组合书记部发起的第一次全国劳动大会在广州召开，同年 8 月，书记部邓中夏成功领导了长辛店 3000 多铁路工人罢工。长辛店工人罢工胜利的消息，很快传到京绥、京奉、京汉、粤汉以及津浦等几条主要铁路干线，鼓舞了铁路工人的斗志，工运迅速地从经济斗争，一跃而到“反对军阀争取自由的政治斗争”。从全国来看，在中国劳动组合书记部各分部的组织和领导下，中国工人运动风起云涌。在开滦五矿罢工的过程中，劳动组合书记部为开滦矿工呼吁，请全国工人援助开滦矿工，指出资本家压榨中国工人，工人生活狗马不如，开滦 4 万多工友生活困难，不能不起来反抗。劳动组合书记部高呼，为生存而战，为自由而战，打倒军阀警阀，打倒外国资本家。

归档号 1-3-71P233　　　　1922 年 11 月 19 日北京晨报

劳动组合总部为开滦呼吁

请工人援助开滦罢工与日华职工

顷中国劳动组合总部发出一函，请全国工人援助开滦矿工与上海日华纺织工人，兹录其原文如下：

亲爱的工友们：现在的世界是什么世界，诸位想想，不是军阀与外国资本家横行的世界吗！是的。诸公看了这两桩事件就可以证明了。

第一，唐山开滦五大煤矿，原来是我国的国产，后经庚子之乱，被英国资本家强夺去了，现在可真是外国资本家在我们中国刮地皮的地方了。外国人待我们中国人，真是狗马不如，所以开滦四万多工友为了生活困难，不能不起来反抗。谁知丧心病狂狗彘不食的天津警察厅长杨以德，受了矿局三百万元的贿赂，竟带兵到唐山枪杀我们工友，不计其数。杨贼是不是中国人。今竟对同胞施行这种手段，可恨不可恨呢。设立警厅的意思，原是保护人民的，谁知中国警察和中国军阀都是来摧残同胞呢。

第二，上海日本纺织工厂，是日本资本家在中国开的。是吸吮中国工友一个最大的所在。五月末，该厂工友为了生活困难，起了一次罢工，结果是工人失败。谁知日本资本家贿买上海警察厅把工友所托命的工会无端封闭，工友屡次要求启封，竟致不理，且出恶言。工友到此水尽无穷的时候，自然不能不起第二次罢工了。中国约法上明明白白规定“人民有集会结社的自由权”，他们把我们天赋的权利，一笔勾销，可恶不可恶呢，可恨不可恨呢！罢工二十余天，外国资本家不得已另出方法，贿买上海护军使何丰林派兵压迫，且以“如不上工，以军法从事”来恫吓我们工友。何丰林是不是中国人，这样摧残同胞，真是狼心狗肺的人了。亲爱的工友们，请看这两桩事件是不是军阀、警阀与外国资本家勾结，所以我们工友为生存计，为自由结社计，为民族人格计，要一齐起来援助，或以金钱，或以实力呀。我们这五万穷苦同胞呀！我们要高呼，为生存而战，为自由而战，打倒军阀警阀，打倒外国资本家。

第二节　英国资本家的立场与对策

开滦矿务局罢工之前，唐山京奉铁路制造厂工人罢工早就引起开滦矿务局资本家的注意，他们时刻关注着这一事件的动态，自然会联想到开滦煤矿工人会不会效仿，虽然开滦矿务局自身已经拥有500名内部警察，由于担心力量薄弱，不能应付工潮，还是做了一些预防性的准备。比如，以保护英国人利益为名，四处求援，联络直隶省天津警察厅、北洋政府军队，预备通过武力镇压。1920年，因吸取罢工教训，矿务局开始聘用密探潜伏于工人内部，时刻关注工人动向，以便采取有效措施，预防不测，还派遣矿务局代表，即所谓的“和平使者”，联络工会，从工会内部破坏工人团结，离间工人组织，这种方式对于汹涌的工潮收效不大。资本家最惯用的方式就是经济手段，罢工期间肯定要停发工资，矿务局会承诺如若不采取罢工的方式，则可以适当提高工资，比如，月薪30元以下者增资一成。资本家以威胁的方式恐吓工人：“若是听他们的话，将来出了乱子可没有人管，警察一定要严办的，到那个时候后悔已经晚了。”

当工人代表向矿务局递交请愿书之后，资本家就坐不住了，不得不调动警察以做防范。10月23日罢工开始后，特别是唐山矿、林西矿、赵各庄矿发生一定范围的冲突后，资本家深感警察力量薄弱，不足以应对局面，便利用自身影响力继续向直隶警务处施加压力，通过开滦矿务局督办袁克定、直隶省省长王承斌向曹锟、吴佩孚等调动开平镇守使殷本浩、滦州第十五师（师长彭受莘）、十三混成旅董政国所属兵力。还以兵力不足，英国人生命安全不能得到保护为由，通过英国大使馆的影响力，调动英国军队参加镇压。大批警察、士兵进驻各煤矿周围，这无疑使手无寸铁的矿工们的活动范围缩小了。

罢工组织对此早有防备，通过成立了若干纠察队，以维持罢工人员的秩序，并防止个别工人私自复工。此时，开滦矿务局周边已经部署上万武装军队，很显然，面对强大的军事力量，仅靠手无寸铁的工人纠察队，根本无法应付，甚至是不堪一击。恰好，这些敌人并非团结一致，比如，驻守开平的部队，有些士兵为了赚取生活费，还曾利用闲暇时间充当临时矿工，他们与矿工非常熟络，自然就对工人有同情之心。罢工组织便利用这些条件，给军队写信，说明工会态度，揭露英国资本家欺凌工人行径，工人罢工的起因及诉求，罢工是文明国家通例，西方国家曾屡有罢工事件发生，罢工不过是民主国家工人的正当权利，军队不应武力干涉，工人这次采取罢工，不过是被逼无奈。士兵闻知后，甚为感动，军官也表示同情。

殷本浩、董政国等平日就对英国资本及洋员怀有不满，特别是矿务局保安队纪律松散，让人切齿。围守开滦矿务局是上峰命令，不得不服从，也就采取互不干涉态度。殷本浩还主动要求矿局让步，提出解决方案，并称愿意在需要时出面调停。这样一来，军队及警察大多按兵不动，避免了双方的武装冲突，除了各媒体继续报道开滦矿务局罢工事件外，双方保持了长时间的稳定。

在参与镇压罢工之初，杨以德声明其职责仅为保护矿区平安，并不参与调停，事实上，在罢工进入稳定期后，他慢慢地介入到了罢工调停中来。资本家与军阀在奖励复工者7日工资上达成了一致；资本家想仅给50元，甚至是100元月薪以下人员增加一成工资，杨以德则认为罢工的组织者都是技术工人，他们的工资普遍高于50元，有的甚至超过100元，如果仅给50元月薪以下者增加一成，恐怕罢工的组织者不会同意这个方案。如果公布资本家的方案，罢工可能还会继续下去。

11月4日，杨以德派军警强行占据总工会办公地点和洋灰工人俱乐部与铁路职工总会工场，除将会内所有文件什物尽行劫去外，还抢去银洋600余元。[①]罢工组织者不得不另外寻找更加隐蔽的办公地点。

11月11日，杨以德在写给开滦协理王少泉的信中，可以清楚地看出此次罢工的全部捐款情况：共收到捐款14320元，开滦矿工共35000人，每人平均获捐款0.4元，确实难以维持较长时间。

归档号 1-3-71 P176　　　1922年11月11日

由：警务处杨以德　　　致：开滦协理王少泉私函

少泉仁兄大人阁下：兹将在唐查获煽惑工人机关，抄获该机关收款账簿，择要照抄清单一纸送请查阅，并请台安。附单一纸。

愚弟杨以德顿首

十一月十一日

清单

京奉铁路制造厂职工工会捐助大洋一千元 只魁元手

香港海员工友俱乐部捐助洋二千元 只魁元手

①《北京晨报》，1922年11月11日。

京汉驻马店机件研究所工友俱乐部捐一百七十元 只手

津浦路浦镇机件研究所捐助一百元 只手

津浦路济南大槐树机件研究所助洋五十元 只手

山海关工友俱乐部助洋五百元 只魁元手

南洋星（新）加坡总工党助洋一万元 只魁元手

京汉路长辛店工友俱乐部助洋二百元 只手

北京马克思君学谈研究会代捐三百元 只手

11 月 8 日，林西矿的 6 名包工，经罢工组织者同意，找到了杜克茹，向其表露因罢工，包工和工人都受到了很大损失，如果复工，矿务局能给出什么条件。杜克茹称是否有诚意，如果没有诚意，就没有必要谈；如果有诚意，将给予立即复工者 7 日工资奖励，月薪 30 元以下者将增加一成工资。[①]

归档号 1-3-71P166　　　　1922 年 11 月 10 日

由：开滦杜克茹　　　　致：开滦杨嘉立电报

经过一度平静以后，罢工者们的威吓行动又嚣张起来了，并且更加剧烈了。昨天，在唐山，我们工作中很重要的某些工头被罢工者们从他们家里抓走，送至罢工者们的集会地方——山东会馆。我们的一些工人在那里被拘禁着。

今天早晨，在矿上，外国人们捕获了一名外工的二工头，他带有罢工者们给我们矿内工人的恫吓信件。这人已被送到警察局，但在九点十五分，我同姚先生谈话时，他对这件事情还什么都不知道。这种恐吓行动发生的影响，在唐山马上就少了 200 名外工、一些工务员、监工等等来上班。

……

我愿意说一下在八日下午所发（生）的一项事件：

有六名林西包工来见我，并告诉我，由于罢工各人都受了很大损失，

① 开滦集团公司档案馆档案，归档号：1-3-70，《开滦唐山总矿师杜克茹致开滦总理杨嘉立函》，第 166 页。

特别是他们自己。为解决罢工，他们问我可以给罢工者什么东西。我要求他们诚意地告诉我，是谁派他们来见我的。他们起初说，他们自愿来的，但以后承认，在来以前，他们曾和林西罢工首领们说过并取得同意。

我告诉他们罢工的经过情形，并说这是很容易把它结束的。这只不过是一个在罢工者有无善意问题。主要的问题是要知道他们是否打算复工。如果他们没有善意，仅谈是没有用的，因为不能获得结果。另一方面，如有善意，事情是很容易解决的，而且我告诉他们所知道的事情（在这个地区，每一个人都知道这件事情）即对立即复工的罢工者奖给他们七天的工资，并对赚 30 元以下的工人给以增加工资一成。

……

由于他们是忠诚的，我们立刻准备给他们七天的工资，作为奖励，而在 30 元至 100 元之间的工薪予以增加一成。

要考虑的一个问题是：在这布告中我们应否提及井下工人（成年的）最低工资每班 0.36 元，它意味着没有一个井下成年工人的每天工资应少于 0.36 元。

李希明反对提出井上工人的最低工资问题，（井上工人在我们工人中仅是一小部分）因为我们的井上工人的最低工资已经是 0.27 元，而他的仅是 0.24 元。

如果我们在马家沟张贴像这样的布告，它会很快地为各矿和秦皇岛人们所知道的。

请考虑上述种切并对信内所论及的问题，予以指示。

在罢工开始的时候，资本家以及警察们已经注意到了，罢工者手持的旗帜等物品中，有镰刀和铁锤标志，经过与英国大使馆确认，这个标志与俄国共产党的旗帜和徽章高度相仿，这样一来，资本家就怀疑此次罢工事件的真正组织者是共产党，甚至背后有俄国的支持。资本家和警察的密探发挥了作用，资本家已经了解到邓培为罢工领袖之一，曾经试图逮捕邓培及其他罢工领袖，以快速结束罢工。

归档号 1-3-71P167　　　　1922 年 11 月 10 日

由：开滦总理杨嘉立　　　　致：开滦唐山总矿师杜克茹函

……

在我这方面让我向你郑重地说明，我认为在这次整个罢工的期间，你始终用最可能完满的方法来掌握这个局面。我相信关于政策的遵循，我们是完全一致的。我极真诚地把我心里的一切事情告诉你了，而我完全相信你也同样地对待我了。既然我们继续执行这计划，我想在我们之间发生的任何严重的误会是很不可能的。

现在说一下我和杨以德将军讨论各点的结果。

杨以德已经知道邓培这个人领导煽动的活动。他已在监视中。他们正尽力搜集充分证据，作为逮捕邓培的正当理由。杨将军相信邓培去北京的主要目的是控告警察局在这次罢工中所尽的职责。

我反复地问杨将军关于他给王乔治的指示。他告诉我说，他给王的主要指示是要他了解并向杨报告关于广东人中间的情绪。他说王是唐山广东人中的一名首脑人物，因他收集的这种消息是很合格的。另外，杨告诉王说他可以每月工资在 100 元以内的增资 10% 的条件，试劝广东籍的工人回矿工作。据我了解除此以外，他没有给王其他的指示。

至于你提议对马家沟工人张贴布告的问题，我和王劭廉认为这一提议是十分合适的，我不能给你全部论点，因为过长，但我们和杨讨论的结果，同意了下列各项：

尽可能多的工人代表应该召集在一起，并照你所建议的各点向他们演讲一次。讲的时候应该说明：由于他们这次忠诚的工作，你愿给他们一个奖赏。因此，要求上级核准给他们一个等于七天工资的奖赏，以及在 100 元以内的工资一律增加 10%；我和杨将军商量了，给这样一个奖赏是否适当，并经他的同意，这项奖赏是相应地被核准了并将立即发付。

你将见到这主要目的是给杨将军“面子”。这个面子我们颁发布告是能解决的，在这件事上，他要“面子”，特别是他提议在星期日乘日本车到唐山，那时他希望同你商量并就可准备作最后的解决。由于这原因，杨特别请求明天十一号星期六，在马家沟把工人召集在一起。目前

关于最低工资的问题我们不必提起——这个问题他到唐时将同你讨论。

……

最后，资本家善于利用强大资金作为后盾，开展一些公关活动，积极干预媒体报道。开滦矿务局总理杨嘉立，分别于10月26、27日，11月1、3、4、16日，共6次，致函各大报纸主笔，恳请他们刊登由开滦矿务局自己撰写的罢工情况通稿，很显然，这些通稿自然对开滦矿务局非常有利，这些内容会介绍矿工的“无理”要求、淡化警察开枪伤人情况、扮演成受害者，甚至还会威胁矿工们，等等。

归档号 1-3-70 P63　　　　1922年10月26日

由：开滦代总理那森爱德　　致：天津泰晤士报，华北明星报及华北日报主笔函

兹将我们所有汇集的最近消息随函奉上，即请登载于明天出处的贵报中是荷。

归档号 1-3-70 P73　　　　1922年10月27日

由：开滦代总理那森爱德　　致：天津泰晤士报，华北日报及华北明星报主笔函

我希望你们将附上之文件惠予刊载贵报明日出版的报纸上，此消息包括了我们所有的最近的情况。

开滦矿务局工人罢工

据由受到影响的各矿传来最近消息称：从昨日报告的骚乱以后，一切安静，警察增援部队与工程处之工人均已到达唐山矿，但因为从胥各庄和滦县开来的中国军队尚未到达，警察当局尚未实行逮捕煽惑者及祸首。

从唐山接到关于星期四骚乱另一消息称有一部分警察被罢工者截住并包围，有一些警察负伤。当天津增援到达时，这部分警察才放出来。

罢工者亦曾阻止商人往矿内送饭，并架走一个市内饭铺掌柜。

归档号 1-3-70 P119　　　　　　1922 年 11 月 1 日

由：开滦代理总理那森爱德　　　致：京津泰晤士报，宇林西报[①]及华北明星报主笔函

兹送上关于弊矿罢工消息一则，希贵报于明日刊登为感。此项有关罢工消息为敝局最近收到者。

开滦工人罢工

近几天矿区很平静，有值得注意的好感和清楚地表示，有很多工人对罢工感到厌倦并渴望恢复工作。警察和中国军队已经掌握这个局面，并集中力量来保护愿意复工的人们。

杨以德将军带领 50 名警察护卫昨天乘快车来唐山，以便就近处理罢工事件。

马家沟矿工人仍旧都忠诚，该矿产量没有遭受妨碍。

归档号 1-3-70 P130　　　　　　1922 年 11 月 3 日

由：开滦代理总理那森爱德　　　致：京津泰晤士报，宇林西报及华北明星报主笔函

关于敝矿工人罢工一事，兹送上最近接到消息，希贵报于明日披露，俾众周知为荷。

开滦矿务局罢工事件

昨天多矿情形好转，均有少数工人重行上工。

工人对罢工之领头人开始表示不满，罢工风潮有可望平息之征兆云。

---

① 《字林西报》（*North China Daily News*），又称《字林报》，前身为《北华捷报》（*North China Herald*），曾经是在中国出版的最有影响的一份英文报纸。英国人在中国出版的历史最久的英文报纸。英国商人奚安门 1850 年 8 月 3 日在上海创办《北华捷报》周刊。1856 年增出《航运日报》和《航运与商业日报》副刊。1864 年《航运与商业日报 》扩大业务 ，改名《字林西报》，独立发行。《北华捷报》作为《字林西报》所属周刊，继续刊行。该报曾发表大量干预中国内政的言论。主要读者是外国在中国的外交官员、传教士和商人，1951 年 3 月停刊。

归档号 1-3-70 P137　　　　　1922 年 11 月 4 日

由：开滦代理总理那森爱德　　致：天津华北明星报编辑函

贵报昨天据中国报纸的通讯登载敝局自天津约去英国电灯房的电工匠，请求在天津的朋友设法救他们获得自由，因为他们被强制扣留在开滦矿上云云。

查不仅英国工部局的电气工程师和电务处管理都没有接到可以证明此事的消息，即我本人亦无所闻。我就立时电询敝总矿师，据他答复称："英国工部局的电工匠现在林西，工作十分良好。他们有完全的自由。为方便起见他们在矿内住宿。没有发生任何牵扯和摩擦情形。这些人是十分愉快的，因此中国报纸的报导没有一个字是真实的"等语。

如果贵报给这封信以同等的刊载机会，如同昨天刊载中国报纸的报导一样，我将十分铭感。

归档号 1-3-71 P228　　　1922 年 11 月 16 日

由：开滦代理总理　　　致：天津京津泰晤士报、字林西报、华北明星报、京津日报主笔函

兹送去一些有关罢工事件的消息，希贵报于下次出版时刊登为感。

开滦矿务局各矿罢工事件

罢工已显示出明确瓦解的征兆。赵各庄矿昨日已全部复工，而林西及唐山则一部分。在唐山有几个不妥协者企图阻止工人复工，遂逮捕了十二人。秦皇岛工人不久可望复工，他们正等候唐山罢工委员会之消息。

虽然资本家会撰写事件通稿，但没有用金钱贿赂媒体的直接证据。从目前掌握的资料看，工人联合会还没有主动操控媒体报道的证据。从这些关于开滦五矿大罢工的报道内容来看，基本能遵从客观事实，但也存在刻意夸大、避重就轻的情况，这是报纸类媒体的通病，再加上当时通信手段落后，可能是报社本身掌握的信息不准确等原因所致，其内容在可接受范围之内，并没有发现资本家能够影响报道的明显痕迹。这说明了当时的媒体有很大的自由度，能够坚持以事实为依据，坚守其职业操守和道德底线（此部分会在本章第四节展开论证）。

第三节 北洋政府、督办、警务处的强硬与镇压

一、北洋政府

本著作第二章在分析“开滦矿务局的基本情况”时曾指出，中国银行、交通银行号称北洋政府的中央银行，这些银行必然会持有很多开滦的股票。据此分析，北洋政府与开滦矿务局之间定会有利益上的牵连。

最初，对于开滦矿务局资本家调动警察和军队这件事，北洋政府的态度显得有些奇怪，他们既不过问，也不阻止。随着各大媒体陆续进行报道，北洋政府不得不过问此事。11 月 9 日，北洋政府农商部质询开滦矿务局罢工一事，要求矿务局给予说明，解释罢工的起因、经过、武力镇压是否出于必要，等等。农商部还派两名委员到唐山实地调查。事实上，北洋政府并非真正关心矿工的遭遇，他们只是碍于舆论压力，不得不做做样子罢了。北洋政府个别有识之士，关注唐山的罢工事件时间还要早一些。11 月 4 日，议员胡鄂公等数十人，在《大公报》发文，对资本家及杨以德提出质问。

归档号 1-3-70 P112

大公报（1922 年 11 月 4 日）

国会之协助劳工声

开滦矿务局惨杀工人案

议员胡鄂公等提出质问

议员胡鄂公等，为开滦矿务局沟通军警惨杀工人案，提出质问书，其原文如下：为质问事，窃查开滦五大矿工人总同盟罢工风潮，早已发动多日。乃当局不思设法调处，冀求解决，反用武力压服，以至迁延至今，愈趋险恶。近列据北京各报登载唐山通讯，谓开滦五矿工人总同盟罢工风潮，日开扩大。事缘本月二十四日林西矿务局洋人以风潮尚未平息，乃设计破坏工人团体行动，私买少数工人到局工作，旋被罢工工人制止，虽经杨以德派来之保安队在场弹压，仍无效果，于

是该洋人复往马家沟雇来百余人，用火车装载，向林西开来。此时工人等相率横卧铁轨之上，以要求停车，保安队便令火车司机向人开往，该司机因不忍残害自己同类，遂停车不进，此时车上马家沟工人，不愿再往林西，并令原车驶回，旋即在马家沟召集全体大会，议决于二十五日举行同情罢工。二十六日，唐山启新洋灰厂工人，亦有同一之举动。而唐山铁路及纺织两厂工人，现亦拟罢工援助共同呼吁，故罢工风潮之范围愈扩愈大。双谓先是路局方面，先风潮发动，异常着急，于是议决采用武力对待手段，遂辇大宗现金，送给当地保安队及天津杨以德，请其以兵力干涉，以至演出此次横杀工人大背人道之惨剧。据实际调查，该路局希重利用马家沟工人，以破坏工人罢工团体之政策，已归失败，而附近各地工人又复纷纷响应援助，遂不惜倒行逆施，故有此举。事缘二十六日晨六点钟，该地罢工工人自行组织之罢工纠察团，是日适在林西大街守望，路局方面，即令保安队驰赴驱逐工人，工人不允，保安队即不问理由立即举枪施放，计当场击毙工人二人，纠察团亦被捕拿。事后调查，除当场击毙二人外，受重伤者八人，失踪及轻伤者尤不计其数，并当肇事时，全市秩序大乱，行人断绝商店闭户。以上各节是见诸京内各报所登载者，而鄂公复询诸该地来京之人，据其所述亦大致相同。彼此参证属实情，且同欲在该地罢工人数达五万有余，因变起仓猝，毫无准备，路局才对之既同仇敌，而工人又因横受压迫，宣死不屈，目下聚处旷野，饥寒交迫，呻吟待毙，惨不忍闻，惟稍有热心志士，代为奔走呼援，而杯水车薪，补救匪易。忖思我国近年以来，因灾祸之荐臻，以至物价之暴涨，即素属中产之家，亦莫不觉生活之困难，而专以劳力作商品之贫穷工人，尤其特别感其痛苦，故年来各地工人罢工风潮虽连续不辍。然查其内容无非要求增加工资，改良待遇，以图谋生存耳，尚不能说及如欧美劳工运动间有为政治作用，而牺牲者也。无如我国当局匪独不体恤下情，反遇事操之过激，往往因区区劳资之争执问题而至演出流血之惨剧。如上月之粤汉铁路及此次之开滦五矿其尤酷者也。不思社会因产业之进步而生活增高，工人因生活之增高而感受痛苦，以至于万不得已，乃出于同盟罢工。此固是正当主动而亦事势之必至情理之当然，故欧洲产业最发达之国首推英国，而工人同盟罢工之风潮亦以英国为最多，然每次罢工风潮，政府亦只立于仲裁地位，从未闻有对待手无寸铁之工人，如临大敌而施以横暴之行为者。况查开滦五矿创办，悉起自国人，闻当时矿局管理尚称完善，且开办伊始无甚把握，而工人待遇反比优良，自开平矿务局改隶英国，继滦州公司与之合并，所有大权尽移外人，彼只知饱其私欲，何计害及我国同胞，是以该局规章所定，工人生命之价值，不及一驴价值之高，其贱视我国工人，可以概见。又据该局近来报告，年出良煤二千五万余万吨，实获纯利金三百余万，诚思此每年之三百余万纯利金，何以非现在惨被杀伤及横受摧残之五万余同胞出生入死，自视牛马之役，甚至牺牲性命所得之结果耶？在矿务当局，不念工人之勤劳，对于工人区区之要求，犹斯不与。既属出于情理之外，彼军警当道，利令智昏不惜率售而食人，尤为国法所不许容，即同属雇用之林西矿务工人，恃势而欺图破坏工人团体行动，亦殊属非是。方今国会重开，法律彰明，究竟政府对于保护劳工，有无诚意，矿局沟通工人，毒杀矿工，是否合法？地方行政长官，动辄派兵惨杀工人，究属根据何项法律？洋人破坏工人团体行动是否契约规定？否则立请政府一面先行派员驰赴该地，抚绥工人，一面对于杨以德开滦矿务局及该局洋人等，任意纵兵杀人，公然破坏工人团体，皆属目无法纪，均应一并严行查办分别惩撤，而此无告之数万工人，庶不至旦夕辗转于沟壑也，谨依法提出质问者，限三日答复。提出者：胡鄂公、蒲伯英、骆继汉、林长民、王宗尧、尚镇圭、高旭。连署者：欧阳成、马骧、谢翊元、刘彦、董继昌、杜成镕、汤用彬、陈国玺、萧汝玉、范熙壬、袁麟阁、窦奉璋、彭汉道、范鸣钧、王有兰、李载赓、郑人康、张峰、易次乾、蔡达生、冯振骧、白逾桓、罗家衡。

11 月 9 日，开滦董宏猷等 11 名矿工代表赴京请愿。9 日求见黎总统、王总理不成，仅递呈文，次至参众两院及内务部，也没有得到接见。10 日再到总统府，转见国务总理，由秘书代为接见，答应将代表所有请求转达总理。

再次至内务部等候两个多钟头，才见孙总长代表等。[①] 北洋政府仅对矿工的遭遇表示同情，代表们提出罢免杨以德，则表示北洋政府无能为力，只有直隶省才能决定此事。这种回答无非是推卸责任而已。

归档号 1-3-71 P170

开滦代表来京请愿（1922 年 11 月 11 日北京晨报）

要求罢斥杨以德

开滦五大煤矿工人自罢工以来，计将达两旬之久，溯其所以牵延不能早日解决者，传闻实原于杨以德受外人方面 120 万元之重贿，愿用武力强迫工人，限两星期完全上工之故。连日杨以德指挥保安队横施压迫，与日俱历，并于本月四日驱逐工人上工，强据总工会之所，及洋灰工人俱乐部与铁路职工总会工场，除将会内所有文件什物尽行劫去外，传闻尚抢去银洋 600 余元。最近强拉工人入矿作工。于是工人等十分不堪其压，于前日（九日）派出代表 11 名来京向政府及议会双方面请愿。据调查所及，该代表与前日下午四时，便手执白旗上书“开滦五大煤矿罢工代表请愿团”“唐山启新洋灰公司罢工工人代表请愿团”“四万六千工人请命”“同胞啊！国贼杨以德受贿媚外枪杀我们呢！救！救！救！”“同胞们！外国资本压迫我们呢！救！救！救！”等字样。首至新华门见黎总统，次至国务院见王总理，均因太晚，仅递呈文，未获面呈一切，再次至参众两院和内政部，亦以时晚约以次日再见。此前日请愿之大概情形也。昨日（十日）一早该代表等复行至总统府，当答以请代表等转见国务总理，在国务院候了一点多钟，总理还不见来，便左右秘书代为接见，当允将代表所有请求均当转达总理云。再次便到内务部，等了两个多钟，才得见孙继长，代表等除将呈文面呈外，并略述此次罢工经过及杨以德受贿纵兵之横蛮。孙答谓工人罢工，要求生活改良，此乃世界潮流，杨以德这种对付，是不对的。但各位所请目的，是在将杨罢免，然此非现政府能办到，各位如果坚持非驱杨不可，还请面

① 《开滦矿工代表来京请愿，要求罢斥杨以德》，《申报》，1922 年 11 月 13 日第 7 版。

向直隶省省长处请求云云。至向参众两院请愿事宜，参议院已由议员江瀕等介绍。参议院已请议员童启曾等介绍，不日当正式提出在国会讨论。兹录其呈文如下：

具请愿人开滦五大煤矿，秦皇岛及启新洋灰公司四万六千工人代表董宏猷等为请愿事。唐山煤矿及洋灰工人前以不堪矿局及公司虐待，为自身生存起见，请求当局改良待遇，未蒙见允，遂致先后罢工，以促彼方之反省。此中经过情形，京沪各报载之甚详，谅在我大总统洞鉴之中。罢工以来，于今十有五日矣，工人等既感衣食之困难，复受矿局之虐待，艰苦万状，不言可知。不意处兹悲惨之厄运中，更遭天外飞来之奇祸，上月 26 日天津警察厅长杨以德无端唆使保安队袭击工人，当场击毙工人 6 名，轻重伤 57 名，追逐失踪者无算。本月四日，杨以德复令该拘去工人 8 名，非刑拷讯，并抢劫五矿总工会，洋灰工人俱乐部及铁路职工会三公团，除所有文件藉据什物荡然无存外，共劫去洋合计 600 余元。窃念工人亦国民一份子，唐山亦国所及之处，杨为国家官吏，竟开髦法令，草菅人命，形同盗匪，至于此极，此不独唐山近来之剧变，亦可谓国内所未有之怪现象也。道路传闻，杨之为此，系为公司贿赂所疆使，虽事无佐证，然观其一意孤行，甘心犯法，不为无因。工人等现处荆天棘地之中，实受人生未有之苦痛。伏念我大总统胞与为怀，必不忍吾数万工人葬身于杨以德一人贪壑之中，用敢掬诚请愿，迅恳将杨以德即予褫伐，并治明杀人抢劫之罪，则水深火热之工人，将同庆更生，感戴靡涯矣。此呈大总统。

请愿人，开滦五矿总工会及启新洋灰公司工人俱乐部代表董宏猷，常振常，梁鹏万，伍有临，万安全，白天柱，刘国才，刘明达，曹子才，邓扬，萧潇。

二、开滦督办

官督商办是清政府洋务运动时期的产物，由政府主持设立工商业机构。官督商办企业不是政府机关，企业“盈亏全归商认，与官无涉”。这种工商业机构通常叫作“局”，也叫“商局”，是正常行政系统以外的机构，常由绅士或仅有虚衔的官员主持，主持局务的人由政府要员“札委”，即官员出“札”，给予“委员”的地位，可以有总办、会办等职务，他们的地位是商，而不是官。这种状况，就使得这种官督商办的企业处于一种模棱两可的地位，具有官方及札委官员私人的双重属性。

这种札委官员或商人，通常为商局的总办或会办，总办为正职，会办为副职，资格次于会办者称帮办，负责处理日常例行事务者称坐办，北洋政府时期仍有此制度。督办一职由政府直接任命，其代表政府利益，主要职责是监督总办、会办对商局进行日常管理。民国北洋政府时期的督军曾改称“督办军务善后事宜”，简称“督办”。

中国近代煤矿第一任督办是张翼，1846年生，直隶（今河北）通州人，满族，原为清朝醇亲王府仆役，后捐为江苏候补道。1892年，张翼任开平矿务局会办，同年，开平矿务局第一任总办唐廷枢去世后，张翼接替开平矿务局总办之职，1897年升至开平矿务局督办兼直隶热河矿务督办。在此之前，开平矿务局虽名为官督商办，但清廷一直没有派督办一职。开平矿权案发后，被清廷革去职衔，一直在天津居住。在张翼之后，清廷及国民政府又陆续向开平矿务局派出几任督办，直至1934年督办制取消。

1912年，开平矿务有限公司与滦州官矿有限公司联合办理，称之为“开滦矿务总局”，同年袁世凯大儿子袁克定任开滦矿务局第一任督办，到了1922年，袁克定担任督办已经有10年之久。他在开滦矿务局领取高额薪水，自然也会利用其父亲在北洋的影响为开滦矿务局协调一些棘手的问题。比如，在这次五矿同盟大罢工之中，袁克定自然会代开滦矿务局出面，寻求直隶省及北洋政府的帮助。

开滦历任经营者一览（1878—1934）

<table>
<tr><td></td><td>督办</td><td colspan="3">总办</td></tr>
<tr><td rowspan="2">开平矿务局</td><td></td><td>唐廷枢 1878—1892
张 翼 1892—1896</td><td colspan="2" rowspan="2"></td></tr>
<tr><td rowspan="2">张翼
1897—1912</td><td rowspan="2">周学熙 1897—1900
德璀琳［德］1900（代）
Detring Gustav von
胡华［美］1901—1901
Herbert Clark Hoover
吴德斯［比］1901—1901
Chevalier De Wouters
杜根［美］1901—1902
J. H. Dugan
威英［英］1902—1903
T. R. Wynne
那森［英］1903—1912
Walter Simeon Nathan</td></tr>
<tr><td>开平矿务有限公司</td><td>滦州官矿有限公司</td><td>周学熙
1906—1912</td></tr>
<tr><td rowspan="3">开滦矿务局</td><td>督办</td><td>总理</td><td colspan="2">中方总理</td></tr>
<tr><td rowspan="2">袁克定 1912—1927
李宗桐 1928—1931
胡惹愚 1931
周大文 1931—1933
章保世 1933—1934</td><td rowspan="2">那森［英］1912—1923
杨嘉立［英］1923—1931</td><td colspan="2"></td></tr>
<tr><td colspan="2">顾振 1934—1938</td></tr>
</table>

归档号 1-3-70P16　　　　1922 年 10 月 22 日

由：直隶省长公署　　　　致：开滦督办函

迳启者，顷接贵督办来函称“有人力图煽惑敝局工人，集众提出要求，特请令饬警务处给以特殊协助，派遣二百名武装警察，分驻唐山及林西，各一百名。警察何时可以派到，亦希赐知”等情。

查贵局工人既然被他人煽惑，本署自应与贵局合作，以制止煽惑者的活动，业照来函所请令饬警务处派遣二百名维护秩序警察前往以备弹压煽惑者。特此函复，即希查照。

归档号 1-3-70 P88　　　　1922 年 10 月 29 日

由：开滦督办　　　　致：直隶省省长函

敬启者，兹接敝局报告内称：“关于本局所属唐山、林西、赵各庄各矿

以及秦皇岛之罢工事件，承蒙直隶省长准予支援，派遣军警前往保护，甚为感激。但在过去的数日中，情势越来越严重，诚恐原派来之军队为数不足调配，希呈请直隶省长，并电恳直鲁豫巡阅使，派遣大批援军，分赴各矿，维持秩序并加保护。”等情。据此，除电请曹巡阅使核办外，理应将敝局之请求转呈钧鉴，并附呈上述抄电一份，谨请核办，则不胜感激之至。

归档号 1-3-70 P89　　　　1922 年 10 月 29 日

由：开滦督办袁克定　　　　致：曹锟电报

兹据开滦矿务局报称：“最近，来自各铁路之罢工风波已到达京奉路之唐山，因此，我们各矿受到影响。在发生罢工之前，本局曾向工人发出布告，宣布增加工资。此项增薪需要每年额外支出五十余万元，本局每年获利不过数百万元，岂能再多作让步，但工人所提出的各项要求，皆为本局难以施行之事。因此，曾向各方宣布，实难再作让步，而工人受了他人之煽惑激动，于本月 23 日在唐山、林西、赵各庄与秦皇岛同时举行总罢工。虽然，有许多工人愿意工作，但由于罢工者的威吓，他们不敢上班，情势日趋危险，罢工者甚至企图攻入矿场，为了捣毁机器，强迫其他工人停止工作，而将他们架走。罢工者阻止往矿里送饭食，架走饭铺掌柜，并吊打看煤人。他们还作了各种其他非法行为。虽蒙省长派遣军警前往保护，然而，数万罢工工人之暴动，实非一两营士兵所能弹压，因为矿场内只有警察保卫，而矿场外的兵力又是十分薄弱。祈电恳曹将军准予援助，急电驻防滦州、胥各庄与开平之军队，派遣大批援军开至各矿，维持秩序以资保护。另外，本局提出之增加工资办法，表示我们能以做到的最大限度，此外，敝局一点不再增加。亦希恳请巡阅使电谕开往各矿的各个部队了解此点，以免误会。”等情，据此，理合转请钧座，恩赐援助，并希立即施行，实为德便。

归档号 1-3-70 P94　　　　1922 年 10 月 30 日

由：直隶省长公署　　　　致：开滦总局督办袁克定第 262 号公函

迳启者，案据警务处转据唐山姚局长漾电内开：“今晨唐山开滦矿务局工人三千余人一律罢工，局长事前闻耗，立即督饬各官警队进矿维持，将电机、水机、绞车、锅炉、风扇五处工人，力予开导，照旧作工，以免矿井被淹。一面派警监视防守，并据林西赵各庄两矿驻警报告，各该厂工人未上工情形同前，除仍分饬严行维护及将拿获在唐厂滋闹木匠张志业一名，另行解送警务处讯办，并续行呈报外，谨此电闻。唐山警察局长姚彤章叩漾”等情。据此，除分函矿局并指令该局认真开导，早日开工，严究主使之人解津讯办，随时通报外，理合呈请鉴核施行等情，据此，除指令呈悉，仰仍转饬唐山警察局督率警察会同矿局人员，协力维护，一面会同剀切劝导，务令早日一律上工，是为至要。并将讯办张志业情形，具报查核，此令印发外，相应函请贵督办查照，转饬会同警察一律维护，劝导早日开工，实为至要。

归档号 1-3-70 P98　　　　1922 年 10 月 31 日

由：曹锟　　　　致：开滦总局袁督办电

艳电悉，工人藉端要挟，殊属非是，已由彭师董旅加派部队前往弹压，尚望饬员剀切开导，以便从速解决，免致风潮扩大，是所盼祷。

归档号 1-3-70 P100　　　　1922 年 10 月 31 日

由：开滦督办袁克定　　　　致：直隶省长王公函

迳启者，据敝总局呈称：窃查本局各矿工人罢工一事，并非出于工人自动，其中实有主使之人。近日以来，情形险恶，日益加剧，竟有攻闯矿厂，意图捣毁机器，迫夺工人，并拦阻运送食物，架去售物铺掌，吊打售煤夫役，种种不法行为，据本局调查，日来该主使人等竟在唐山组织机关，自称职工联合会，首要之人居中发纵指示。上述种种不法行为，皆系该首要人所教唆。以未终注册之非法机关，唆使无知工人，妄行不法之事，以致风潮扩大，若不明令解散，严拿首要，深恐风潮愈演愈大，必至不可收拾。拟请函恳直隶省长俯赐查核，即将此项非法职工联合会照令解散，并严拿首要，尽法惩治，以免煽惑而杜乱萌等情，相应据情函恳请贵省长俯允查核办理，深纫公宜。

归档号 1-3-70 P115　　　　1922 年 11 月 3 日

由：开滦督办　　　　　　　致：直隶省长公函

迳启者：据敝总局呈称：窃查本矿工人罢工一事，实系有人煽惑，本局早已探悉，日前查明唐山地方果有非法职工联合会之组织，业请函恳直隶省长明令解散并严拿首要尽法惩治在案。兹复觅得一种印刷传单，印有山海关京奉铁路工友俱乐部图章。又十月三十一日河北日报所载长辛店工会援救唐山工人一则，均系信口诬蔑淆乱是非危言惑众图谋激变之语，此等机关已否呈明政府核准立案，一切举动越出常轨，政府应否严加干涉，现在该工人等已有攻闯矿厂，意图捣毁机器，迫夺工人并拦阻运送食物，架去售物铺掌，吊打看煤夫役种种不法行为，倘再任各处非法机关妄相煽惑势必酿成极大风潮，蹈亡俄之覆辙，固于本局不利而全国实业界之工人，将因此群相效尤，其后患尤不堪设想，本局现计所受之损失，为数极巨，旷日持久危险益多，除致函直隶全省警务处外，理合将原传单及河北日报各一纸，呈请转恳直隶省长俯赐查核，对于上述非法机关迅予设法查办，以遏乱萌而申法纪等情，相应据情函达，敬请贵省长俯允查照办理，深纫公谊。此致。直隶省长王。

归档号 1-3-71 P156　　　　1922 年 11 月 8 日

由：开滦督办　　　　　　　致：直隶省长王公函

迳启者：据敝总局呈称："窃查本局前因觉得一种传单，即有山海关京奉铁路工友俱乐部图章。业经呈请函恳直隶省长查办在案。兹查该传单之首端，标有（注：图示党徽）符号，此中种符号，凡山海关秦皇岛暨沿京奉铁路以及本局各矿工人所发之传单旗帜，莫不有之，即现在上海及前次汉阳京汉铁路等处罢工，亦莫不有之。现经切实调查，此种符号即系俄国过激派向用之符号。""镰刀"即农器之镰刀，"铁椎"即工器之铁椎，"镰刀＋铁椎"即取农工联合之义。窃谓过激派之潜来中国，已为人所共闻，其为患之烈亦为人所晓。今潮流澎湃如此其速，展望前途，实堪畏惧。故此次罢工风潮，其主旨并非经济问题。不独于本局有关实于全国实业全国治安，均有莫大之危险，谨特呈请转函直隶省长查核，迅于设法严禁，以遏乱萌。对于本局各矿仍恳俯赐特别维护，不胜叩祷”。等情，相应据情函达，恳请贵省长俯允查照办理，深纫公谊。

归档号 1-3-71 P174　　　　1922 年 11 月 11 日

由：开滦督办　　　　　　　致：直隶省长王公函

迳启者：据敝总局呈称：“窃查本局各矿工人罢工一事，仰蒙直隶省长暨警务处长设法维持，近日以来渐趋平静。不料本月十日晚，接据秦皇岛分局电称：本日正午，本局洋员，英人李克碑带人开驶火车头至厂内预备拖拉煤车，该洋员及车上华人均被罢工人劫往工友俱乐部，并将该洋员缚其手，击其头唾其面，幸未成伤。嗣经警察干涉，始于下午三时放出，等情，此等不法行为若不从严惩治，后患何堪设想。除函报驻津英国总领事外，应请函达直隶省长迅赐严缉凶手，从重惩办，并设法预防将来”。等情，相应据情函达，拟请贵省长迅赐查核办理，深纫公谊。

归档号 1-3-71 P210　　　　1922 年 11 月 13 日

由：开滦督办　　　　　　　致：直隶省长公函

迳启者：据敝总局呈称，窃本局各矿工人罢工一事，仰蒙直隶省长面允，令由警务处即出示谕，严拿首要，解散机关，并由本局张贴布告，劝令工人于三日内一律上工，另给七日工资作为奖励，凡每月工资在百元以下者，均照加一成，等因。仰见直隶省长维持之盛意，感激莫名。查此项双方并进之办法，应于本月十六日即星期四为极紧要之关头，如能得杨处长躬亲到场，必能收完全之效果。拟请函商直隶省长，始终维持，即予转知杨处长，于明日即本月十五日星期三亲莅唐山，督率一切，不胜叩祷。等情。相应据情函达，敬请贵省长俯赐维持，迅予查核办理为荷。

归档号 1-3-71 P214　　　　1922 年 11 月 14 日

由：开滦督办　　　　　　　致：直隶省长王公函

中华民国十一年十一月十四日

字第　号

迳启者，据敝总局呈称，窃本局各矿工人罢工风潮日久，迄未平息，仰蒙直隶省长俯赐维持，允即严缉首要，解散机关，莫名感激。查此次罢工委系奸人从中煽惑，兹据总矿师将本矿内罢工为首之人查报前来，理合汇缮清单，呈请函送直隶省长鉴核，转饬侦缉无任叩祷，至矿局以外煽惑之人，本局无从查悉，惟闻尚有董宏猷等十一名，皆系煽动罢工自称代表之人，相应一并开单附请转送，等情。相应据情函达，并将原单附送贵省长鉴核，请烦俯赐查照办理。深纫公谊。此致

直隶省长王（1）　　　　　督办

附送清单一件（2）

中华民国十一年十一月十四日

归档号 1-3-71 P239　　　　1922 年 11 月 17 日

由：直隶省长公署　　　　致：开滦督办公函

迳启者，准贵督办函开，查明本局各矿工人所发之传单旗帜符号，即系俄国过激派向用之符号，请设法严禁，并请对于开滦各矿特别维护。等因准此。除令行警务处饬属严禁，并另饬唐山警察局尽心维护勿销疏懈外，相应函复查照。

归档号 1-3-71 P243　　　　1922 年 11 月 18 日

由：直隶省长公署　　　　致：开滦督办公函 第 294 号

迳启者，案准贵督办来函，英人李克碑及所带华人，被罢工人劫往俱乐部，大肆侮辱，请核办。等因准此，除电殷镇守使就近查缉惩办外，相应函复查照。

归档号 1-3-71 P244　　　　1922 年 11 月 18 日

由：直隶省长公署　　　　致：开滦督办公函 第 295 号

迳启者，准函送总矿师查照罢工为首人各清单，请查照办理。等因准此，除分电各军警一体严缉外，相应函复查照。

归档号 1-3-71 P249　　　　1922 年 11 月 22 日

由：开滦督办　　　　　　致：直鲁豫巡阅使电

保定曹巡阅使鉴，敝矿工人，业于十七日上工。非假声威，曷克有此，除函谢外，先此电闻，袁克定。养。

归档号 1-3-71 P250　　　　1922 年 11 月 22 日

由：开滦督办　　　　　　致：直鲁豫巡阅使曹、直隶省长王公函

迳启者，据敝总局呈称：窃本局各矿此次发生罢工风潮，仰蒙直鲁豫巡阅使、直隶省长特予维持，并派军警长官设法防护，惩劝兼施，工人始渐就轨范。兹查罢工各处，均于本月十七日先后一律上工。本局欣幸之余，实深感佩。拟请致函直鲁豫巡阅使、直隶省长代陈谢悃，恳直鲁豫巡阅使、直隶省长将本局感谢之意，俯赐转致在事军警长官。不胜企祷之至。等情。查敝总局各矿罢工之事，叠承贵直鲁豫巡阅使、直隶省长俯赐维持，同深纫感。据呈前情。相应专函致谢。敬祈贵直鲁豫巡阅使、直隶省长鉴察。并转致在事军警长官为荷。

归档号 1-3-71 P258　　　　1922 年 11 月 24 日

由：开滦督办　　　　　　致：直隶省长王公函

迳启者，据敝总局呈称“窃本局前因各矿工人罢工，曾将为首工人名缮单呈请，函送直隶省长请予转饬侦缉在案。兹据总矿师报称，各矿于直隶全省警务处长奉直隶省长谕出示之后，该工人等陆续一律上工，现查该工人等领知悔过，安心工作等语。既据上述情形，拟请函恳直隶省长俯念该工人等愚昧无知，受人煽惑，可否免予追究以示宽大，并转饬所属一体遵照办理。至于原动煽惑含有过激主义者，似于大局有关，本局不敢妄行参预。等情，相应据情函达，敬请贵省长俯赐查酌办理，并见复为荷。

归档号 1-3-71 P262　　　　1922 年 12 月 4 日

由：直隶省长公署　　　　致：开滦督办袁公函

迳复者：案准大函，以据总局呈各矿罢工为首名单。已呈请函送转

饬侦缉。兹据总矿师查明该工人等上工后颇知悔过，可否免予追究。至原动煽惑者有过激主义者，似于大局有关，不敢参预。等情，特请酌办，等因准此。查此案前准函送清单到署，业于巧日照单电请彭司令、殷镇守使、董旅长转饬严缉，并电令临榆警察所，唐山警察局，滦县，临榆两县知事，一体严缉究办在案。兹准前因，查工人既知悔过，自应免予深究。其余有过激主义者，仍应认真查防，以安地方。除分别电令一体查照办理外，相应函复查照。

三、警务处

从23日罢工开始，警务处处长杨以德陆续派出警察来到唐山镇压工人罢工。截至29日统计，进驻各矿的军人数目如下：赵各庄矿600名，林西矿300名，唐山矿734名。当时，进驻各矿的警察（包括各矿原有的）和警察工人，分别计有赵各庄270名和50名，林西矿340名和150名，唐山矿480名和100名。[①] 矿务局得到中国军政官员的全力支持后，总经理杨嘉立电告矿师杜克茹，应该用全力来击败罢工，而要达到这个目的，“首要地指望扬以德将军”，因为杨以德曾在29日公开表示，他下决心把这场斗争进行到底，即便牺牲他的职位。既然如此，杨嘉立便亲自与杨以德协商，迅速地策划了一个“明确的战斗计划”，由杨以德亲自出马到唐山，封闭职工联合会，逮捕罢工首领，强制限期工人恢复上工。

杨以德为达到镇压工人罢工的目的，特授意杨嘉立以开滦总经理的名义，并请袁克定以开滦督办的名义，立即分别向警务处和省长发出公函，诬告职工联合会为非法组织，请求将其解散，并严惩首要。

归档号1-3-70P30　　　　1922年10月23日

由：直隶全省警务处　　　致：开滦矿务局公函

今日接到唐山警察局姚局长本月23日电报，内开：今晨唐山开滦矿务局工人3000余人一律罢工，局长事前闻耗立即督饬各官警队进矿维

① 据《1922年罢工总矿师报告》，见《开滦工运史资料汇编》第一辑，第377页。

持，将电机、水机、绞车、锅炉、风扇五处工人力予开导，照旧作工，以免矿井被淹，一面派警监视防守，并据林西赵各庄两矿驻警报告各该厂工人未上工情形同前，除仍分饬严行维护及将拿获在唐厂滋闹木匠张志业一名，另行解送警务处讯办，并续行呈报。

接报后已令唐山警察局长尽力开导工人尽速复工，将煽惑者逮捕解送天津法办，此事将随时通知你们，特此函达知照。

归档号 1-3-70P101　　　　1922 年 10 月 31 日

由：开滦矿务总局　　　　致：直隶全省警务处公函

迳启者：查敝局各矿工人罢工一事，并非出于工人自动，其中实有主使之人。近日以来情形险恶，日益加剧，竟有攻闯矿厂，意图捣毁机器，迫夺工人并拦阻运送食物，架去售物铺掌，吊打看煤夫役，种种不法行为。据敞局调查，日来该主使人等，竟在唐山组织机关，自称职工联合会，首要之人居中发纵指示。上述种种不法行为，皆系该首要人所教唆，以未经注册之非法机关，嗾使无知工人妄行不法之事，以致风潮扩大，若不明令解散，严拿首要，深恐风潮愈演愈大，必至不可收拾。除请由敝局督办函达直隶省长外，相应备函奉恳，拟请贵处长查核，迅将此项非法职工联合会明令解散，并严拿首要尽法惩治，以免煽惑而杜乱萌。深纫公谊。此致：直隶全省警务处。

归档号 1-3-71P175　　　　1922 年 11 月 11 日

由：直隶全省警务处　　　　复：开滦总局函

迳复者：十一月十一日准贵局函开：“迳启者：查敝局各矿工人罢工一事，迭承贵处长设法维持，近日以来渐趋平静。不料本月十日晚，接据秦皇岛敝局电称，本日正午本局洋员，英人李克碑，带人开驶火车头至厂内预备拖拉煤车，该洋员及车上华人均被罢工人劫往工友俱乐部，并将该洋员缚其手，击其头唾其面，幸未成伤。后经警察干涉，始于下午三时放出。等语，此等不法行为若不从严惩治，后患何堪设想，除函报驻津英国总领事并呈请敝局督办函致省长外，相应专函奉达，拟请贵

处长迅予严缉凶手，从重惩办并设法预防将来，深纫公谊”。等情，准此，除已转呈省长，并分令临榆警察所遵照严缉凶手，依法究办，并严加维护外，相应先行函复贵局查照为荷。

归档号 1-3-71P182　　　　1922 年 11 月 11 日

由：直隶全省警务处　　　　复：开滦总局函

迳复者：十一月九日准贵局函开，“敬启者：查敝局前因觅得一种印刷清单，印有山海关京奉铁路工友俱乐部图章，业经函达贵处长请予查办在案。兹查该传单之首端标有“镰刀铁椎”符号，此种符号凡山海关秦皇岛及沿京奉铁路，以及敝局各矿工人所发之传单、旗帜，莫不有之，即现在上海及前次汉阳京汉铁路各处罢工亦莫不有之。现经切实调查，此种符号即俄国过激派向用之符号，“镰刀”即农器之镰刀，“铁椎”即工器之铁椎，“镰刀 + 铁椎”即取农工联合之义。窃谓过激派之潜来中国，已为人所共闻，其为害之烈亦为人所共晓。今潮流澎湃如此其速，瞻望前途实堪畏惧。故此次罢工风潮其主旨并非经济问题。不独于敝矿有关，实于全国实业、全国治安，均有莫大之危阶（险）。用特专函奉达贵处长，迅速设法严禁，以遏乱萌，并祈对于敝局各矿，仍予特别维护，深纫公谊”。等均准此。查此罢工风潮，并非纯系工人生计问题，内中因有由京来唐过激主义杂于其间。遂致一时未易解决。所标“镰刀 + 铁椎”之符号，既系过激派符号，且前日处长在唐山罢工机关内查获私函两件，均属传布过激主义函件，又有邓培、只魁元担任鼓动全国工人募收捐款，确为本案要犯，闻已逃往北京，正在饬探严密查缉，一面函请京师警察所协拿务获，以遏乱萌，并研讯被捕可疑之人，一俟得有确供，再行函知。并已转呈省长外相应先行函复贵局查照为荷。

归档号 1-3-71P213　　　　1922 年 11 月 14 日

由：开滦总局　　　　致：直隶全省警务处公函

迳启者：查敝局各矿工人罢工风潮日久，迄未平息。仰蒙省长俯赐维持，允即严缉首要，解散机关，莫名感激。查此次罢工，委系奸人从中煽惑。兹据总矿师将本矿内罢工为首之人，查报前来。除应由敝局督办函送达省长鉴核外，相应缮单函送贵处长，请烦转饬侦缉，无任企祷。至矿局以外煽惑之人，敝局无从查悉，惟闻尚有董宏猷十一名，皆系煽动罢工自称代表之人。将一并附送，并祈查核为荷。

归档号 1-3-71P226　　　　1922 年 11 月 17 日大中华商报

直隶全省警务处训令各界知事严防过激党人之训令

为训令事，案查唐山罢工，内中显有主使之人，业经由处分别宣布在案，现查该矿安分工人，对于矿局允准条件，皆无不满意，奈有过激党人，从中主使，且在各矿要路，派调查纠查等人，强行阻止工人，不准上工，甚且屡屡殴伤弹压警队，殴辱拘禁外国工程师，既与治安警察法相背，双犯刑章，推其用意，无非令无知工人依赖过激主义，以便宣传我国救贫之法，惟有盛兴实业，而实业以工人为要素，当此工业萌芽之时，一经感染此等恶风，必致资本家灰心，不肯投资，百业停止，人民无地谋生，自然流入过激，宣传更易，党人用心之毒，殊堪痛恨，近竟有人主张废止治安警察法，及惩治盗匪条例者，一若自己怀有犯法之心，惟恐天下不乱者，用心悖谬，莫此为甚，为此检同印就证文，令发各县，仰即招集绅耆说明本案详情，俾于过激主义，危害地方各情形，家喻户晓，有所警惕戒备，是为至要，切切此令云云。

归档号 1-3-71P248　　　　1922 年 11 月 22 日

由：开滦总局　　　　致：直隶全省警务处长杨公函

迳启者，查敝局各矿此次发生罢工风潮，叠承贵处长力予维持，派队防护，并枉驾莅唐两次，惩劝兼施工人始渐轨范。兹查罢工各处，均于本月十七日先后一律上工。敝局欣幸之余，实深感佩服应函达贵处长，敬致谢忱，只祈鉴察并恳贵处长将敝局感谢之意转致在事出力各员。至此次贵处所派保安队暨夫役人等，率工川资等项以及其他所用一切杂费，共数若干，即请贵处长俯赐从详开示，以便奉缴。

归档号 1-3-71P257　　　　1922 年 11 月 22 日

由：开滦矿务总局　　　　致：直隶全省警务处处长公函

迳启者，敝局前因各矿工人罢工，曾将为首人名开单函送贵处，请予转饬侦缉在案。兹据敝矿总矿师报称，各矿于直隶全省警务处长出示之后，该工人等陆续一律上工。现查该工人等颇知悔过，安心工作等语。既据上述情形，拟请贵处长俯念该工人等愚昧无知，受人煽惑，可否免予追究以示宽大，并转行所属一体遵照办理，至于原动煽惑含有过激主义者，似于大局有关，敝局不敢妄行参预，敬祈查酌办理，并复为荷。

此致

直隶全省警务处处长杨

归档号 1-3-71P261　　　　1922 年 11 月 29 日

由：直隶全省警务处　　　　致：开滦总局函

敬复者，案准贵局函开，自出示之后，工人已陆续一律上工。现查该工人等，颇知悔过安心工作嘱以免予追究。等因准此，查此案前据唐山警局呈，以矿局杜克尔面称，有矿局司事张质堂、韦振昆二名，带同工人蔡树、魏德、李芳中、李应春、任山、刘福六人来津，具保张志业等二十一名，当经提讯无异，业经准予具保领回在案。准函前因，相应函复贵局查照为荷。

第四节　舆论媒体的支持与推动

在 1922 年 10 月至 11 月间的开滦五矿大罢工期间，双方都自觉不自觉地开展了舆论战。此处称之为舆论战，并不仅仅局限于当时的报刊这个公众媒体，还有布告、请愿书、报告会等内容，即主观努力，希望得到除了自身力量之外一切支援的社会力量行为，都应该称之为舆论战。

据不完全统计，在 10 月 20 日至 11 月 23 日之间，共有《申报》《新民意报》《大中华商报》《泰晤士日报》《河北日报》《华北新闻报》《大公报》《北京晨报》《向导》《天津益世报》《日日新闻》《华北日报》《华北明星报》13 家媒体参与开滦五矿大罢工事的报道，累计报道共 110 次，最多的为《申报》，报道 23 次，最少的为《华北明星报》，报道 1 次。这些报道起到了宣传工人运动，呼吁全国人民及各团体理解、支持、支援罢工的作用，为合理解决这次事件，起到了一定的推动作用。

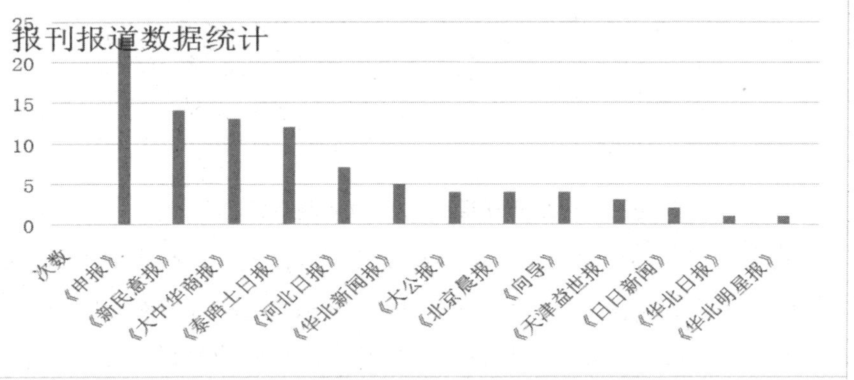

图 1　1922 年开滦五矿大罢工报刊报道数据统计

除了媒体报道外，布告是在罢工期间操控舆论的另一种惯用手段。工人联合会成立于 1922 年 9 月 25 日，在 9 月 21 日便出现了《开滦五大厂致开滦工友传单》，传单内容前文已述及，比正式罢工时间提前了一个月还多两天，可以说明工人组织在舆论上更加主动作为。10 月 16 日，工人代表向资本家提出六条要求后，杜克茹亲赴天津密谋，返唐山时带回在天津印刷的《开滦矿务局布告》，并于 10 月 20 日张贴至整个矿区，目的无非是稳定工人情绪，企图防止罢工事件发生，不然，杜克茹就不会说，没有想到会在 23 日发生罢工了。

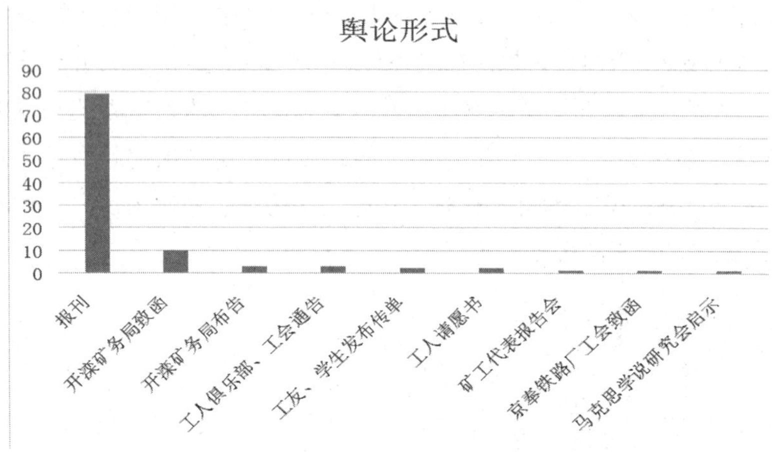

图 2 1922 年开滦五矿大罢工舆论数据汇总

23 日发生罢工的同时，工人联合会发表宣言，正式打响了罢工舆论战的“头一枪”，资本家基本保持了沉默。10 月 26 日发生流血事件后，10 月 28 日，工人联合会发出第二次宣言，控诉资本家及军阀政府的恶行。各大媒体也呈现一边倒形势，声讨之声不断，达到了此次罢工的舆论高潮。资本家除了 26、27 两日致各大媒体主笔函之外，更是没有其他作为。

归档号 1-3-70P27　　1922 年 10 月 27 日华北新闻报

开滦矿罢工风潮之评论（培源）

资本家对待劳工，固恒以高压手段。开滦煤矿以外人主持故，其压迫当更甚一层。近年来虽曾作了几件嘉惠工人的事业，而其欺压手段未尝稍一放弃。此次五矿联合罢工，其远因在改良待遇，其近因则为代表被拘，即该局来函亦承认请兵弹压。此足概见其待遇工人如何，而风潮之扩大来使非激之使然也。工人于罢工前后之要求条件，并不算苛。该局每年赢利三千余万，均工人劳力所得来，衡情度理，宜稍示优待，今仅薪一成于其他条件概置不提，以此而求风潮之平息，其何可得。再就今日社会生活论，百物无不较前增价两倍，罢工固纯为生活起见，而迂指为受人利用是于工人迫不得已罢工之痛苦已根平抹煞，甚欲藉文字之力引诱工人上工，工人虽愚当亦不为所欺也。然则该局果欲使风潮速平，舍放弃今日之主张，而予工人以满意外，殆无他途也。

归档号 1-3-70P37　　1922 年 10 月 27 日大中华商报

唐山罢工近讯种种

警所工程夫役赴唐

唐山铁路制造局，发生罢工风潮，当局者恐愈演愈烈，星火燎原，昨天津警察所除派十五六名保安警察驰赴该地弹压外，又因工人一时不能恢复工作，故又将所有夫役由警察运送赴唐山以代工人作工，藉便维持现状，而外国方面近已集合会议，如中国不设法迅速与工人协商妥协，风潮仍开扩大，必各调军队藉口保护铁路布置沿线，而我国主权定丧失于无形中矣。

归档号 1-3-70P51　　1922 年 10 月 29 日天津益世报

开滦罢工惨剧之写真

唐山特讯：唐山开滦矿务局，先时即有保安队驻守，因京奉制造厂罢工，该矿师恐矿局工人亦有所要索，复由津要来保安队若干，前后共约二百人，先事防范，迨至本月十六日，该局工人果提出条件六条要求承认，因未能答复满意，遂于二十三早实行罢工，罢工后，仍留人在局内开水泵，以免淹坏煤窑洞，一方面再举代表与当局交涉。近因当局无诚意交涉，故要来将局内工人放出，容彼等另谋衣食，该局亦置之不理，只不容局内之工人出外，应用食物等，皆由外边买进局内。昨日因拦阻往局内送饭，巡警上前干涉，工人不服遂至互殴，因工人众多将巡警赶跑，后保安队来到，因劝谕不服遂鸣枪示威，致击伤工人九名，当即送至医院，内有三人伤势过重性命恐不保，余可无恙（昨报云：死二人即重伤之误），因工人皆系徒手，保安队故未有受伤者。事后工人开会，讨论对待办法，保安队亦荷枪实弹以备之，迨晚蓟榆镇守使遣兵到来，始皆走避，闻蓟榆镇守使以保安队擅自鸣枪伤人，倘若激变，关系匪轻，此举认为有妨治安，并闻已将该处警察局长姚彤章，保安队长刘从富等，

带至开平镇守使署中。如何办理尚不可知云。

归档号 1-3-70P66　　1922 年 10 月 30 日华北新闻

吴佩孚空言安慰，工人又通电乞援

开滦工矿总联合罢工潮，迄今多日尚未解决，日来因保安队枪毙工人故，风潮且形扩大。惟该工人等于罢工后，曾致洛阳吴巡阅一电，顷吴已复电。工人方面对于保安警察枪伤工人事，又发通电求援。兹录两电原文如下：

（吴佩孚电）唐山五矿工员公鉴：梗电诵悉，良深惋慨，余前致国会一电，主张宪法，规定保工条例，将来宪法告成，则一切状况当能改善许多。国步艰难，社会亦有不安现象，仍委曲容忍共同救国为盼。吴佩孚致印。

（五矿工人通电）北京农商部、参众两院、报界联合会、各工团钧鉴：工人等为生活艰难，向本矿局要求改良，不但不允，反唆保安警察枪伤工人多名，毙者二名，受重伤者十数名，哀恳保护，乞速交涉。开滦五矿工人同叩。

归档号 1-3-70P75　　1922 年 10 月 31 日新民意报

唐山矿工罢工潮之解决难

工程师决以严厉手段对待苦工人

函请英工部局拨派机器工人作工

唐山矿工罢工风潮，愈扩愈大，警务处前派保安警察队到唐弹压工人，已演极大惨剧，且该矿工程师决以严厉手段对待矿工。前曾与驻津开滦矿总局商定，函请英国工部局派拨机器工人赴唐山作工，闻已经英工部局允准，于前派拨英国电灯房机器工匠数十人，往唐山作工云。

从 11 月 9 日 11 名矿工代表赴京请愿，到 11 月 12 日矿工代表到唐山交通大学作报告。这些都是罢工组织开展舆论战的积极行动。事实证明，均起到了正面作用。由此可见，工人联合会手中的资源虽然不多，但在舆论战中方式更加多样，掌握舆论的主动权，很好地从舆论上打击了资本家和军阀政府的残暴统治。

第五节　社会各界的支持与发声

中国共产党和中国劳动组合书记部对开滦五矿工人同盟罢工一直十分关注。开滦煤矿罢工的消息发表后，当时共产国际驻中国共产党代表马林从上海专程赶到天律，与北方劳动组合书记部主任、领导开滦煤矿罢工的负责人罗章龙进行了会晤，详细研究罢工斗争的策略。

罢工开始后，工人们举行集会和游行示威，并以五矿工人俱乐部的名义发表了《开滦五矿总罢工宣言》。社会各界为支持工人，采取了不同的方式为工人发声，鼓励开滦工人继续战斗，取得最后的胜利。在中国共产党和中国劳动组合书记部的领导和号召下，安源路矿工人俱乐部、唐山京奉路制造厂职工会、京奉路山海关工人俱乐部、长辛店工人俱乐部、京汉铁路总工会筹备处、粤汉铁路总工会、津浦铁路机务同人参考机件联合会浦镇分会等团体，纷纷发表通电声援开滦煤矿工人，马克思学说研究会支援开滦工人罢工发布启事二则、唐山大学学生赈工会支援开滦工人罢工发布公告和传单等，质问国会及北洋军阀政府当局，以坚定工人的信念。上海还创办了《唐山潮声》的刊物，各界人士也纷纷在报上发表文章，积极支持开滦工人罢工。

为使开滦煤矿工人运动取得胜利，党组织给予了重要的物质和精神保障。罢工开始时，罢工总指挥部就向全国发出请求资助的呼吁，并在各地成立了募捐队、开滦矿工罢工经济后援会等组织。随着宣传活动的展开，社会各界了解到开滦工人的真实处境，因而唐山本地商民及外埠对罢工工人表示了极大同情，捐款活动颇为踊跃，到罢工结束前夕，各地踊跃捐款，如香港捐二万元，广州捐一万元，新加坡捐九千元，北京、天津、唐山捐一万六千元，唐山商会更允每日捐五十元。[①] 孙中山先生也以个人的名义捐款，中共中央还从上海派人送来几千元作为支援罢工的经费。在精神层面，组织会安排人员

① 李保平、邓子平、韩小白主编：《开滦煤矿档案史料集（1876—1912）》，石家庄：河北教育出版社，2012 年，第 1638 页。

每天宣读来自全国各界的支援函电，“每次讲演辄至三四小时，鼓掌喝彩之声不绝于耳”。[①] 为维持罢工秩序和保证罢工队伍的团结，还成立了工人纠察部、调查部。调查内外奸细，保证罢工顺利进行。

归档号 1-3-70P106　　1922 年 10 月 30 日新民意报

北京各团体援助唐山工人

马克思学说研究会派出劝捐队

各团体成立罢工后援会

自唐山矿工被该地军队惨杀消息传出后，北京各界人士对之颇为感动。兹闻北京马克思学说研究会已于昨日常会时，主席提议捐款援助，当即有新自唐山归来之某君报告枪杀工人详细情形，大意与京内报载情形相同。惟矿井内部现尚有极少数（每井五六人）车水工人被兵士强迫作工，终日不准出井口一步，矿内拉煤车骡马因罢工无人照管，死亡枕藉为状甚惨。至于罢工人数实达三万七千，情形极危者为千余包工工人，盖彼辈纯系包工营生，计日而食，毫无积蓄故也。据闻矿局对于此次工潮，处心积虑欲以极残忍之饿毙手段对付，一面虐杀工人以寒其胆，一面迁延时日以待其自毙。在彼等推测以为工人决不能支持五日之久，故态度极为镇静，工人方面则以屯储之煤，转瞬告罄，如再坚持数日，京津铁路工厂将大受影响，而煤矿本身亦将蒙极大损失。于是四出劝捐，决为最后之奋斗，结果当地铁路职工会慨捐千八百元，山海关团体亦助巨款，上海各工团、广州海员会、汉口工团联合会、郑州铁路总工会、萍乡矿工工会均于日前来电赞助。工等遂分途劝募，不日巨款毕集将更有一种新发展云。报告毕，即讨论进行办法，决议下列各项（一）成立募捐队十队分途向各界劝募。（二）宣传英人残酷行为，唤起国人注意。（三）募款队每日出发劝捐。（四）结合各团体成立唐山矿工服工后援会，今日西城南城一带均有该游行队踪迹，后援会即于日内开成立大会云。

---

① 中国革命博物馆编：《北方地区工人运动资料选编（1921—1923）》，北京：北京出版社，1981 年，第 130 页。

归档号 1-3-70P107　　1922 年 10 月 31 日北京晨报

马克思学说研究会启事

现在唐山有三万被生活压迫的工人罢工，他们的矿主（外国人）用高压手段压迫他们，请杨以德派五营以上的武装警察打他们，杀他们。同胞啊！中国没有亡，这三万苦同胞已被外国资本家压迫死了，同胞们！快起来援助你们兄弟啊！赶快捐资援助吧！

抄自北京图书馆

归档号 1-3-71P199　　1922 年 11 月 16 日华文泰晤士报

唐山学生援助工人之奔驰

国立交通大学唐山分校学生，目睹五矿工人罢工之惨苦，牺牲光阴，全体罢课，援助工人，津籍学生，已于前日回津，闻该生等共分二十队，分赴上海、汉口、京津及长辛店、京绥路一带出发，一方劝募捐款，一方联络各校学生援助云，兹将该校学生赈工会，为开滦五矿工人乞援登录于下：全国各学校，各工商团及各报馆公鉴，欧战告终，直理显彰，世人皆知，世界之和平，人类之幸福，非武权之为力，实劳动之为功，而彼致和平造幸福之工人，处此物质文明生活高昂之世界，加以资本家之苛待，外界之藐视，反恩人为奴隶，天下至不公平者，莫甚于此。欧美工声，日甚一日，奔走呼吁，以谋增工资，减工时之胜利，辄以极大之牺牲，达其最后之目的。迩者吾国开滦五矿三万余苦工，因生活困难，受迫不堪，方群起向当局要求加薪，及改良待遇章程，此未始非我国劳动界进步之曙光也。夫矿工为人中之最苦者，终日匍匐暗道中，面目黔黎，手足胼胝，其不受矿毒不死于夭折者幸矣，凡目睹其状，耳闻其情者，当如何悯恤，为之设法以改良此蛮无人道之生活也，今被工人宣言罢工，已三星期于兹，其始也，矿务局由津雇人替接，以示拒绝，并由保安队来唐保护，后两方相起冲突，保安队即鸣枪轰击，工人受伤者不可胜数，血肉横飞，哀嚎呻吟，稍有人道者，何忍出此。日前京津警察厅长杨以德来唐，复用种种威言，恫吓工人，冀其屈服开工，身为厅长，不察事理，反一味袒护矿局，然各工人已饱受资本阶级之苦虐，此次忍无可忍，不得已而出此举动，是以坚持到底，非达目的不止。夫劳工神圣，人所共知，矿工为同人辟利益，原为我人增幸福，其服务于社会者何如，我人之矿工在社会者何如，我人之矿工在社会中，所处之重要，知矿工所受之苦痛，即当与以特别之同情及援助，且也读矿工所请条件，皆出于至诚之心，实至微之要求，可谓让步极矣，今矿局以图利心切，拒绝要求，且以武力压制，我人纵不愤矿局之断丧天良，独不悯工人之痛苦乎，同人等肄业唐地，闻见较详，爰本赈助之意，谨为工人略述苦况，哀告于全国父老兄弟姊妹前，以冀有援助，则不特唐地工人之幸，抑亦动界前途之幸也，再者，五矿罢工已越三星期，工人之资斧窘极，维持困难，危在旦夕，诸君子能解囊慨助，敬请早日赐下，并请汇寄敝会会计贾存鉴代收。

唐山大学学生赈工会谨启

归档号 1-3-71P234　　1922 年 11 月 23 日新民意报

南洋大学学生援助矿工
请各界捐资接济

上海南洋大学唐山同学会，昨发援助开滦矿工宣言书云：

全国父老钧鉴，开滦矿工罢工以来，已三星期矣，夙遭惨杀，复被迫于饥寒，呼吁无门，坐且待毙，矿工而非有至痛心之事，又安忍有罢工之举哉，同人等留学唐山有年，目睹心伤，固不愿以过甚之词，眩耀于诸君，顾实有不能已于言者，请于我诸君一陈之。开滦煤矿，原法国人（注，原为中国人）开掘，当时对于工人甚为优待，故矿工自山东来者，均麇聚于唐山，庚子以后，大权旁落，嗣后更由他人种种诡计，归并赵各庄与马家沟富有各矿，而开滦矿局，遂统而为一，嗣后更粉饰以中英合办之名，阴则实权全操于英人，国人不过坐办吃饭而已，自此取消庚子以前国人办矿时种种办法，工资则庚子以来二十余年，仅于前夏罢工力争，得加二铜子，一如往昔，兹者工人以物价昂贵，不堪生活要求改良，情岂得已，乃矿局只知自博厚利，不允所求，更唆使残杀，无告同胞，人非铁石，非有至痛者在，宁能忍受，坚持罢工。今者罢工已三星期矣，工人既无隔宿之粮，更乏御寒之具，长此迁延不决，势必壮者走阶于四方，老弱辗转于沟壑，我人纵不忿外人之欺凌，宁忍见同胞之坐毙，唐山大学已起援助，行将分队奔走沪汉，募集巨款，以维持四万枵腹工人，同人等曾旅唐山，用敢交目击真情呼号于我父老兄弟诸姑姊妹之前，尚望各竭所能，众擎易举，拯我四万无告同胞于水火，则诸功德无量，如愿组织团体，呼号劝募，或慷慨解囊，即请汇寄“直隶唐山唐山大学学生工赈会会计贯存鉴收”，事后登报志谢，敬沥血诚，尚祈鉴察。

第五章　中国共产党领导下的开滦工人运动沉思

中国共产党成立之时，全国产业工人总数仅200万，而唐山因煤矿、铁路制造、启新、华新等大型工厂，聚集了5万多产业工人，这么多工人，引起了党中央的注意。李大钊多次派人前来了解情况，向唐山产业工人宣传马克思主义，向外披露唐山地区工人的工作生活状况，帮助唐山地区成立党组织。早在1920年费思克撰写《惠工报告》时，就已经发现了党组织和党员活动的迹象。开滦党组织一经成立，就在当年的大罢工中展示了强大的力量。在罢工的过程中，向资本家和赴京请愿的名单中，均有工人李星昌和只奎元的身影。能够看出，这些党员在工人中有一定的威信，党组织也信任他们，他们也有担当精神。

第一节　从开滦五矿罢工看早期工人运动的社会效应

1922年的开滦五矿大罢工在中共党史和中国工人运动史上占有很高的地位，毛泽东也在《中国社会各阶级的分析》一文中称开滦工人阶级“特别能战斗”。2011年由中共党史出版社出版的《中国共产党历史：1921—1949年》可谓惜墨如金，仍用近1500字篇幅记述了此次事件。

一、工人阶级政治意识觉醒

1922年开滦五矿罢工，是人数多、时间长、斗争很有秩序的一次罢工。

在罢工的激烈斗争中，几万名煤矿工人始终保持着团结战斗的革命精神，充分表现了中国工人阶级高度的组织性、纪律性和革命的彻底性，提高了中国工人阶级的政治威望和地位。同时，党组织不断发展壮大，党员数量增加，彰显了无比强大的斗争力量，孕育了“特别能战斗”精神，这种精神将成为开滦动力源泉、文化内涵、家国情怀、集体人格。

全国各地的工会组织、学生团体看到各报纸报道的开滦工人罢工的消息后，非常同情开滦矿工的遭遇，除了口诛笔伐之外，南洋星（新）加坡总工党、香港海员工友俱乐部、各铁路俱乐部、山海关工友俱乐部、北京马克思学说研究会纷纷捐款以示支援，多者万元，少者数百元。唐山的开滦和启新罢工总数近五万人，这些捐款除了精神作用之外，从物质角度而言，意义非常有限。矿工长期处于艰苦的工作环境之中，他们养成了不存积蓄的习惯，罢工只能依赖外界援助，“但工人达三万余，每日需用六百元，已极为省俭，现在所余不多”。[①] 从此条记录可见，工人每日仅需 2 分钱维持罢工，罢工的经济目的已不明显。工人阶级日益成熟的标志是产生了政治意识和政治诉求，开滦工人将斗争的矛头直接对准帝国主义，表达工人的斗争意向。

唐山解放以前，开滦发生过多次罢工，五矿同时罢工也不仅仅发生在 1922 年，但只有这次的人员最多，时间最长，影响最大。从表面看，1922 年五矿大罢工仅为经济目的，这可以从 10 月 16 日的 6 条要求中清楚地看出。可 24 日附加 4 条的前两条，即承认工人俱乐部、只有俱乐部同意才能开除工人两条中，明显带有非常强烈的政治诉求。这也是我国工人运动逐渐走向成熟的重要标志。中国工人阶级在中国共产党的领导下，坚定地走上了政治舞台，从此担负起了新民主主义革命和社会主义革命的伟大使命。从开滦五矿罢工中的经验总结中，可看出中国工人阶级的特性，决定了只有通过革命手段，才能解放自身。这是中国共产党建立之初，对中国革命进行理性分析，认识和解决的中国革命至关重要的问题。中国共产党的成立使中国工人阶级有了自己的先锋队和战斗指挥部，为全国工人阶级的联合创造了组织上的前提。

---

① 《益世报》，1922 年 11 月 18 日。

二、工人运动带动并促进了学生运动

大罢工发生之后，唐山交大的学生们积极支持工人，唐山交大在沪校友和罢工同情者在上海《国民日报》副刊上创办《唐山潮声》，及时刊登罢工消息，发表评论，声援罢工。11月12日，工人联合会派代表到唐山交通大学报告罢工起因、经过及现状，希望得到学生的声援。该校学生于当晚召开全体大会讨论办法，遂议决每人至少须捐大洋五毛，并在校内设立“唐山大学学生振工会”，发快邮代电向各地各学校及各商会请其一致援助工人。并由全体学生设立募捐团，每班分为一组，业于十三日出发，向各商家及住户捐款。[①]此次唐山交大学生上街募捐，校长俞文鼎站在英帝国主义和反动军阀一边，不仅开除学生，还勒令学生离校，最终导致学生罢课。被保安队、警察及董政国军队[②]遣散的学生很快汇集到北京，展开有组织的“驱余”斗争。11月27日，唐山交大在京全体学生到国务院请愿，29日，北京政府新任内阁代总理王正廷出面，最终罢免校长俞文鼎，学生的“驱余”斗争最终取得了胜利。

在五四运动中，是学生运动带动了工人参与，工人阶级开始登上历史舞台，而在1922年开滦五矿大罢工中，工人运动也开始带动学生运动的发展，这也是工人运动与学生运动的一次完美结合，通过学生运动掀起了另一个高潮，直到罢工结束之后，学生运动才慢慢得以平复。蔡和森曾在《向导》中发文，高度赞扬学生的觉悟：“这样的消息，不但在劳动运动史上为重要，在民族运动史上尤为重要，而且是中国知识阶级到了真正觉悟的路上之明证。全国压在国际帝国主义下的知识阶级和学生们，都要学唐山路矿大学学生的模范呀！”[③]

三、舆论胜利背后的反思

从经济角度考虑，1922年开滦五矿罢工无疑只能说是小部分胜利。对提

①《唐山大学援助开滦工人》，《申报》，1922年11月18日第7版。
②《唐山大学已被武力解散》，《晨报》，1922年11月20日。
③《唐山学生援助罢工之模范》，《向导》，1922年11月15日。

出的10条要求，仅有半条得到了实施。但从政治角度考虑，罢工成绩无疑是巨大的。通过早期的工人罢工运动，刚刚成立的中国共产党看到了工人阶级队伍的强大力量，事实证明，他们是可以依靠，并能够最终夺取无产阶级政权的。从另一角度说，罢工虽然得到了全国人民、社会各界的广泛支持，在舆论上取得了压倒性胜利，而资本家与北洋反动政府军阀勾结在一起，背后还有英美帝国主义作为强大后盾，他们还有雄厚的资金作为保障，工人仅仅依靠舆论并不能取得胜利，最终还是在强大的镇压之下忍痛复工。这也印证了毛泽东的那句话“枪杆子里面出政权”。以开滦五矿大罢工为标志的早期工人运动的探索也为后来的第一次国共合作，成立共产党自己的军队积累了经验，为中国共产党的新民主主义革命积累了丰富的经验。

第二节　中国共产党领导早期工人运动策略的再思考

早期工人运动是中国共产党创建前和领导下的劳工为了获得较好待遇和更多权利等而组织起来的暴力斗争与和平活动等的总和，中国共产党把马克思主义的基本原理同中国具体实际相结合，领导早期工人运动，使工人阶级成为毛泽东确定的“中国革命的领导力量”。中国工人阶级的历史使命具有必然性，早期工人运动的发展充分说明了中国共产党人对工人阶级地位的认可。

一、促进了统一战线的形成

半殖民地半封建社会的中国，要争取无产阶级的解放，单靠无产阶级孤军奋战是不行的。邓中夏曾指出：“中国新式工业下的劳动者，可统计的只不过六十三万余名，充其量亦不过一百万名。即令这一百万劳动者通通能够组织在一个权力集中的统御之下，恐怕在四万万人当中还是一个小小的数目罢，何况这些劳动者或为了宗法思想的浸润与遗传，有许多尚无解决的意识与觉悟，或为了军阀资本家和帝国主义的压迫与摧残，有许多尚无斗争的胆力与勇气；所以中国欲图革命之成功，在目前单靠一个劳动阶级孤军苦战恐难济事。”[①]而“我们敌人力量很大，他们据有经济上的优越地位，更握着国家的政权、军队、警察、监狱等有形的压迫机关，学校、宗教、报纸等无形压迫的麻醉方法，这都是资产阶级制服无产阶级的武器。而且在中国每个阶级斗争中，各国资产阶级总是相联合向无产阶级进攻”。[②]

中国早期工人运动被血腥镇压的教训使中国共产党人意识到，孤军奋战，没有革命的武装力量，很难取得最终斗争的胜利。由于敌我力量悬殊，工人运动需要力量联合，寻求和建立广泛的同盟军。建立革命统一战线十分紧迫和必要，这就促进了国共合作统一战线的形成。

1922 年 8 月，杭州西湖会议召开，讨论国共合作问题。李大钊不同意张国焘等人反对国共合作的意见，率先接受马林及共产国际的主张，但提出应先由中国共产党中少数领导人有条件地加入国民党。会后，李大钊等中共领导人相继率先加入国民党，加速了第一次国共合作的形成。1923 年，中共三大就如何执行共产国际《关于中国共产党与国民党的关系问题的决议》再次发生了激烈争论。李大钊在会上对两种错误主张都进行了批驳，他既反对“左”倾关门主义，积极主张与国民党合作，又反对右倾投降主义，强调保持共产党的阶级立场和独立性。大会经过激烈讨论，采纳了李大钊等人的正确意见，决定以党内合作的形式迅速建立统一战线。在此基础上，中国共产党人关于无产阶级领导权、统一战线、工农联盟等思想的提出，丰富了斗争方式。另一方面，早期工人运动的壮大发展，对农民运动、学生运动起到了很好的示范作用，进而推动了中国革命整体力量的形成，为后来革命高潮的到来以及新民主主义革命的胜利，指出了正确的方向。

二、开辟了工人阶级参与革命的途径

中国共产党成立后，通过集会、演讲、办校、创刊、翻译、出版等方式继续扩大马克思主义的宣传和影响，同时也使中国共产党的理论基础继

① 邓中夏：《邓中夏文集》，北京：人民出版社，1983 年，第 32 页。
② 邓中夏：《邓中夏文集》，北京：人民出版社，1983 年，第 554 页。

续增强，使马克思主义中国化的进程加快。马克思主义理论与工人运动结合，符合中国实际和历史发展的客观规律。中共一大以后，党决定要集中力量领导工人运动，成立了从事工人运动的总机关中国劳动组合书记部。1922 年 2 月，中国共产党在产业工人中的第一支部——中共安源路矿支部成立，8 月，开滦唐山矿党支部成立，中国工人阶级在中国共产党的领导下，坚定地走上了政治舞台，担负起了新民主主义革命和社会主义革命的伟大使命。

1922 年开滦五矿罢工是在中国共产党领导下进行的一次有组织有领导的革命斗争，它是在中国工人运动第一次高潮中的重大罢工，与过去历次自发斗争有着性质上的不同。在罢工前，中国共产党对工人进行了马克思主义的理论教育，建立了工人俱乐部，提升了工人阶级的觉悟。在罢工中，俱乐部一开始就向矿局提出承认五矿工人俱乐部有权代表全体工人，雇用和开除工人须工人俱乐部通过的政治要求，并明确提出“劳工神圣”等革命口号。在反对帝国主义和封建军阀的激烈斗争中，开滦工人始终团结战斗，经受住锻炼和考验，密切了党和煤矿工人的联系，积累了斗争经验，培养了自己的干部。

工人阶级是中国共产党坚实的阶级基础，中国共产党的成立使中国工人阶级有了自己的先锋队和战斗指挥部，为全国工人阶级的联合创造了组织上的前提。马克思主义理论开始深入人心并指导了中国革命运动，成为共产党和无产阶级所拥有的强大精神武器，其巨大的政治作用和深远历史影响日益显示出来。虽然早期工人运动在曲折中发展，但对工人运动的积极探索，对以后的中国革命的发展作出了巨大贡献。

三、开启了马克思主义中国化之路

马克思主义是时代精神的精华，其理论的科学性就在于“以当时的历史条件为转移”，马克思主义在中国的传播，是用真理的力量为无产阶级服务。李大钊采取辩证统一的方式方法，联系中国工人阶级自身的特殊性，创造出适合中国客观实际的新文化。五四运动后，早期马克思主义者认识到，若想让这一科学理论在中国深深扎根，离不开工人阶级的力量。只有使其与中国工人运动结合，才有可能指导中国革命取得胜利。工人阶级独立登上历史舞台之后，先进的知识分子开始了马克思主义中国化的探索，他们在继续进行理论宣传的同时，通过办工人刊物、办工人夜校、组织工会、组织集会演讲等方式把这一科学的理论与中国工人运动相结合，为中国共产党的诞生奠定了思想基础，也使马克思主义在中国找到了它的物质基础，产生了精神变物质的历史性飞跃，其深远而巨大的政治影响使中国共产党应运而生。

在开滦五矿罢工结束后，共产国际和赤色职工国际代表又曾先后到唐山视察，深为开滦煤矿工人的斗争精神所感动。他们说："你们别以为这次罢工经济利益收获不大，它的政治意义是很大的，中国工人阶级的斗争性是很强的。"[①] 马克思主义理论帮助工人阶级了解世界格局，学习新思想，看清中国现实环境以及工人运动的复杂性和艰巨性，使马克思主义理论成为中国革命的指导思想和行动指南，中国工人运动从此摆脱自发状况。这一中国化的理论贡献丰富和发展了马克思主义，具有鲜明的时代特征。

第三节　1922 年之后开滦工人运动状况

从 1922 年开滦五矿罢工结束，到 1923 年 2 月的京汉铁路工人大罢工失败，全国第一次工运高潮逐渐走向低落。但是经历过 1922 年的五矿罢工之后，开滦工人阶级的觉悟普遍提高，即使全国工运处于低谷，一些进步工人仍积极参与理论学习，接受革命教育。在中国共产党的领导下，开滦工人成立了自己的工会，开始了有组织的斗争。

1924 年，孙中山改组了国民党，国共合作实现。1925 年 1 月，中国共产党第四次代表大会召开，大会发布了《对于职工运动之决议案》，指出："矿工运动在扩大会议后，在山东虽着手进行，但因此处同志运动方法错误，也没多大发展，如唐山，湖北，奉天，山西，湖南几个大矿区均没有进行，固

① 罗章龙：《谈谈唐山建党与早期工人运动》，转引自《唐山革命史资料汇编》第二辑，1983 年，第 23 页。

然因经济人材的限制，但本党对于以上数十万产业工人当不能随便放弃，在第四次大会后当着手进行。”[①]同年5月，全国第二次劳动代表大会[②]召开，会议通过《组织问题的决议案》，各地开始组建工会，有计划、有组织地开展工人运动。

其实从1924年冬天开始，开滦工人反对资本家和包工的斗争就相继发生了。1925年五卅惨案之后，反帝爱国运动在全国范围内持续高涨。6月，唐山大学生抗议帝国主义的野蛮行径，罢课游行示威。同时，开滦工人冒雨参加唐山第一次市民救亡大会。参加市民救亡大会的工人、学生、教员、商人共有两万多人，会议通报了五卅惨案经过，讨论了英日帝国主义的七条办法，并通电北京政府。

1926年1月28日，马家沟正式成立五矿总工会。可以说，1924年之后，开滦的党员队伍是在不断扩大的，并涌现了一些党员骨干，为唐山和开滦党组织作出了突出贡献。1926年初，马家沟矿、林西矿也逐步建立了组织。直到1927年四一二政变之前，开滦共建立了5个党支部，党员数量最多时达到过100多人。从1928年开始，开滦的工人运动开始了以反黄色工会为中心斗争，直到1931年九一八事变爆发，开滦矿工斗争的自发性愈来愈强，在反蒋抗日的同时，也开展政治和经济斗争以反对资本家的压迫。

一、低谷期坚持斗争

虽然京汉铁路大罢工之后，中国工人运动整体上进入了低谷期，但是开滦工人在低谷期依然坚持斗争。1927年，四一二之后，共产党员及革命群众被杀害达31万人，党员2.6万人，加上不坚定分子脱党，党员数量由5.6万减少到1万多人。1927年，李大钊被张作霖杀害，北方区委遭到破坏，中共

① 中央档案馆编：《中共中央文件选集》第一册，北京：中共中央党校出版社，1989年，第353～354页。

② 第二次全国劳动大会决定成立中华全国总工会，它代表166个工会，共拥有有组织的工人54万人。大会通过了工人阶级与政治斗争、工农联盟、经济斗争、组织问题及加入赤色职工国际等决议案。

唐山地委采取应变措施，隐蔽党员，暂停活动，唐山和开滦党组织没有遭到破坏，只是与上级党组织失去了联系。

1927年8月，中共顺直省委在天津成立，负责北方区党委工作。八七会议后，顺直省委根据会议精神，决定集中力量发动开滦工人大罢工，支援玉田暴动。为了开展这次活动，彭真被派到唐山工作，以加强领导力量，他同时带来了十几个干部。经唐山党组织介绍，与唐山矿党支部书记孙玉良建立联系。孙玉良按照彭真的指示，开始在唐山矿做罢工准备，罢工还未形成规模，便遭到破坏。罢工不成，但玉田暴动爆发，杨春霖担任了京东农民革命军总司令，曾攻下玉田县城，最终暴动失败，杨春霖也牺牲了。

1928年1月，中共中央北方局负责人蔡和森协助唐山党组织举办短期党训班。贯彻八七会议精神，整顿各级党组织，40多人分四批参加了培训。蔡和森、彭真均讲话，批判了右倾机会主义，划清了与国民党的界限。在革命低潮期，组织这次培训对唐山党组织和开滦坚持革命斗争产生了积极作用。

1928年底，北伐战争取得胜利，东北张学良易帜，蒋介石实现了名义上的全国统一。国民党政府开始介入开滦事务，在开滦扮演了劳资合作、阶级调和角色，开始限制工人运动范围，维护资本家利益。这样一来，国民党就谋夺了共产党对工人和工人运动的领导权。1929年3月，中共顺直省委派干部到唐山，动员共产党员和骨干分子加入国民党工会中去，打进上层领导，争取下层群众，利用国民党工会组织的合法地位，争取工人阶级的利益。经过党组织的审核同意，许多党员加入了国民党工会，党性不纯的党员，经不住考验，开始腐化变质，还有一些党员未经批准，私自加入国民党工会等组织，被开除出党。这样一来，开滦的党员数量显著减少，这也是四一二政变之后共产党阵地萎缩的直接表现。

1929年9月，赵各庄党组织负责人刘成章组织二三十个查账代表，开始对国民党工会查账斗争，揭露国民党工会委员滥收会费、贪污挥霍等行径，最终用合法手段改选工会，使矿上的工会都变成了共产党员和积极分子，虽然名义上仍接受国民党政府领导，但共产党实际上控制了工会。林西矿也随之开展了类似斗争，并在唐山市委领导下取得了胜利。这样一来，矿区党组织和工运活动取得一定程度的发展，党员数量由1928年底的5个支部45名党员，到 1930 年 4 月，党员数量就达到了 127 名。随着斗争形势好转，国民党军队配合矿务局对党组织进行镇压，刘成章等人被逮捕，反对国民党工会行动转为失败。

1931 年九一八事变后，华北陷入政治、经济和军事全面危机，开滦矿区的党组织也遇到了严重困难。被破坏的党组织尚未得到恢复，各种敌对势力加紧对矿区的控制。1932 年 1 月，省委派 5 名同志来唐山，以开滦为重点恢复被破坏的党组织，找到了 31 名党员，恢复了东四矿党支部，还成立了五矿临时工作委员会，党员人数一度达到六七十人。开滦党组织被要求搞公开化大型活动，党员和骨干暴露，党组织屡次遭到破坏，工人运动也受到影响。

1933 年 5 月，中日双方签订《塘沽协定》，冀东成为非武装区，开滦矿区形势更加复杂。河北省委和全总河北办事处派黎玉和吴德先后来唐山恢复组织，开展工作。5 月新的唐山市委在林西成立，黎玉任书记，吴德任市工联党团书记。经过在东矿开展地下活动，开滦党组织得到恢复，1934 年初，在东三矿建有 4 个支部，党员 22 人。

1934 年 1 月 14 日，马家沟矿失业工人要求复工，进而引发全矿罢工。保安队进行镇压，打死 2 人，重伤 4 人。惨案发生后，开滦党组织立刻行动，发动矿区罢工声援。市委派林西矿工人党员杜均到马家沟矿慰问，并在林西矿进行宣传，为罢工做准备。1 月 25、26 日，林西、唐家庄、赵各庄相继罢工，罢工人数达 3 万人。中共中央得到消息后，28 日由中央和全总执行局联合发出致河北省委及全总办事处党团的一封信，要求省委集中力量领导罢工，使之扩大转变为唐山工人阶级反帝的总同盟罢工。开滦党组织发动了唐山 2 月斗争、3 月斗争，唐家庄矿也参加进来，最终形成五矿大罢工。

启新洋灰厂、启新瓷厂、南厂、华新纱厂工人也都罢了工，提出了自己的要求，洋车夫也卷了进来，商号也关了门，开滦同盟大罢工扩展为全市性的同盟大罢工。上级党组织对这次大罢工十分重视，全总华北办事处代表河北省委（当时的北方局）领导了这次罢工，派罗根赴唐山具体组织罢工斗争。

1934 年 2 月 16 日，河北省委发出《为援助唐山开滦矿罢工的紧急通知》，《通知》强调："省委坚决地号召各地党部紧急地战斗动员起来，抓紧唐山五矿第二次大罢工的形势，根据各地实际情形，进行下列工作：一是将此次开滦五矿第一次同盟罢工和最近第二次罢工的事实经过深入到工人群众中做最广泛的宣传鼓动；二是号召与组织北平天津各地工人援助开滦五矿罢工运动；三是根据各厂各业工人的迫切要求提出简明的纲领，在艰苦的厂内活动中组织一厂一业的罢工；四是在一切工作的进行中，必须活泼地密切地联系到反对‘满蒙帝国’，反对日本帝国主义进攻华北内蒙，反对英帝主义进占康藏，反对东北军南下进攻红军等口号的宣传……”紧接着，2 月 22 日下发了《河北省委为开滦五矿罢工宣言》，3 月 22 日下发了《河北省委为帝国主义国民党屠杀罢工工人告开滦工人书》，3 月 28 日下发了《河北省委为援助开滦罢工二次告全省工人书》《河北省委二次告坚决英勇的罢工工友及开滦全体工友书》及《河北省委宣传部关于唐山开滦罢工的五分钟宣传大纲》，4 月 1 日下发了《河北省委为援助唐山五矿二次罢工告全省工人书》。7 个文件的相继下发，为唐山五矿同盟大罢工提供了有力的组织保障。经过党组织的领导和工人群众英勇斗争，资方退让，答复了一些条件。

1934 年五矿罢工持续了 3 个月，由于英国资本家、国民党政府、日伪势力等相互勾结，采取镇压、利诱等手段，最终使罢工遭到破坏。

中共中央、全总执行局都对此次罢工给予了高度评价。刘少奇在 1934 年苏区出版的《斗争》杂志上对此次罢工有过论述和评价，他指出：“唐山五万矿工的总同盟罢工和英勇血战，是中国一件非常重大的事变，他与最近德国工人的巷战，奥工人进行的国内战争有同样重大的意义。它说明中国正处在尖锐的革命形势之中，与工农红军在各个战线上对帝国主义、国民党的严重打击互相呼应……它更证明给全国反帝反国民党的革命民众看，帝国主义、资本家和国民党政府并不是不可战胜的东西，《塘沽协定》并不是不可撕毁的东西。它给全国民众以反帝反国民党斗争胜利的信心，推动他们起来斗争。”

这一时期，开滦党组织数次遭到破坏，除少数变节分子脱党外，大多数党员都勇敢地坚持下来，在与上级党组织失去联系的情况下，自动带领工人群众，开展维护工人利益斗争。革命越低潮、斗争越是艰苦的情况下，越能考验共产党员的意志品质，也越能检验党组织的战斗力。

二、抗战中锻炼成长

七七事变后，日本加强了对开滦矿区的渗透，例如向矿区派驻宪兵队、守备队，成立伪军警备队，设置特务机关和宣抚班，组织新民会，推行保甲制度，颁发良民证，清查户口，还有路口设置卡哨，盘查过往行人等。

这种高压状态并没有扼制党组织的活动和工人运动开展。按照中央指示，北方局向冀东派驻了大批干部，李运昌、胡锡奎、李楚离、王仲华等军事干部来到冀东进行起义准备工作。吴德负责冀东地区工人运动，周文彬负责开滦工人运动。

周文彬，原名金成镐，朝鲜人。1936 年底，中共河北省委任周文彬为唐山工委书记，领导中共开滦煤矿党组织，广泛发动矿工开展抗日斗争。他来到开滦矿区后，在赵各庄以开电料行、修理收音机为掩护，与工人交朋友，积极恢复党组织和发展党员。还在井下建立了党支部，在医院、学校成立党小组，林西矿、唐家庄矿、唐山矿党组织慢慢得到恢复，此时，还发展了一批新党员。

随着党组织的恢复，决定利用英日之间的矛盾，开展罢工斗争，掀起反英抗日高潮。1938 年 3 月 22 日，赵各庄矿党组织负责人赵春喜和节振国、蒋振元、王家义、胡志发等人在赵各庄井下发动罢工。罢工后，工人成立了罢工委员会，1000 人组成的纠察队，节振国任大队长。三天后，林西矿也发动罢工，还成立了 800 人组成的武装斧子队。赵林两矿还帮助唐家庄实现了罢工，东三矿罢工同盟形成。

日本人指使汉奸赵大中等到矿区成立防共自治工会破坏罢工，国民党工会也插手罢工，使罢工变得复杂化。4 月，唐山和马家沟两矿也宣布罢工，五矿罢工形成。地下党组织利用英日之间的矛盾，以五矿工人代表办事处的合法地位，组织召开开滦五矿工人代表大会，提出了统一的、明确的纲领，使罢工持续 50 多天，取得了胜利。

1938 年 7 月，开滦矿工又参加了冀东人民抗日大暴动，拿起武器直接同日本侵略者展开殊死斗争，配合了八路军挺进冀东开展冀热边游击战争，形成了工农兵大联合，为城市工人进行武装斗争树立了一面光辉旗帜，为全民族抗战作出了贡献。在这次暴动中，开滦矿工除节振国拉出去的队伍外，葛振武、高存、李生、田明远、王玉成、李守善也分别拉出武装队伍投奔抗日联军。一时间，全矿区有7000多人组成的大队小队的工人队伍，纷纷加入了抗日武装部队。中国工人运动的领袖张浩，在1938年11月5日发表的《持久抗战中的职工运动大纲》中评价这次罢工与暴动时说："这是持久抗战中工人阶级在抗日的前进阵地的号炮与旗帜，是在中国客观条件下举行武装起义的模范。"

太平洋战争爆发，日本进一步加强对开滦的管控，实行军事管理。没有暴露的党员只能隐藏起来。1942年，李运昌派丁振军着手组织开滦五矿职工救国会，这个组织主要在东三矿20多个村子跑家工人中发展会员，并把优秀分子发展成党员，救国会人数近200人，唐家庄就发展了几十个党员，在周边村里发展成立了14个支部。这些会员和党员向党组织提供情报，送雷管、炸药、药品等紧缺物资，支援了冀东解放区抗日斗争。在此基础上，开滦矿工还建立了500余人的武装工人总队，在矿区周围配合抗日游击队和正规军作战，比如，开展暗杀、破坏工作。1945年7月，工人总队扩军整编为一个营，随大部队挺进东北。

1945年8月15日，日本无条件投降之前，按照省委指示，在冀东城工部的基础上，组建了中共唐山市委，下设唐西、唐北、唐东和东矿4个工委，地下党组织为在日本投降后接收开滦煤矿做好了准备工作。8月14日，冀热行署副主任兼开滦矿务局总办朱其文向全矿区发表了《告开滦员工书》。日本宣布无条件投降后，国民党接受日本投降，从日本人手中接收开滦矿务局后，于次日又移交给了英国人。即便如此，开滦矿区已经处于解放区的包围之中。

这一阶段的开滦工人运动有三个特点：一是斗争非常艰苦；二是涌现出了以节振国为代表的抗日英雄；三是1938年大罢工和冀东暴动，影响力非常大。

三、解放时期贡献力量

1945年10月，中共唐西工委在西郊郑庄村召开了开滦煤矿总工会筹委会成立大会，宣布开滦总工会筹委会正式成立。1946年初，中共唐山市委着重组织城市工运工作，把开滦作为工作重点。

1946 年，按照市委指示，为了破坏国民党发动的内战，东三矿组织了一次罢工，遏制军事用煤，蒋介石、宋子文、李宗仁等政要都亲自下令，要求平息工潮。

1948 年 9 月，中国人民解放战争进入决定性胜利阶段，中共冀东区党委对接收唐山工作作了具体部署，发动工人组织工人护矿队，避免矿山遭到特务破坏。1948 年 12 月 12 日唐山解放，开滦各矿在护矿队的协助下，顺利进行了接收工作。

解放战争期间，开滦党组织进一步得到发展，马家沟中学和砖厂各建有 1 个支部，唐山矿建有 1 个支部，唐家庄也有支部，林西矿党组织发展最快，井下建有 3 个支部，井上建有 3 个支部。

1945 年 5 月，经华北局批准，开滦党委正式组建，但党组织并未公开。直到 1949 年 10 月 19 日，中共唐山市委作出《关于公开党的支部的决定》，开滦党委经过认真准备，决定首先公开条件比较成熟的唐山矿第二支部，10 月 26 日召开“中共开滦唐山矿党委第二支部公开大会”。徐达本以开滦总军代表的身份出席会议并发表讲话，唐山市属各区及各矿党委书记和组织部部长及部分群众代表参加了会议。

1950 年，抗美援朝战争爆发，除了激烈的朝鲜战场之外，在国内还有轰轰烈烈的抗美援朝运动。虽然当时开滦煤矿还没有正式回归祖国经营，但是开滦矿工把自己与祖国的命运结合起来，采取各种方式支援朝鲜战场。开滦矿务局近 5 万矿工签订了爱国公约；召开开滦任职美国留学生座谈会，从思想上行动上支持军事行动及抗美援朝运动；派出了两支医疗队奔赴前线抢救伤员；矿工采取加班奉献的方式共捐献购买飞机大炮款近 120 亿元，可购买战斗机 8 架；以提供技术人员和工人的方式援建唐山飞机场，美国留学生方颐朴时任土木工程处处长，唐山市市长李一夫邀请方担任执行局副局长（李一夫任局长），实际上就是主持机场修建工作。

第四节 开滦“特别能战斗”精神的时代内涵

“特别能战斗”精神源自开滦，经过不同历史时期的丰富和发展，已经成为开滦和煤炭行业，乃至产业工人群体中的一种独特的精神地标。在跨越三个世纪的奋斗历程中，开滦工人“特别能战斗”精神在抗争中诞生，在奋斗中凝结，在发展中升华，在现实中跨越，薪火相传、历久弥新，已经成为引领和激励开滦肩负民族责任完成历史使命、战胜艰难险阻、不断发展壮大的不竭动力源泉。进入新时代，贯彻新发展理念，融入新发展格局，如何弘扬传承、丰富发展“特别能战斗”精神，仍是开滦人伟大的历史使命。

一、“特别能战斗”精神的产生

虽然“特别能战斗”精神产生已有100多年，但依然有强大的生命力。进入新时代，仍然需要“特别能战斗”精神。

（一）“特别能战斗”精神的历史背景

1921年7月，中国共产党正式成立，标志着中国革命进入崭新阶段。1922年，开滦矿务总局唐山矿党支部成立，并领导了震惊中外的“五矿同盟大罢工”，开滦煤矿工人由此登上了历史的舞台，向世人展示了开滦煤矿工人的优秀品格和强大力量，被毛泽东同志誉为“特别能战斗”。抗日战争时期，开滦人以各种方式支持抗战，涌现了谷云亭、常云卿、节振国等一大批抗日英雄。新中国成立后，开滦立足老矿挖潜，推行技术改造，努力增产增效，竭尽所能支援国家煤炭行业建设，承担起了共和国长子的责任。

1973年12月18日，新华社发出电讯稿《他们特别能战斗——记开滦煤矿的革命矿风》。12月19日，《人民日报》在头版头条位置刊载此文，中央人民广播电台予以转播。1985年至1990年，按照国有统配煤矿行业政策，实行“投入产出六年总承包”，在高度集中的计划管理体制下，开滦陷入经营困难。为了扭转经济被动局面，1991年9月，时任国务院副总理朱镕基深入开滦现场办公。开滦根据中央精神，在国家政策的扶植下，实施新一轮五年总承包，启动各项改革，转换经营机制，企业经济状况逐步好转，《人民日报》刊文赞誉开滦“唱响国企志气歌”。2010年，“特别能战斗”精神被评为“新中国60年最具影响力十大企业精神”。2018年，新华出版社出版了开滦党委组织编写的《他们特别能战斗》一书。进入新世纪，特别是党的十八大以后，随着转型发展、高质量发展等新思路、新理念逐渐形成，并不断得到实践，开滦“特别能战斗”精神也注入了新的生机和活力，被赋予了新的内涵，必将以新的精神面貌展现在世人面前。

（二）“特别能战斗”精神是党史学习教育的应有之义

开展党史学习教育是牢记初心使命、推进中华民族伟大复兴历史伟业的必然要求，是坚定信念、在新时代坚持和发展中国特色社会主义的必然要求，是推进党的自我革命、永葆党的生机活力的必然要求，是激发斗志、推动企业高质量发展的必然要求。“特别能战斗”精神源于大革命时期，发展于土地革命、抗日战争和解放战争时期，丰富于社会主义建设时期，践行于改革开放时期。可以说，“特别能战斗”精神贯穿于中国共产党历史全过程、涵盖开滦发展历史全时段。在开滦开展党史学习教育，必须把企业发展史、党组织建设史，特别是把“特别能战斗”精神沿革史作为学习重点，通过学习“特别能战斗”精神，达到明理增信、崇德力行，通过丰富发展“特别能战斗”精神，达到悟思想、办实事、开新局，进而坚持新发展理念，增强发展意识，坚持系统观念，增强创新意识、机遇意识，实现“十四五”良好开局。

二、“特别能战斗”精神的特点

开滦“特别能战斗”精神源于先辈、淬于烈火、炼于艰难、践于当代，是代表煤炭行业和产业工人的伟大精神，是中华民族精神的重要组成部分。开滦“特别能战斗”精神是动力源泉、文化内涵、家国情怀、一面旗帜。

新民主主义革命时期，“特别能战斗”精神体现了与帝国主义、资本主义、封建主义英勇斗争、不畏牺牲的伟大精神。国家建设及改革开放以来，“特别能战斗”精神体现了百折不挠、艰苦奋斗、开拓进取、勇攀高峰的伟大精神。进入新时代，社会主要矛盾发生了变化，全党的任务重心也随之进行了调整，在习近平新时代中国特色社会主义思想的指引下，2020 年已如期全面建成小康社会，在此基础上，进而全面建设社会主义现代化强国、实现中华民族伟大复兴。开滦工人面对推动转型升级、节能减排、增产增效、供给侧结构改革、实现企业高质量发展等重点工作，在继承和发展“特别能战斗”精神的同时，又有了新定位、新理念。通过进行伟大斗争，建设伟大工程，推进“十四五”规划乃至更大更远目标的顺利实现。

在艰苦卓绝的革命战争时期，开滦工人“特别能战斗”精神突出表现在与天斗、争生存、求解放。在旧中国 70 年的开滦历史中，开滦共爆发过 68 次罢工斗争，在中国工运史上留下了不朽的篇章。1922 年 10 月，在中国工人运动第一次高潮中，开滦爆发了震惊中外的“五矿同盟大罢工”。这次罢工声势之大、影响之广、斗争之激烈，在北方工潮中是前所未有的，在中国工运史上也是一次重大事件，邓中夏称其为“中国工人运动第一次高潮中的最高峰”。“特别能战斗”是毛泽东同志对以开滦矿工为代表的中国工业无产阶级的高度赞扬，是对他们在革命斗争中所展现出的为争取阶级利益勇于反抗、顽强抗争的精神，为民族国家利益而英勇斗争、敢于牺牲的精神，以及在斗争中所表现出的严密组织纪律性的高度评价和集中概括。在推进科学发展、实现“两个一百年”中国梦新的历史征程中，开滦工人“特别能战斗”精神突出表现在与人斗、转方式、谋跨越。从此，“特别能战斗”精神成为开滦工人阶级引以为傲的精神内核和品格特质。发厚重文化底蕴升华的开滦“特别能战斗”精神，在历史中孕育，在抗争中诞生，在奋斗中凝结，在发展中升华。

在抗日战争时期，开滦工人又展现出英勇顽强、顾全大局、攻坚克难、锐意进取的担当精神，为战争来临时我们能够团结一致、奋起斗争提供了强大的精神支持，展现出强大的生命力。对于开滦工人而言，无论是在艰苦卓绝的革命斗争时期，还是在如火如荼的社会主义建设时期、新世纪转型发展时期，“特别能战斗”精神一直激励着一代又一代工人奋力前行。纵观开滦工人阶级斗争史，我们清楚地在他们身上看到无私的奉献精神，这种精神来自在极其艰苦、残酷的斗争中的磨砺，并逐渐铸就成了开滦矿工人格品质。在

“特别能战斗”精神的引领下，百年国企不断焕发生机与活力，不断提高工作质量和效率。“特别能战斗”精神已经成为唐山精神的重要组成部分，是唐山人民战胜艰难险阻、自强拼搏、无私奉献精神的真实写照。在新时代“特别能战斗”精神的丰富内涵，是对红色经典的最好传承，是全面贯彻新时代中国特色社会主义思想的生动教材，是激励世人沿着中国特色社会主义道路阔步前行的精神动力。

“特别能战斗”精神见证了工人阶级为力求取得民族解放所进行的艰苦卓绝的斗争；“特别能战斗”精神见证了唐山人团结一心战胜大地震，重建家园，恢复工业生产，支援国家建设的巨大努力；“特别能战斗”精神昭示了唐山人顺应历史发展需要，促进工业转型升级，保护绿水蓝天的决心和勇气；“特别能战斗”精神还将继续激励和促进唐山的经济和文化朝着更好的方向发展。

三、“特别能战斗”精神的时代意义

“特别能战斗”精神在早期开滦煤矿工人与帝国主义和资本家的斗争中萌发；在中国共产党的领导下经历了抗日战争和解放战争的洗礼而得到了发展和升华。一是宝贵的精神财富。开滦的党组织建立、成长与工人运动揭示了党早期的发展规律，具有开创性特征。党成立后，如何才能走近并依靠工人阶级，马克思主义如何才能实现与中国工人运动的结合，如何在产业工人阶级中建立党的组织系统；党开展群众工作的策略与方法是什么；党如何组建和发展以工农为主体的人民军队等，这些党早期历史的重大问题，开滦工运都提供了富有启发性的历史经验。开滦煤矿工人迅速觉醒觉悟，展现了从正确认识党到坚决相信党，再到坚定跟着党的中国工人成长壮大历程。值得着重指出的是“特别能战斗”精神的产生，显示出了煤矿工人强大的力量。我们一直说“源于先辈、淬于烈火、炼于艰难、践于当代”，其中，“淬于烈火、炼于艰难”指的就是这一阶段。“特别能战斗”精神是开滦人为中国共产党贡献的最大的精神财富。

二是工人运动的“精神内核”。开滦是党的创建时期重要而著名的革命工

作区域。开滦工运和党组织建设不仅是中国共产党活跃、试验和成功的范例，开滦也是中国共产党人践行初心使命的重要地方。开滦在建党之后发生的所有重大革命实践活动，都有着自身发生发展的历史进程和历史规律。开滦党组织是在李大钊直接指导之下成立的，1922 年罢工受李大钊领导。开滦是党领导的成功开展中国工人革命运动的重要地方，是许多共产党人开始革命生涯的重要一站。这些共产党人领导和组织开滦工运的重要经验，成为他们革命奋斗中一份十分宝贵的早期储备与阅历积累。比如，李大钊、罗章龙、邓中夏、蔡和森、彭真、李运昌、周文彬等等。

三是党的初心和使命的集中体现。习近平总书记指出："我们党要始终做到不忘初心、牢记使命，把党和人民事业长长久久推进下去，必须增强政治意识，善于从政治上看问题，善于把握政治大局，不断提高政治判断力、政治领悟力、政治执行力。"习总书记的话既是对未来工作提出的要求，也是对党的发展历史很好的总结。要以人民为师，向人民群众学习，永远牢记人民群众才是真正的铜墙铁壁，甘愿永当人民勤务兵。要在拼搏奋进、坚忍不拔的砥砺前行中，具备应对和解决困难的本领，成为让人民深为佩服的共产党员。共产党人要有忠诚奉献、以民为本、干净担当的品质境界，成为让人民由衷折服的共产党员。在任何情况下都要始终做到不变初心、不丢初心，不偏使命、不弃使命。回望和学习党组织在开滦践行初心使命的奋斗历史，对于我们深刻学习领会、贯彻落实习近平总书记的重要论述，为实施全面建设社会主义现代化国家新征程有着重要的现实启示。

三、开启新时代工运事业的新征程

开拓进取，续写新时代工运事业新篇章。放眼新时代工运事业的新征程，"特别能战斗"精神这个开滦人血脉里最活跃的基因，必将引领和鼓舞一代代开滦人、一代代煤炭人砥砺前行，推动百年开滦基业长青，在科学发展的历史舞台上绽放出更加绚丽的光芒，朝着国内一流、国际领先的方向不断前行。中国特色社会主义进入新时代，中国发展有了新的历史方位。只有坚持党的领导，新时代工运事业才能方向明确、不走偏路，才能做得有声有色、扎实有效。不论时代如何变化，坚持党的领导始终是工运事业第一位的要求。在这个承前启后、继往开来的时代，中国工人百年坚守、初心依旧。在党的领导下，中国广大工人阶级将始终坚持以习近平新时代中国特色社会主义思想为指导，坚定不移走中国特色社会主义发展道路，团结奋发、开拓进取，为夺取中国特色社会主义伟大胜利、为实现中华民族伟大复兴的中国梦而努力奋斗！

百年党史波澜壮阔，百年工运荡气回肠。回顾和总结中国工人阶级、工会和工人运动在中国共产党百年历程中的奋斗与贡献，得到的深刻启示是：第一，必须坚持党的领导，这是中国工人阶级、工会和工人运动发展的根本保证。工人运动不会自发产生马克思主义，只有坚持党的领导，工人阶级、工会和工人运动才会有先进理论的武装，才能有正确的前进方向，才能有战胜一切艰难险阻的勇气和力量。也正是这一点，指引和保证了中国工人阶级、工会和工人运动能够在党百年来所领导的中华民族伟大复兴事业中作出辉煌业绩和历史贡献。第二，必须全心全意依靠工人阶级。中国工人阶级是中国共产党的阶级基础，是党所领导的全部事业的依靠力量，百年来正是由于党坚定不移地依靠工人阶级，发挥其领导阶级和主力军作用，才使党所领导的民族独立、人民解放、国家富强、人民幸福的伟业得以走向辉煌，使中华民族从未像今天这样雄踞于世界的东方。第三，必须不断增强工人阶级和工会组织的先进性。客观环境是不断变化的，党领导的中国特色社会主义伟大事业是不断发展的，中国工人阶级、工会和工人运动必须顺应时代的要求，克服环境变化带来的风险和挑战，与时俱进，不断增强自身的先进性，增强战胜各种困难的本领，始终保持昂扬向上的精神状态，努力在肩负使命中绘就中国梦、劳动美的最新图景。历史成就过去，奋斗开辟未来。在中国共产党的领导下，中国工人阶级、工会和工人运动必将在建设社会主义现代化国家、实现中华民族伟大复兴中国梦的新征程中谱写出更新更美的篇章，作出新的更大贡献。

参考文献

[1] 毛泽东 . 毛泽东选集（第一至四卷）[M]. 北京：人民出版社，1991.
[2] 孙毓棠 . 中国近代工业史资料第一辑（下册）[M]. 北京：科学出版社，1957.
[3] 中共中央文献研究室 . 建党以来重要文献选编 [M]. 北京：中央文献出版社，2011.
[4] 中央档案馆．中共中央文件选集（一九二六）[M]. 北京：中共中央党校出版社，1982 .
[5] 邓中夏 . 中国职工运动简史 [M]. 北京：人民出版社，1953.
[6] 刘立凯 .1919 至 1927 年的中国工人运动 [M]. 北京：工人出版社，1953.
[7] 赵德新 . 工人阶级和共产党 [M]. 北京：工人出版社，1951.
[8] 张帆 . 中国工人阶级和中国共产党 [M]. 上海：华东人民出版社，1953.
[9] 张国辉 . 洋务运动与中国近代企业 [M]. 北京：中国社会科学出版社，1984.
[10] 开滦矿务局史志办公室 . 开滦煤矿志 [M]. 北京：新华出版社，1992.
[11] 郭士浩 . 旧中国开滦煤矿工人状况 [M]. 北京：人民出版社，1985.
[12] 南开大学经济研究所 . 旧中国开滦煤矿的工资制度和包工制度 [M]. 天津：天津人民出版社，1983.
[13] 夏东元 . 洋务运动史 [M]. 上海：华东师范大学出版社，1992.
[14] 杜万启 . 新中国工人运动史 [M]. 北京：中国铁道出版社，1991.
[15] 王永玺 . 中国工会史 [M]. 北京：中共中央党校出版社，1992.
[16] 刘明逵，唐玉良 . 中国工人运动史 [M]. 广州：广东人民出版社，1998.
[17] 刘明逵，唐玉良 . 中国近代工人阶级和工人运动 [M]. 北京：中共中央党校出版社，2002.
[18] 中共中央党史研究室 . 中国共产党历史 [M]. 北京：中共党史出版社，2011.
[19] 北京大学《马藏》编纂与研究中心 . 马藏 [M]. 北京：科学出版社，2018.

[20] 杨凤城 . 中国共产党历史 [M]. 北京：中国人民大学出版社，2010.

[21] 中华全国总工会中国职工运动史研究室 . 中国工运史料 [M]. 北京：工人出版社，1958.

[22] 王永玺 . 中国工人运动史研究 [M]. 北京：工人出版社，2013.

[23] 中国工运研究所 . 新编中国工人运动史 [M]. 北京：工人出版社，2016.

[24] 高爱娣 . 中国工人运动史 [M]. 北京：中国劳动社会保障出版社，2008.

[25] 薛世孝 . 中国煤矿工人运动史 [M]. 郑州：河南人民出版社，1986.

[26] 汤普森 . 英国工人阶级的形成 [M]. 北京：译林出版社，2013.

[27] 中国社会科学院现代史研究室，中国革命博物馆党史研究室 .“一大”前后 [M]. 北京：人民出版社，1980.

[28] 中国革命博物馆 . 北方地区工人运动资料选编（1921—1923）[M]. 北京：北京出版社，1991.

[29] 何云庵 . 苏俄共产国际与中国革命 [M]. 北京：社会科学文献出版社，2009.

[30] 陈再凡 . 共产国际和中国革命 [M]. 武汉：华中师范大学出版社，1987.

[31] 黄修荣，黄黎 . 共产国际与中国共产党关系探源 [M]. 北京：人民出版社，2014.

[32] 开滦工人运动史编审委员会 . 开滦工人运动史 [M]. 北京：新华出版社，1992.

[33] 李永昌 . 旅俄华工与十月革命 [M]. 石家庄：河北教育出版社，1988.

[34] 长辛店机车车辆厂厂史编委会. 北方的红星 [M]. 北京：作家出版社，1960.

[35] 钱传水 . 中国工人运动简史 [M]. 沈阳：辽宁人民出版社，1986.

[36] 魏宏运 . 中国现代史资料选编 [M]. 哈尔滨：黑龙江人民出版社，1981.

[37] 冯同庆 . 中国工人的命运 [M]. 北京：中国社会科学出版社，2009.

[38] 孙永芬 . 中国社会各阶层政治心态研究——以广东调查为例 [M]. 北京：中央编译出版社，2007.

[39] 严辉，王永玺 . 中国工会纵横谈 [M]. 北京：中共党史出版社，2008.

[40] 许晓军 . 中国工会的社会责任 [M]. 北京：中国社会科学出版社，2006.

[41] 玛丽・E. 加拉格尔 . 全球化与中国劳工政治 [M]. 郁建兴，肖扬东，译 . 杭州：浙江人民出版社，2010.

[42] Nym Wales.The Chinese Labour Movement[M].New York:The John Day

Company, 1945.
[43] Jean Chesneaux. Le Mouvement Ouvrier Chinois de 1919 à 1927[M].Paris: Editions Mouton, 1962.
[44] Joshua H. Howard.Workers at War[M]. Palo Alto: Stanford University Press，2004.
[45] 尼基福罗夫 . 苏联史学界对中国工人运动和共产党诞生的研究 [J]. 科社研究，1984（3）.
[46] 张伟 . 近代不同城市工人家庭收入分析 [J]. 西南交通大学学报，2000（4）.
[47] 殷相国 . 东北近代工业与东北工人阶级的产生和发展 [J]. 东北师大学报，1990（3）.
[48] 唐由庆，戈华 . 试论江西近代工业的出现及工人阶级队伍的形成 [J]. 江西大学学报，1986（3）.
[49] 刘秋阳 . 武汉：中国近代工业的重要发祥地 [J]. 武汉文史资料，2018（7）.
[50] 郑学檬 . 中国工业无产阶级的产生及其早期的状况 [J]. 史学月刊，1960(4).
[51] 薛毅 . 中国煤矿早期工人运动述论 [J]. 河南理工大学学报，2006（2）.
[52] 苏全有 . 荆菁 . 对近代中国煤矿史研究的回顾与反思 [J]. 河南理工大学学报，2011（1）.
[53] 李友钟 . 中国共产党领导中国工人运动的百年历程与经验启示 [J]. 工会理论研究（上海工会管理职业学院学报），2021（4）.
[54] 徐行 . 李大钊统一战线思想与实践叙论 [J]. 天津法学，2018（1）.
[55] 徐云根 . 中共二大与共产国际关系辨析 [J]. 上海党史与党建，2012（7）.
[56] 李伟玲，孙炳芳 . 中国共产党领导的开滦煤矿工人运动述略 [J]. 唐山学院学报，2019（5）.
[57] 仝华 . 开天辟地大事变的历史记录：中共一大文献研读 [J]. 党史文汇，2016(7).
[58] 杨奎松 . 浅谈中共建党前后的列宁主义接受史——以 1920 年前后毛泽东的思想转变及列宁主义化的经过为例 [J]. 史学月刊，2021（7）.
[59] 杨奎松 . 关于早期共产党人“马克思主义中国化”问题——兼谈中共“一大”纲领为何没能联系中国实际 [J]. 史林，2021（1）.
[60] 吕薇洲 . 当代资本主义国家工人阶级的新变化及历史使命 [J] . 贵州社会科学，2006（4）.

附 录

附录 1：历次开滦工人运动

时间	范围	起因	结果
1882 年	唐山矿	要求给以和广东籍工人同样的工资。	不详。 未答应条件的可能性大。
1891 年	唐山矿和开平铁路局	广东工人不满外国雇员的管理，发生了极其严重的冲突，几乎酿成人命。	解雇中国工人。
1914 年	林西矿	要求增加工作日和工资，持续 3 天。	答应条件。
1919 年 10 月 6 日	马家沟矿	支持旅俄华工家属要求罢工，全部停产。	增加工资和养家费。
1920 年 5 月 8 日—6 月 12 日	林西矿，波及马家沟、唐山	包工抑勒工资、重利借贷。	10 元以下增 18%；10 元至 20 元增 13%；20 元至 100 元增 5%。 罢工前为 0.21 ～ 0.29 元。
1920 年 5 月 30 日	马家沟	反对工头虐待，要求每班增加铜圆 10 枚。	矿方答应每班由 32 枚增加到 38 枚。
1920 年 6 月 5 日	唐山矿	几千工人为增加工资，发表第一份《罢工宣言》，全国各界同情罢工，舆论予以支持。	增加工资。 此次罢工引起了资本家的警觉，写了惠工报告，还招募了特务人员。
1922 年 10 月 23 日—11 月 16 日	开滦矿务局	五矿罢工。	部分胜利。
1925 年 9 月	赵各庄	以罢工方式营救被捕同志和保卫工会，9 月 13 日开始罢工。	不详。
1926 年 2 月 1 日	矿务局	借口存煤过多，宣布春节期间停工一个月，总工会组织工人反停工斗争。	2 月 18 日复工。
1932 年 1 月 28 日	五矿	劳资双方对 1931 年 6 月 4 日劳资调解委员会决定书第二条解释不一致引起。30 日罢工结束。	答应工人要求。
1932 年 9 月 14 日	马家沟	数千名工人反对外籍煤师殴打工人，在共产党员的发动下罢工，提出开除煤师、取消井口保安队等要求。	取得胜利。

（续表）

时间	范围	起因	结果
1934 年 1 月 14 日	马家沟及矿区	保安队武装镇压要求复工的失业工人，致使 2 人死亡，马矿数千工人立即宣布罢工，随后发展为五矿罢工，持续 3 个月。	失败。刘少奇称它给全国民众以反帝反国民党斗争胜利的信心，发动他们起来斗争。
1938 年 3 月 22 日	五矿	赵各庄井下工人反对刁难工人的井下记工制，在地下党组织下举行罢工，发展成五矿。持续一个半月。	答应了工人要求。

附录 2：历次开滦工人运动相关事件

时间	事件
1919 年 3 月	李大钊在《每周评论》发表《唐山煤厂的工人生活》。
1919 年 7 月	李大钊回到乐亭，据传到开滦调研工作。
1919 年 6 月 9 日	开滦矿务局俱乐部胡文章、孙圭、汤宝春等十人写信给天津《益世报》，宣布成立救国十人团，抵制日货。
1919 年 6 月 12 日	唐山各界举办公民大会，响应五四运动。唐山矿工人 1000 多人冲破阻挠，参与活动。
1920 年 1 月	北京大学学生领袖罗家伦到开滦煤矿调查工人生活状况，并在《晨报》上连续发表文章，介绍开滦工人生活状况。此后，陆续有革命知识分子来开滦调查。最终使人们认识到开滦为北方工人运动的重点。
1920 年 4 月	罗章龙来唐山，了解工人生活状况，写成《唐山劳动状况》调查报告。
1920 年 5 月 1 日	唐山矿工人召开工人群众大会，庆祝五一国际劳动节。
1921 年 5 月 2 日	经矿务局申请，直隶警务处招募 500 名警察，由矿方出资装备及发薪，隶属唐山警察局，分驻唐山、马家沟、赵各庄和林西四矿。
1921 年 12 月	旅俄华工回国后，100 多人要求复工，遭到资本家拒绝，并大打出手。《劳动周刊》对此事进行了报道。
1922 年 4 月 3 日	在邓培的指导下，林西机器厂孙家耕、赵玉亭、郭润航、朱金华等发起成立工余补习社。该社为第一个革命启蒙群众组织。
1922 年 5 月 1 日	开滦煤矿工人代表在广州参加了由中国劳动组合书记部发起召开的第一次全国劳动大会。
1922 年 6 月	唐山矿工人夜校大同社诞生。
1922 年 8 月	中国劳动组织书记部主任邓中夏到唐山，接见开滦工人代表，号召工人团结起来，开展劳动立法运动，为争取工人阶级的利益而斗争。
1922 年 8 月 30 日	按照中共北京区委指示，根据中共二大通过的党章规定，原来的中共唐山地方委员会，改建为唐山制造厂支部和开滦矿务局支部，并在这两个支部基础上建立了中共唐山地方执行委员会。
1922 年 9 月 3 日	开滦煤矿工人代表和京奉路唐山制造厂、启新洋灰公司、华新纺织厂等代表 50 余人集会，宣告成立唐山劳动立法大同盟，拥护中国劳动组合书记部提出的《劳动法大纲》19 条。

（续表）

时间	事件
1922年9月21日	林西机器厂工人向矿区工人发出《致开滦工友书》。
1922年9月29日	开滦五矿工人联合会正式建立，对外称开滦五矿工人俱乐部。只奎元任总长。同月，秦皇岛矿务局工友俱乐部成立。
1922年10月1日	中国劳动组合书记部北方分部主任罗章龙来唐山，同副主任王尽美、邓培组成了领导唐山工人运动的最高党团领导组织，并决定，山海关铁厂、唐山制造厂和开滦先后组织罢工。
1922年10月10日	开滦工人代表参加唐山各界人民集会，庆祝辛亥革命11周年。介绍了长辛店工人罢工胜利经验，开滦、南厂工人，交大学生一起举行示威。邓培还与开滦矿工代表研究了斗争策略。
1924年4月13日	唐山矿青年矿工赵椿年被选为中国社会主义青年团唐山地方执行委员会候补委员。
1925年6月7日	开滦工人冒雨参加唐山第一次市民救亡大会，工人、学生、教员、商人共有两万多人。会议通报了五卅惨案经过，讨论了英日帝国主义的七条办法，并通电北京政府。
1925年8月18日	赵各庄矿工会正式成立。中共地下党组织建立了矿区最早的工会组织。
1925年12月1日	毛泽东撰写的《中国社会各阶级的分析》发表在《革命》半月刊上。1926年3月又发表于《中国青年》。
1926年1月17日	五矿工人临时代表大会在唐山矿召开，会议决定恢复赵各庄矿工会，并成立五矿总工会筹备处。
1926年1月18日	赵各庄矿工人召开会议，恢复工会。京奉路和国民军第一军政治宣传员第九师李团长在会上致辞。
1926年1月28日	开滦五矿总工会在马家沟马路街宣布成立。近千人参加了会议，通过了《告工人同志书》。号召工人参加工会，打倒帝国主义和军阀。
1926年2月22日	共青团马家沟支部成立，中共唐山地委派到马家沟矿工作的左智任书记，有团员3人，是当时唐山地委3个团支部之一。
1927年2月1日	抚恤金由100元增至200元。月薪60元以下者，增资一成。
1928年1月26日	中共中央北方局负责人蔡和森协助唐山党组织举办短期党训班。贯彻八七会议，整顿各级党组织，40多人分四批参加了培训。蔡和林、彭真均讲话，批判了右倾机会主义，划清了与国民党界限。
1928年11月	国民党唐山党务指导委员会派人到开滦各矿筹备成立黄色工会。
1928年12月20日	中央特派员韩连惠在唐山了解开滦党组织恢复情况，唐山支部16人，林西支部7人，唐家庄支部13人，赵各庄支部9人，马家沟无支部5名，共50人，4个支部。还有一些团员。
1929年4月2日	开滦黄色工会（工会五矿联合办事处）在工人要求下，向矿方递交了《五矿工人要求增资理由书》，提出六项要求。中共河北省委立即派干部来矿，指挥地下党员打入黄色工会内部，防止黄色工会以工人名义妥协出卖。
1929年4月16日	中共顺直省委派职工运动委员会书记张昆弟来唐山视察工作，并带来了省委的指示信。19日，中共唐山市委召开五矿党团代表联席会，分析形势，提出斗争策略和口号。随后，开展了反对外籍职工压迫工人的斗争。

（续表）

时间	事件
1929年5月1日	所有里工发煤票。开滦工人增加工资，50元以下者最少增加10%；50至100元者，50元以下部分增加10%，超过部分增加5%。 外工花红与里工相同。
1929年6月10日	国民党唐山市委党务指导委员会把开滦五矿工会联合办事处改为开滦矿业总工会。
1929年9月8日	中共地下党组织以林西矿工人名义印发《林西矿工人宣布工会执监委违法书》，揭露黄色工会违法捕人、滥收会费等情况。要求国民党唐山党部改组黄色工会。
1929年10月3日	中共中央政治局候补委员关向应以中央特派员身份来唐山视察工作，传达中央指示，认为开滦工人斗争形势很好，组织罢工反对黄色工会。
1929年11月7日	开滦3名工人参加了上海第五次全国劳动大会。
1929年	根据劳资协约，开滦制定了里工各工种和各等级工人最低日工资率，以后变动均以此为基础。
1930年4月6日	唐家庄矿工人选出代表，要求清查黄色工会账目，3名工人代表被捕。21日，在工人要求下，工人获释，复工。
1930年4月22日	中共唐山市委和共青团市委联合发表告五矿工友书，援助唐家庄矿工人，举行罢工。
1930年4月23日	中共顺直省委组织部长聂荣臻来唐山巡视工作。
1930年5月20日	赵各庄矿工人邓玉春受市委指派参加了中共中央和中华全国总工会在上海召开的苏维埃区域代表大会。当时赵各庄矿有党员42人，团员27人；林西矿有党员35人，团员11人；唐家庄矿有党员24人；马家沟矿有党员16人，团员4人；唐山矿有党员（10人），赤色工会会员300人。
1930年10月8日	唐家庄矿工人反对黄色工会收会费，捣毁工会，4人被捕。17日，被捕工人获释，宣布成立赤色工会，10多名赤色工会积极分子被捕。
1932年1月6日	中共河北省委先后派5名同志来唐山，重点是开滦，恢复被破坏的党组织。五矿支部被恢复。
1932年3月20日	中共唐山市委在赵各庄矿正式恢复，赵矿工人党员邓玉春任市委书记。赵矿21名党员，3个支部，林矿20名党员，2个支部，其他三矿也有支部，共8个支部，60名党员。
1932年4月24日	中共唐山市委在赵各庄矿召开积极活动分子及支部书记联席会，部署纪念五一活动。
1932年5月1日	赵矿工人与黄色工会及保安队发生冲突，党员魏永盛被捕，在数百工友营救下释放。
1932年5月6日	中央巡视员刘子璋与市委邓玉春等在赵矿开会，研究用账目打倒黄色工会，赵各庄矿数千工人聚集，组织工人自己的工会。10代表向黄色工会清算，黄色工会被迫下台。
1933年4月	中共河北省委派黎玉和张维汉到林西和赵矿恢复组织，开展工作。
1933年5月	张维汉在林西组织了工人抗日游击支队，很快发展到400人。
1934年2月3日	中央苏区总工会发出声援开滦五矿全体罢工工友信。

（续表）

时间	事件
1934 年 4 月 14 日	中共中央致信北方代表石心及河北省委，高度评价开滦五矿工人大罢工。
1934 年 6 月 3 日	中共河北省委发表《为唐家庄惨案告开滦工友书》。要成立死难工友后援会，组织罢工委员会，开展罢工。后未发动起来。
1936 年 12 月	中共河北省委派周文彬抵唐山，恢复发展党的组织。
1937 年 2 月	中共地下党员谷云亭在开滦医院发起成立了抗日自卫同盟。斗争比较活跃，曾经发展到 20 多人，在开滦护校建立同盟支部，许多人参加了党组织，还有人参加了 1938 年的冀东人民抗日大暴动。
1938 年 6 月	节振国刀砍鬼子兵。
1938 年 7 月	冀东人民抗日大暴动自滦县开始，20 余县 10 万人参与，赵各庄矿 2000 多名工人，在节振国的带领下参加武装起义。
1938 年	罢工后，经过谈判，职工通过申请，开滦承担家属免费医疗。
1940 年 8 月 1 日	节振国在战斗中牺牲。
1940 年	抚恤费 600 元，丧葬费 150 元，家属特别抚恤费工人生前 10 个月工资。
1942 年 7 月	中共冀东区委组织部长周文彬派葛振武组建该煤矿工作委员会，恢复开滦煤矿党的工作。四矿都恢复了党支部，其中唐家庄党员最多有 40 名。
1942 年	下半年组织开滦五矿职工抗日救国会，提供情报，运送雷管、炸药、药品等物资，1943 年 8 月因暴露不得不解散。
1944 年 3 月	冀东军区党委批准组建开滦工人大队，主要在东三矿活动，扰乱敌人，护送干部，剪除汉奸，最多发展到 200 多人。
1945 年 10 月 8 日	召开开滦煤矿总工会筹备委员会成立大会。
1946 年 12 月 29 日	开滦矿工数千罢工反对国民党征兵，被迫下令推迟征兵期数月。新华社发文《反对蒋贼滥征兵，开滦数千工人罢工》。
1948 年 9 月	唐家庄矿地下党员石宝祥从解放区向矿里运送手榴弹，准备迎接解放军。并暗中保护矿内要害部位。
1948 年 12 月 12 日	唐山解放。
1950 年	抗美援朝。1951 年 3 月 22 日，开滦派出第一支抗美援朝医疗队；开滦职工用超产产值捐献 6 架战斗机。

后　　记

1984年，我出生在河北省唐山市开平区马家沟矿医院，从小便生活在矿区大院。我的父亲是一名矿工，在井下工作了近30年。《百年风华：档案文献与开滦工人运动研究》一书的撰写也是源于我对煤矿工人的一种尊敬，这样一种群体随着中国工业的进步与转型，应该被世人所知。我一直从事高校马克思主义理论教育工作，在讲授“中国近现代史纲要”时，深刻感受到只有党才能真正、完全、彻底代表工人阶级的根本利益，领导全国工人运动不断从胜利走向胜利。挖掘地方红色资源、讲好矿业革命故事，也是我作为一名思政课教师的使命所在。

开滦集团档案馆馆藏丰富，浓缩着中国近代工业源头的涓涓细流，对于史料的点滴梳理更加使我看到开滦煤矿的历史也是一段能够了解中国近代社会的历史，涉及政治、经济、文化、内政、外交、官场、经营、管理等各方面内容，放在中国近代历史的坐标系中从各个不同层面进行研究和解读，可以看到开滦煤矿的整体缩影。对1922年开滦煤矿工人运动的曲折发展做深入浅出的分析研究，也只是我对于近代中国煤矿工人群体研究的一个开始。

本专著各章节的篇幅长短不一，有些不太平衡，这也和史料的发掘以及学术界的研究状况息息相关。有些史料的引用属于首次，还有很多未知的领域需要探索和研究，例如1916年开滦赴俄华工的状况，英文书信的史料很多，还有待于进一步整理。具体而言，对于史料相对丰富的内容，篇幅就会长一些；对于学术界已有的研究成果，我就采取了略写。这样的处理是否妥当，请学术界专家批评指正。

本专著从酝酿、找史料、写作，再到成书，花费了我个人大量的精力和时间，中间克服了很多困难。在拙著即将出版之际，对在拙著完成过程中给予我各方面指导与帮助的师友、单位深表感谢！

首先要感谢我的导师陕西师范大学马克思主义学院王晓荣教授。自我2020年9月考入陕西师范大学攻读博士学位以来，王老师对于我的这个选题给予了很多耐心的指导与帮助；其次，我要感谢开滦集团档案馆蔡建忠副馆长，蔡老师不仅在我查找档案时提供了支持，还在史料的一些细节问题上，给予了我很多针对性的意见和建议；再次，我还要感谢家人的支持，特别是我的爱人冯用军教授，没有他们默默的付出，就没有我今天的成果。最后，我也要感谢为拙著作序的中国劳动关系学院彭维峰教授，在写作过程中给予我殷切指导和帮助的陕西师范大学陈答才教授、中共唐山市委党校宋剑教授。本专著得到中央高校基本科研业务费专项资金资助，对此深表感谢！也感谢燕山大学出版社的帮助和支持！